UN AIRE NUEVO

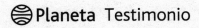

Planeta Testimonio

Carlos Amigo Vallejo

UN AIRE NUEVO

Francisco, un Papa sorprendente

 Planeta

Obra editada en colaboración con Editorial Planeta – España

© 2014, Carlos Amigo Vallejo
© 2014, Editorial Planeta, S.A. – Barcelona, España

Derechos reservados

© 2014, Editorial Planeta Mexicana, S.A. de C.V.
Bajo el sello editorial PLANETA M.R.
Avenida Presidente Masarik núm. 111, 2o. piso
Colonia Chapultepec Morales
C.P. 11570, México, D.F.
www.editorialplaneta.com.mx

Primera edición impresa en España: marzo de 2014
ISBN: 978-84-08-12562-4

Primera edición impresa en México: agosto de 2014
ISBN: 978-607-07-2315-5

Impreso en los talleres de Litográfica Ingramex, S.A. de C.V.
Centeno núm. 162-1, colonia Granjas Esmeralda, México, D.F.
Impreso en México – *Printed in Mexico*

Índice

Introducción

Era el primero. Y podía pensarse que sería el único al que asistía como cardenal elector del Papa. La sorprendente decisión de Benedicto XVI, que anunciaba su renuncia al ministerio de Pedro, hizo que recordara, que siempre es pasar por el corazón, aquellos días del fallecimiento de Juan Pablo II y de la elección del cardenal Ratzinger como Papa Benedicto XVI.

Pero ni los tiempos, ni las actitudes ni los sentimientos personales se repetían. Las mismas normas que establecían los modos de la elección del Papa, que habían sido un poco retocadas, permanecían casi iguales a las del cónclave anterior. El colegio de cardenales electores, unos por motivos de edad y otros por nueva incorporación, había cambiado. Es la lógica permanente de cuánto va enseñando el paso del tiempo y las lecciones que la historia, en este caso más de la Iglesia que del mundo, hacían aprender.

Había conocido, de forma y modo diferente y con distinta relación personal, al Papa Pío XII, con sus discursos y sus gestos tan expresivos; Juan XXIII, con sorpresa en la elección y mucho más con el anuncio del Vaticano II; Pablo VI, auténtico gestor de la inmediata etapa postconciliar; Juan Pablo I, al que conocí como cardenal y casi a nada más dio tiempo; Juan Pablo II, con momentos tan diferentes en su largo y fecundo pontificado; Benedicto XVI, el de la profunda y magistral enseñanza; y ahora...

He seguido de cerca, aunque desde balcones diferentes, la vida y actualidad de la Iglesia. Las perspectivas eran distintas, pero la razón de ser y de vivir de este nuevo pueblo de Dios permanece siempre igual y marcada por el Evangelio, que no es ajeno a todo aquello que sucede en el mundo, pero que tampoco se puede confundir con un discurso más sobre ideas y acontecimientos.

Entre la renuncia de Benedicto XVI, la elección y estos primeros meses del Papa Francisco, no han sido pocas las reflexiones que se hayan tenido que hacer. Buscar razones y motivos, sopesar las opiniones y los hechos, hablar con personas y desenmascarar bulos sin fundamento, leer y leer lo que de unas y otras fuentes llegaba...

Unas veces obligado por el ministerio y otras por los encargos y servicios que me pedían, tuve que ocuparme de pensar y escribir sobre lo que acontecía en este año del Señor de 2013. Muchas de las cosas que en esos artículos y entrevistas se dijeron, figuran en este libro, pero para ser leídas de forma nueva y quizá diferente. Y no tanto desde la perspectiva del tiempo pasado, pues poco es el que ha transcurrido, sino de cuánto se ha visto y oído en estos días del Papa Francisco.

Entre Benedicto XVI y Francisco. Un capítulo de la historia de la Iglesia y del mundo del que, por las circunstancias que Dios ha querido, he tenido que ser testigo y, en algunos acontecimientos, casi notario.

CARLOS AMIGO VALLEJO
Cardenal arzobispo emérito de Sevilla

1

Habemus Papam

Introducción

Primero llegaría la *fumata* blanca: ¡ya tenemos Papa! Después, el cardenal protodiácono que lo anunciaba de una forma oficial: *Habemus Papam*. Por último, el clamor de la multitud, que habiendo visto los gestos y escuchando las palabras del Papa Francisco, repetía con gozo desbordante: ¡Qué Papa más grande tenemos!

Todo ello sucedía en las últimas horas de la tarde del 13 de marzo de 2013. El nuevo Papa —antes cardenal Jorge Mario Bergoglio, arzobispo de Buenos Aires— se llamaría Francisco. Y el enorme gentío, que abarrotaba la gran plaza del Vaticano, se fundía en un simbólico y fuerte abrazo con el nuevo sucesor de San Pedro que, sostenido por la misericordia de Cristo, tendrá que presidir y servir en la caridad a la Iglesia que se le ha sido confiada.

Como si de un anticipado pregón pascual se tratara, resuenan las palabras que anuncian los motivos de la alegría de la gran fiesta que se aproxima: ¡alégrate, madre Iglesia, porque Cristo te ha dado un nuevo pastor, un nuevo Papa! Con su magisterio y ejemplo está dando a la Iglesia y al mundo una más que oportuna y necesaria catequesis sobre lo que es el oficio y misión del Papa como maestro, guía y servidor de la Iglesia.

Pronósticos y conjeturas se equivocaron por completo a la hora de establecer las listas de los papables. En la mayor parte de ellas no figuraba este Papa latinoamericano. El último Papa no europeo había sido Gregorio III, en el siglo VIII. Francisco sería el primer Papa americano. Y miembro de la Compañía de Jesús. Unos pensaban en un gran tecnócrata que sostuviera en pie lo que ellos consideraban que se estaba desplomando. Otros, en un experto director general de una empresa que ejecutara, sin más dilación, unos deseados proyectos. Se quería, en fin, un experto organizador, un tecnócrata, un *supermanager*, un renovador que pusiera orden en algunos desconciertos...

Sorprendía y gustaba la personalidad y el nombre del cardenal elegido. Después, y con la admirable y absolutamente original lógica de Dios por delante, se veía que la persona y el nombre correspondían perfectamente a lo que la Iglesia quería y esperaba del nuevo Papa.

Se buscaba el perfil del nuevo Papa y se multiplicaban los retratos diseñados según el interés de cada uno. La silueta del futuro sucesor de Pedro se trazaba con unos rasgos bastante delebles entre unas líneas generales, unas disposiciones y actitudes indispensables y una relación entre la situación del mundo y de la Iglesia y el oficio del Vicario de Cristo. Pensando, muchas veces, más en la realización de los propios gustos e intereses que en aquello que la Iglesia realmente necesitaba.

Los criterios y las críticas

La figura, la persona de un Papa rompe cualquier esquema de los conocidos. Por tanto, no procede verlo desde una perspectiva meramente humana. Porque la Iglesia tiene otros orígenes y otras metas que conseguir. Mucho peor si a la Iglesia se la considera, nada más, que como una estructura social, de gobierno y eficacia casi empresarial y se le aplican los criterios pensados para un colectivo de intereses económicos o de poder social.

El Papa es el sucesor de Pedro que garantiza la unión de todos en Cristo y con aquellos primeros discípulos que acompañaron al Señor: los apóstoles. Es el maestro que anima y guía la vida espiritual de los cristianos, así como la conducta moral. Es el pastor que cuida, alimenta y fortalece la fe de los suyos. Como timonel encargado de llevar adelante la nave de la Iglesia, abatida por tantas olas adversas, pero haciendo ver que son las manos de Jesucristo las que ponen el rumbo firme en esta singladura por el mundo, entre las dificultades que se encargan de crear los hombres y los consuelos que Dios ofrece.

Los perfiles, tan rigurosamente elaborados, más parecían diseñados para unas estatuas inertes que para lo que debía ser el pastor universal de la Iglesia católica. La figura del Papa era raquítica y alicorta. Se le presentaba, y deseaba, como un tecnócrata empeñado en solucionar unos problemas que más eran reciclaje de asuntos pasados que de realidad actual. Una especie de experto gerente en una empresa, en el mejor de los casos, de asuntos religiosos. Se reducía su acción poco más allá de los límites cerrados por los muros del Vaticano. Pero el Papa es el pastor de la Iglesia universal, el maestro de la fe, el animador de la esperanza y el que mantiene siempre encendida la lumbre de la caridad. Ha de ser juez justo y padre misericordioso. Sucesor de Pedro y principio de unidad entre todos.

De la sorprendente novedad en la elección de la persona se pasaría al aprecio inmediato. Mucho, y de forma

15

altamente positiva, se valoraban unos signos de sencillez y unas palabras que gustaban y conmovían a los entregados y a los indiferentes, a los católicos y a los pertenecientes a otras confesiones cristianas, y a los seguidores de otras creencias religiosas. Las expectativas se convertían en esperanza y los deseos parecían estar cumplidos.

Consciente de su misión, sabe que necesita la ayuda de Dios, así que pide al pueblo que, en silencio, ruegue la bendición del Altísimo para el nuevo Papa. Pocas veces un silencio ha sido tan elocuente en la gran plaza de la cristiandad. Después hablaría el Papa del camino que iniciaba como Obispo de Roma, buscando la fraternidad, el amor y la confianza con todos los hombres y mujeres del mundo. En alguna forma, lo subrayaría el Papa en el mensaje al rabino de Roma: «Espero vivamente poder contribuir al progreso que las relaciones entre judíos y católicos han conocido a partir del concilio Vaticano II, en un espíritu de renovada colaboración y al servicio de un mundo que puede estar cada vez más en armonía con la voluntad del creador.»

No faltaron comentarios que quisieron empañar la figura del nuevo Papa con referencias a situaciones pasadas. Llegaban envueltos entre noticias, completamente infundadas, sobre el comportamiento del cardenal Bergoglio en tiempos de la dictadura argentina. En momento alguno fue imputado por nada y sí, en cambio, hay sobrada y objetiva documentación de cómo el arzobispo de Buenos Aires denunció las situaciones injustas, ofreció protección a las personas, incluso llegó a pedir perdón por lo que podía haber sido una postura de la Iglesia, no lo suficientemente clara, en la defensa de la justicia durante ese tiempo de la dictadura. El primer jefe de Estado que recibiría el Papa Francisco sería a la presidenta de Argentina, Cristina Fernández de Kirchner.

Como era de esperar, aparecieron los consejeros de salón ofreciendo un montón de recetas, no siempre encaminadas a buscar el bien de la comunidad, sino para arrimar los intereses a los propios objetivos y que la Iglesia prestara atención a unos proyectos que ni correspondían precisamente a lo que esa Iglesia necesitaba en este momento, ni a lo que sea la función que el Papa tiene que desarrollar.

El otro grupo es el de los agoreros, pesimistas y desconfiados, que se afanan, con una imaginación cargada de malos presagios, en quitarle brillo y eficacia a los gestos del Papa, a echar de menos esto y lo otro, a juzgar precipitadamente sobre los acontecimientos y marcar las líneas del desencanto. No faltarán los recelosos, que podían sentirse incómodos pensando que no se les dará todo el espacio de protagonismo que creen merecer en la Iglesia, o de los amantes de una forma de hacer las cosas que no pueden estar dentro del estilo del nuevo Papa.

Otras críticas procedían de sectores que denunciaban la excesiva presencia de la figura del Papa en los medios de comunicación y en los que se buscaba no tanto el modelo del auténtico sucesor de Pedro y maestro de la fe de la Iglesia, sino una figura pública más de la que se quiere saber sus gustos, aficiones y anécdotas personales. El Papa Francisco tenía que recordar que *pontífice* quiere decir «el que construye puentes entre Dios y entre los hombres», para que cada cual pueda encontrar a su hermano. Levantar puentes es luchar contra la pobreza, tanto material como espiritual y edificar la paz.

El programa pastoral del Papa Francisco

En unos apuntes que el cardenal Bergoglio recogía en las sesiones preparatorias para el cónclave había escrito: «Pensando en el próximo Papa, sería un hombre que, desde la contemplación de Jesucristo y desde la adoración a Jesucristo, ayude a la Iglesia a salir de sí hacia las periferias existenciales, que la ayude a ser la madre fecunda que vive la dulce y confortadora alegría de evangelizar.» Antes y después de la elección, se quiso marcar la agenda del nuevo Papa, proponiéndole los asuntos en los que, de una manera preferencial, tendría que ocuparse. A partir de aquellas sugerencias, se esperaba que el elegido pusiera sobre la mesa y de una forma inmediata, los asuntos que a cada uno le parecía de mayor urgencia.

En las primeras semanas, el Papa Francisco fue desgranando lo que se vislumbraba, más que el interés por unos asuntos concretos, los ámbitos de preferencia de su actuación como pastor de la Iglesia universal. En un primer encuentro con los representantes de las iglesias no católicas, comunidades eclesiales y de miembros de otras religiones *(30-3-2013)*, el Papa dejó bien asentado cuál era el principio fundamental de su cometido: «Mantener viva en el mundo la sed de lo absoluto, sin permitir que prevalezca una visión de la persona humana unidimensional, según la cual el hombre se reduce a aquello que produce y a aquello que consume. Ésta es una de las insidias más peligrosas para nuestro tiempo.»

Así lo subrayaba en la homilía de la celebración con la que se iniciaba el ministerio papal: «Saber leer con realismo los acontecimientos, escuchar la voz de lo que nos rodea y tomar las decisiones que procedan. Siempre, y en el centro, Cristo, no el sucesor de Pedro.» Y estar con los pobres, «¡cómo quisiera una Iglesia pobre y para los pobres!» *(A los periodistas, 16-3-2013)*. Con el pueblo, pues el Obispo de Roma debe ir junto a su pueblo en «un camino de fraternidad, de amor y de confianza» *(Primer saludo, 13-3-2013)*. Sin olvidar nunca el ejercicio de la misericordia: «No oímos palabras de condena, sino sólo palabras de amor, de misericordia, que invitan la conversión» *(Ángelus, 17-3-2013)*.

Todo ello suponía una decidida apuesta por el hombre, al que hay que llevar al encuentro con Jesucristo. Ello requiere salir de uno mismo, sin pretender ser un simple gestor, sino ejercer el poder como obligación de servicio. Y con los brazos abiertos «para velar por todo el pueblo de Dios y para coger con afecto y ternura a toda la humanidad, especialmente a los más pobres, a los más débiles, a los más pequeños» *(Homilía inicio ministerio, 19-3-2013)*. Salir a las periferias donde hay sufrimiento, sangre derramada, ceguera que desea ver, cautivos de tantos malos amos *(Misa crismal, 28-3-2013)*. El pastor tiene que estar identificado con el rebaño, «con olor a oveja». Igual que Jesús, que mira, ama y sirve a todos.

Trabajar por la unidad más allá de las diferencias, no en la igualdad sino en la armonía. Proseguir en el camino del diálogo ecuménico e interreligioso, en estima recíproca y en la cooperación por el bien de la humanidad. El pastor tendrá que vigilar el rebaño y discernir los caminos por los que ha de discurrir el hacer apostólico de la Iglesia. Cuidar de la unidad entre todos y dejar que Dios sea el que vaya siempre delante.

Es costumbre, en algunos monasterios orientales, que el día de Pascua, como signo casi litúrgico, los monjes se postren y pongan el oído muy cerca de la tierra para sentir en ella el latido del corazón de Cristo resucitado. Así tendrá que hacer el buen pastor: poner el oído muy cerca de los sentimientos y necesidades de la humanidad. Pero sin pretender que el Papa pueda dar otro pan sino aquel que tiene y del que él mismo se alimenta: la palabra de Dios, los sacramentos y la caridad fraterna.

A propósito del nombre, Francisco, y del lema papal,

que hace referencia a la misericordia de Jesucristo que lo ha elegido, se recordaban las palabras de una homilía *(21, Corpus 122)* de Beda el Venerable, un santo monje inglés del siglo VII, que puede ser como el proyecto y estilo del programa del nuevo Papa: «No ambicionar las cosas terrenas; no buscar las ganancias efímeras; huir de los honores mezquinos; abrazar de buena gana el desprecio del mundo para la gloria celestial; ser de ayuda para todos; amar las injurias y no causárselas a nadie; soportar con paciencia aquellas recibidas; buscar siempre la gloria del Creador y nunca la propia. Practicar estas cosas y otras similares quiere decir seguir las huellas de Cristo.»

Sin que como tal la presentara, el Papa Francisco pronunció, ante los cardenales electores, una homilía que podía considerarse como programática. Hablaba del itinerario por recorrer en la edificación de la Iglesia. Caminar y vivir con honradez en la presencia de Dios; edificar con las piedras vivas urgidas por el Espíritu Santo y sobre la piedra angular que es Cristo; confesar a Cristo, pues de lo contrario la Iglesia no sería nada más que una organización asistencial. Para recorrer ese camino con seguridad habrá que abrazarse a la cruz, solamente así la Iglesia podrá avanzar.

En ese caminar, entre las fuentes de la fe y el encuentro definitivo en el santuario de Dios, se apreciaban desviaciones y extravíos. Pero ahí estará el pastor para ir sacando de desiertos y atolladeros y llevar al rebaño por los caminos de Dios, según la hermosa alegoría con la que nos ilustraba Benedicto XVI acerca de lo que había de ser el oficio del buen pastor. En sus manos, y por voluntad de Cristo, está el franquear las puertas al que llega, pero también discernir y recordar las exigencias para entrar en el reino de Dios. En ocasiones, la resolución a tomar será difícil y comprometida, pero habrá de actuar con la justicia del Evangelio, siempre cercana y compañera de la misericordia.

En el programa de su pontificado no existe el propósito de hacer la propia voluntad, sino de estar atento a lo que necesita la Iglesia, escuchar la palabra de Dios y dejarse llevar por la luz que el Espíritu le presta. Con la verdad del Evangelio y la caridad de Cristo está asegurada la eficacia de la gracia del Señor, que nunca ha de faltar, y se producirán frutos abundantes. La obra de crecimiento del reino de Dios seguirá su camino, y la barca de Pedro navegando, quizás en unos mares en los que parece que la bonanza de los tiempos de Dios ha desaparecido. Pero esta nave cuenta con muy buen timonel. La mano de Dios estará con él y la gracia del Espíritu pondrá la luz para una inteligencia de lo que el Señor quiere para su Iglesia en este momento.

La Iglesia es una sola, pero está presente en todas y cada una de las Iglesias locales, con sus obispos, sus sacerdotes, sus consagrados y consagradas y sus fieles. La colegialidad de los pastores no es una mera pieza en la organización, sino la vida en el mismo credo, en los mismos sacramentos. El Sínodo de los Obispos necesitará renovada atención en sus estructuras y propuestas. El Papa preside en la caridad, pero también gobierna la nave de Pedro y necesita de aquellos instrumentos de gestión que le ayuden y faciliten la tarea. Curias y dicasterios precisarán apoyo y renovación, de saber enderezar lo torcido y de reconocer el inapreciable trabajo que realizan en beneficio de toda la Iglesia.

La variedad y diferencia de carismas, vocaciones y ministerios, presencias y envíos a evangelizar, en forma alguna suponen disgregación. Es la riqueza de la gracia del Espíritu, que da a cada uno aquello que necesita para su propia santificación, pero teniendo en cuenta que los destinatarios de los dones que se reciben son las personas a las que se tiene que servir. No es disgregación, sino pluralidad. Es la unidad en el mismo Espíritu. Maravillosa armonía entre lo más diverso para componer una magistral y católica sinfonía, donde los regalos de Dios se unen a los valores y cultura de los hombres, y forman una Iglesia que no olvida nunca que está llamada a ser luz de las gentes.

Había mucha expectativa para saber qué líneas de gobierno pastoral seguiría el Papa Francisco. De una manera general, lo expresó en la homilía de inicio del ministerio: prestar atención constante a Dios, estar abierto a sus signos, estar disponible para el proyecto del Señor y no para el suyo propio, saber escuchar la voz divina y dejarse llevar por su voluntad, ser sensible al pueblo que se le ha confiado, leer con realismo los acontecimientos, estar atento a todo ello y saber tomar las decisiones más sensatas. Más que un programa, se trataba, evidentemente, de unas actitudes generales de cómo había que afrontar el ministerio.

Los cardenales se habían reunido en cónclave y sabían muy bien cuál era su misión: elegir y comunicar a la Iglesia el nombre de aquel que Dios había señalado como sucesor de Pedro. No tenían un candidato preconcebido, sino una recta y sincera voluntad de buscar al que Dios quería en estos momentos de la historia para guiar al nuevo pueblo de Dios y ser el signo visible en la tierra del fundador de la Iglesia. El elegido se incorporaba a esta comunidad peregrina, caminando entre debilidades, errores y tropiezos, pero consciente de que la flaqueza de los hombres tiene su mejor apoyo en la confianza en Dios.

Los papas no se repiten

Aunque los papas no se repiten, era casi inevitable establecer parangones de semejanza entre unos y otros pontífices. Es evidente que hay actitudes más o menos parecidas, pero cada papa es irrepetible. Y la razón, muy sencilla: el Espíritu del Señor pone al frente de la Iglesia, como guía de la fe, fortalecedor de la esperanza y servidor de la caridad, a aquel que mejor puede desempeñar el ministerio de Obispo de Roma, siempre en los momentos y circunstancias en las que vive la Iglesia, pero sin olvidar nunca que la razón de ser, de este nuevo pueblo de Dios, no es otra que la de poner el Evangelio, como semilla eficaz, en todas las realidades de este mundo y que, por la fuerza del mismo Evangelio, todo se transforme en el reino nuevo querido por Dios.

Habrá que tener en cuenta que la Iglesia no comienza en cada pontificado. Es la Iglesia de Jesucristo que sigue su camino por la historia de este mundo, entre las bendiciones de Dios y las barreras que se empeñan en poner los hombres. Los papas no se repiten. Dios envía a la Iglesia el pastor que en ese momento se necesita. A Pío XII se le conocía como el pontífice de la paz. A Juan XXIII, el bondadoso Papa del concilio Vaticano II. A Pablo VI, el de la evangelización del mundo contemporáneo. A Juan Pablo I, el de la sonrisa fugaz. Juan Pablo II, el fascinante pastor universal. Benedicto XVI, el Papa del profundo y esencial magisterio. Cada papa, con el carisma propio de su ministerio, aporta la riqueza de su personalidad, en la que pueden destacar rasgos distintos, pero siempre se trata de aquel que ha sido elegido por Dios a través de las mediaciones humanas.

En la actualidad, la Iglesia está presente, con más o menos visibilidad, en todos los países del mundo. De

23

cualquiera de ellos podría venir el pastor prometido. A todos llegará su magisterio. Este sentido de universalidad no se refiere, como es lógico, a lo simplemente geográfico, sino a ese principio teológico y eclesial que nos hace hermanos formando un solo pueblo con un solo Señor, un solo bautismo y una sola fe.

Acababa de haber sido elegido Papa. Apenas tres meses de pontificado y Juan XXIII convocaba un concilio ecuménico, católico, universal. Era el 25 de enero de 1959. Al Concilio estaban llamados todos los obispos. También se invitaría a las Iglesias separadas a enviar algunos observadores. Todos quedaron sorprendidos y preocupados. La mayor parte lo recibió con júbilo y esperanza, pero no faltaron los que mostraron cierto desasosiego. Parece ser que el Papa Pío XI tuvo la intención de convocar un concilio, pero se lo desaconsejaron. Ahora, el Papa Roncalli, al que se le juzgaba como de transición, daba un increíble paso en la historia de la Iglesia con un gesto que había de ser considerado como uno de los acontecimientos más importantes del siglo XX.

El nuevo Papa, en medio de su sencillez, después del difícil e impresionante pontificado de Pío XII, se propuso convocar un Sínodo romano, un Concilio ecuménico y emprender la reforma del Código de derecho canónico. Eran los signos de los tiempos que el Espíritu de Dios quería marcar en la historia de la Iglesia. Y Juan XXIII sería el elegido por la Providencia para empresa de tanta envergadura. Aquel Papa supo leer las huellas que Dios dejaba en la historia de los hombres, acercarse a las heridas que había dejado la segunda guerra mundial y aprovechar las inquietudes que se venían manifestando en diversos sectores de la Iglesia, especialmente en lo que se refería a la justicia social, la renovación litúrgica,

24

el diálogo entre la cultura y la fe, la acción católica, el impulso misionero...

Se clamaba por una reforma de la Iglesia, apoyándose en lo que se podría considerar como un alejamiento del auténtico espíritu evangélico. Se veía a la Iglesia cerca de los poderes de este mundo, con un distanciamiento real del pueblo, con la centralización romana, la rigidez moral, el ritualismo y la uniformidad, las imposiciones autoritarias y, en definitiva, el olvido de una acción pastoral en consonancia con el momento que se tenía que vivir. La jerarquía y el pueblo, toda la Iglesia, tenía que emprender un auténtico camino de renovación, en el que habían de participar, de forma activa y corresponsable, todos aquellos que formaban el pueblo de Dios. No se debía escuchar a los profetas de calamidades, pero tampoco hacer oídos sordos al deseo de tantos hombres y mujeres que, con sinceridad de corazón, clamaban por una respuesta a los problemas y agobios de quienes llamaban a las puertas de la Iglesia.

Juan XXIII pondría lucidez ante los prejuicios de unos y otros: «Nos parece justo disentir de tales profetas de calamidades, avezados a anunciar siempre infaustos acontecimientos, como si el fin de los tiempos estuviese inminente. En el presente momento histórico, la Providencia nos está llevando a un nuevo orden de relaciones humanas que, por obra misma de los hombres, pero más aún por encima de sus mismas intenciones, se encaminan al cumplimiento de planes superiores e inesperados; pues todo, aun las humanas adversidades, aquélla lo dispone para mayor bien de la Iglesia» *(Discurso de apertura)*.

No podían soslayarse los graves problemas que afectaban a la vida de la Iglesia, pero tampoco se podía caer en un fatalismo irremediable. Con gran sentido de la presencia de Dios en la historia de los hombres y el convencimiento de la asistencia del Espíritu Santo, el Concilio afrontaba, no sin muchas incomprensiones y dificultades internas, la realidad objetiva del mundo, siendo consciente de que un periodo nuevo entraba en la vida de la Iglesia.

Con el Vaticano II

Lo ha dicho el Papa Francisco: no queremos un concilio Vaticano III, porque el segundo lo hemos dejado como mina sin explotar. El 11 de octubre de 1962 daban comienzo las sesiones del concilio Vaticano II. Un acontecimiento de singular importancia, no sólo para la Iglesia católica sino para la misma historia contemporánea de la humanidad. Han pasado cincuenta años. Sin embargo, se tiene la impresión de que aún no se conoce suficientemente el contenido doctrinal y pastoral de los documentos del Vaticano II. También se opina, en algunos sectores, que no se ha asumido con el ilusionante espíritu de esa vida eclesial nueva que llegaba desde el Concilio.

La convocatoria y celebración del concilio Vaticano II, por parte del Papa Juan XXIII, fue un acontecimiento de notable relieve histórico, cultural, teológico y eclesial. Algo considerado como verdaderamente providencial y que había de figurar en las primeras páginas e imágenes de los medios de comunicación de todo el mundo. ¿Mantiene su actualidad ese Concilio? Este sentido de lo actual hay que considerarlo desde la vigencia, es decir de lo que influye en las ideas y el comportamiento de los hombres y de las mujeres de este siglo XXI.

Un acontecimiento, por otra parte, muy controvertido. La misma convocatoria sorprendió a unos y a otros. Algunos no pudieron disimular su disgusto. Ni veían necesario un encuentro eclesial de esta categoría, ni mucho menos después de haberse definido la infalibilidad pontificia. No creían oportuno un espacio tan grande de reflexión que podría traer más ambigüedad que reafirmación en la ya suficientemente clara doctrina tradicional. La mayor parte de la Iglesia, y de grandes sectores académicos, sociales y religiosos no católicos, recibieron la convocatoria con interés, aunque no faltaron los recelos correspondientes acerca de lo que podía ser y de las pretensiones a las que quería llegar esta asamblea verdaderamente católica.

Después de cincuenta años del inicio del concilio Vaticano II, continúa siendo un acontecimiento aceptado, muy valorado y poco conocido. Se piensa que es necesario recuperar todo lo que supuso de entusiasmo y de esperanza aquella brisa nueva del Espíritu que llegaba desde Roma. Era un nuevo Pentecostés, un fuerte soplo de aire fresco que inundaba la vida de la Iglesia, que renovaba sus estructuras y la abría al mundo.

Por unas y otras razones, algunas sin fundamento, se fue hablando, ya en el inmediato postconcilio, de una magnífica ocasión perdida. Que no se había sabido aprovechar tan importante asamblea para emprender una profunda y verdadera renovación de la Iglesia. Otros, por el contrario, pensaban que se había ido demasiado lejos y, poco menos, que se había apartado a la Iglesia de su tradición y hasta del Evangelio. Conservadores y progresistas permanecieron en sus cuarteles, pero no de una forma pasiva, sino que emprendieron una disidencia particular, pretextando que el Concilio se había estancado o que había sobrepasado los límites de su propia competencia.

Se empezó a decir, casi sin haber terminado de leer los textos conciliares, que había que recuperar el Concilio, pues había sido secuestrado por determinados grupos. Incluso se empezaron a oír voces pidiendo la convocatoria de un Vaticano III y hasta del II de Jerusalén. Se insistía en la necesidad de conocer bien la documentación emanada del Vaticano II. De recibirlo con positivo afecto eclesial. El discurso que dirigió Benedicto XVI a la curia romana en el saludo navideño del 2005 está considerado como la más autorizada y mejor reflexión sobre el Vaticano II. «¿Cuál ha sido el resultado del Concilio? —pregunta el Papa—. ¿Ha sido recibido de modo correcto? En la recepción del Concilio, ¿qué se ha hecho bien?, ¿qué ha sido insuficiente o equivocado?, ¿qué queda aún por hacer? [...] De ese modo, como es obvio, queda un amplio margen para la pregunta sobre cómo se define entonces ese espíritu y, en consecuencia, se deja espacio a cualquier arbitrariedad. Pero así se tergiversa en su raíz la naturaleza de un Concilio como tal. De esta manera, se lo considera como una especie de Asamblea Constituyente, que elimina una Constitución antigua y crea una nueva. Pero la Asamblea Constituyente necesita una autoridad que le confiera el mandato y luego una confirmación por parte de esa autoridad, es decir, del pueblo al que la Constitución debe servir» *(A la curia romana, 22-12-2005)*.

Del Concilio salía una Iglesia renovada. Con un fondo documental amplio sobre los más diversos temas, si bien no todos ellos, como es lógico, tenían la misma importancia y actualidad. Constituciones dogmáticas, decretos y declaraciones constituían un fondo, más que importante e imprescindible, para el conocimiento y puesta en marcha de las orientaciones conciliares. Se hablaba del nuevo pueblo de Dios cuidado por sus pastores, y en el que se abrían amplios espacios para la corresponsabilidad, la subsidiariedad y la participación. Se había de reforzar la comunión, pero no como fuerza ante las agresiones exteriores, sino como exigencia de la unidad de todos en Cristo.

La Iglesia postconciliar se enriquecía con importantes documentos del magisterio pontificio y, sobre todo, con las asambleas del Sínodo de los Obispos, la institución que recuperara y potenciara Pablo VI, y que continuaría con el apoyo de Juan Pablo II y de Benedicto XVI. El Sínodo de los Obispos, en alguna forma, quería continuar la experiencia de comunión que se había vivido durante el concilio Vaticano II.

A cincuenta años del inicio de la asamblea conciliar, la Iglesia actual se encuentra con situaciones nuevas y problemas que no acaban de solucionarse de una manera satisfactoria. Aunque, y como dijo el mismo concilio Vaticano II, la Iglesia va a caminar siempre entre los dones que Dios ofrece y los obstáculos que ponemos los hombres *(Lumen gentium 8)*. Puede pensarse, por ejemplo, en la presencia de la Iglesia en la sociedad, la participación política y la subsidiariedad, la laicidad y el laicismo, el relativismo, la multiculturalidad, el diálogo ecuménico e interreligioso, la reconciliación social...

Si la Iglesia quería estar presente y viva en medio de la sociedad, tenía que asumir el momento histórico por el que discurrían los tiempos del siglo xx. Si se buscaba la unidad entre todos, el camino había de pasar por el encuentro y el diálogo con aquellos que siguen a Jesucristo en las diversas iglesias. Si la Iglesia quería ser madre que acogiera a todos, los pobres habrían de tener un puesto de preferencia y de atención en las reflexiones conciliares. Si el Concilio era un acontecimiento providencial, la Iglesia, en consecuencia, no debía dejar pasar esta luz del Espíritu con el fin de reafirmar su carácter evangelizador, pero también para purificar aquello que necesitaba de una revisión a fondo, renovar lo que fuere necesario y abrir aquellas puertas por las que había que salir al mundo para mostrarle, en toda su autenticidad, el Evangelio de Jesucristo.

No solamente había que detenerse a considerar la situación en la que se encontraba el mundo, sino salir al encuentro de la humanidad con la doctrina recibida y conservada, pero en tal forma expuesta que pudiera ser entendida y aceptada por aquella sociedad a la que se dirigía. No podía permanecer la Iglesia ajena a una cultura que, sin perder antiguas raíces, estaba buscando nuevos horizontes y pensando con renovadas ideas. El concilio Vaticano II permanece en la vida y misión de la Iglesia. Aunque para los jóvenes puede tener tanta lejanía, por el tiempo transcurrido, como para los adultos el concilio de Trento. Otra cosa es el conocimiento que se pueda tener sobre el contenido de lo que en la asamblea conciliar se tratara.

La gran aportación del Concilio fue la amplia y profunda reflexión que se hizo sobre la fe de la Iglesia y su misión evangelizadora. Hay cuatro documentos, tres constituciones apostólicas y una pastoral, que son como sólidas columnas que sostienen la doctrina del Vaticano II: *Lumen gentium*, sobre la Iglesia; *Dei Verbum*, sobre la divina revelación; *Sacrosanctum Concilium*, sobre la sagrada liturgia y *Gaudium et spes*, sobre la Iglesia en el mundo actual.

En algunos sectores se hablaba de la involución de la Iglesia. Un término, el de involución, más propio de la biología que de una reflexión teológica. El misterio de la Encarnación del hijo de Dios nunca retrocede, ni «involuciona». Otra cosa distinta es que los creyentes sean más o menos fieles en la aceptación del mensaje evangélico y tengan el empuje evangélico necesario para comunicarlo. Como dijo Benedicto XVI queremos estar en la continuidad de la verdad.

Era lógico aquel entusiasmo en los días de la celebración del Concilio y de la inmediata etapa posterior. La novedad produce expectación, quizás esperando aquello que el Concilio no podía dar. Algo así les ocurrió a quienes aguardaban un mesías que fuera simplemente el solucionador de los problemas que agobiaban al pueblo. Más que un nuevo concilio, lo que se necesita es conocer mejor la doctrina y orientaciones emanadas del Vaticano II, para afrontar unos problemas sin resolver suficientemente, así como para tener en cuenta la exigencia de renovar actitudes y planteamientos. Para un tiempo nuevo, como decía San Agustín, hay que saber cantar un cántico también nuevo. No se puede pensar en una nueva evangelización con actitudes y criterios que no tienen nada que ver con el Evangelio, siempre intemporal y buena noticia de salvación. Como dijo el Papa Francisco, en la entrevista concedida al director de *La Civiltà Cattolica* (agosto de 2013), el Vaticano II quiso leer el Evangelio a la luz de la cultura contemporánea. Se produjo un movimiento de renovación y los frutos han sido muchos. Si hay líneas de continuidad y de discontinuidad, lo que es absolutamente irreversible es la lectura del Evangelio actualizada.

Expectación y futuro

Retos, problemas y desafíos hay que contemplarlos como unas posibilidades para acudir con diligencia, y con la luz de la fe, allí donde los hombres y las mujeres de este mundo necesitan ver y sentir el amor misericordioso de Dios. Acercarse a las heridas de la humanidad y poner sobre ellas el bálsamo de la esperanza.

El desencuentro del hombre con Dios está considerado como el más grande de los problemas actuales. Esa apostasía silenciosa que lleva a desplazar a Dios de la existencia humana, y vivir sin perspectiva alguna de lo trascendente. A todo ello, y como consecuencia, un secularismo laicista que arranca las raíces de la presencia de lo religioso en cualquier actividad humana. Un subjetivismo endiosado que recluye al hombre en la prisión de su propia libertad, hipotecada por la veleidad del propio capricho y sin más ética de la de que aquello que gusta vale. Todo ello hace caer en un relativismo generalizado, en el que el ranking de importancia no existe, como tampoco una escala de principios religiosos y morales a los que ajustarse. Se acepta una especie de ética por consenso, donde el acuerdo es ley. Lo pactado podrá ser legal, pero también injusto. Al final, se produce la indiferencia y una apatía general que desconfía de todo y de todos.

El relativismo confunde en tal manera que parece que se vive estando y sin estar, que da lo mismo ser honrado y leal que delincuente, ser fiel a las propias convicciones que no tener creencia alguna. Atrapados por esta minusvaloración de todo, no es que se haya desajustado la escala de valores, sino que se han suprimido por completo. No es lo mismo tomar en serio a Dios que vivir en la indiferencia y abiertamente de espaldas a todo lo que sea trascendencia. De muchas cosas se puede prescindir, de vivir no. Y vivir supone avanzar hacia el futuro.

El drama del divorcio entre la fe y la cultura, entre la creencia y el modo de vivir, casi se ha convertido en tragedia. Un problema grave que debe afrontar la comunidad cristiana, pues su fe no solamente no le separa de las realidades humanas, sino que tiene que estar en ellas aportando la levadura del Evangelio en el que cree. El campo de la educación humana, la formación religiosa, el tener una conciencia suficientemente informada, es tarea siempre imprescindible en la acción de la Iglesia, que existe para evangelizar y lo realiza a través del conocimiento de la palabra de Dios con ayuda de la predicación y de la catequesis, de la celebración de los sacramentos y de la práctica de la caridad.

El recuerdo de los cincuenta años del inicio de las sesiones del concilio Vaticano II ha dado una nueva actualidad a lo que supuso ese «nuevo Pentecostés y aire fresco del viento del Espíritu que entraban en la Iglesia». No cabe la menor duda que en el programa evangelizador del nuevo Papa estará presente este capítulo de la recuperación del impulso y de la doctrina del Concilio. Y aquí podemos situar cuanto se refiere a la presencia de la Iglesia del mundo, con sus gozos y sus esperanzas, el ecumenismo y la relación con otras culturas religiosas, la atención a los pobres y la justicia que busca la dignidad para todos los hombres y mujeres del mundo.

Las puertas de la esperanza siguen abiertas de par en par. Nunca pueden cerrarse, porque la Iglesia existe para llevar a todo el mundo el mensaje de salvación que recibió de Jesucristo. Los gestos y palabras del nuevo Papa han fortalecido la fe y la están llenando de la alegría de saber que Dios está al lado de su pueblo. El futuro no está en nuestras manos, suele decirse de una forma un tanto categórica y, desde luego, poco exacta. La cuestión en realidad no es la pregunta acerca de lo inexorable del paso del tiempo y el día final, sino cómo queremos que sea el futuro. Y preparar ese momento que deseamos sea feliz. Llevar las alforjas repletas de obras buenas, haber tirado previamente todas las piedras y pesos de odios y rencores y, lo más importante, vivir en el convencimiento de que Dios cumplirá su palabra y de que el que cree nada tiene que temer.

Sin nostalgia del pasado ni temerosos ante el futuro. La Iglesia es una permanente actualidad y Jesucristo, por su Espíritu, bien se cuida de guiar a este pueblo nuevo de Dios, dándole en cada tiempo y momento los pastores que necesita. Pero si se analiza con objetividad la vida de la Iglesia en la actualidad, se puede pensar en todo lo que ha significado el concilio Vaticano II en el pensamiento teológico, en la renovación de la liturgia, en el increíble desarrollo de todo aquello que se refiere a la justicia social y caridad fraterna, en la formación de los pastores, de los catequistas, de los seglares en general. Un sincero deseo de ser fieles al Evangelio y de sentirse un tanto distantes de esos lamentos que pueden llevar a una infravaloración, tanto de la propia conducta cristiana como a la de los otros y, en particular, respecto a las instituciones que representan el servicio a la Iglesia. Ni triunfalistas y orgullosos, ni exagerada tendencia a una crítica despiadada y, mucho menos, caer en la tentación del masoquismo particular o del fracaso y la catástrofe, como resultado de un proyecto ilusionante que nunca acabó de realizarse.

Agarrarse bien a Cristo, en todo momento, es seguridad para la esperanza y el consuelo. Es decir, que la fuente de la inspiración y el criterio no puede ser otra que lo que Cristo ha dejado en el Evangelio y en su comportamiento con las gentes y las realidades de este mundo. Esta presencia y amparo de Cristo a su Iglesia se ha podido comprobar en los últimos acontecimientos. La llegada del Papa Francisco ha sido como un reencuentro con la esperanza de un tiempo nuevo. Pero de ninguna de las maneras nos ha hecho olvidar, más bien al contrario, la labor realizada por Benedicto XVI y los papas anteriores.

La vida de la Iglesia no está zarandeada por saltos y sobresaltos, sino por la decidida y constante voluntad de ser fieles a la voluntad del Señor Jesucristo. La autocrítica y la revisión han de ser prácticas habituales, pero los criterios y referentes no pueden ser otros que los marcados por el Evangelio. No pocas de las críticas que llegan a la Iglesia, aunque sean bien intencionadas, vienen dañadas, si no por el prejuicio, ciertamente por una visión de la Iglesia como estructura meramente temporal a manera de una empresa multinacional de servicios religiosos. La misión de la Iglesia es siempre la de evangelizar. Y lo hace entre las dificultades que ponen nuestros pecados y debilidades y la gracia y los consuelos de Dios.

Habemus Papam! El anuncio que se hiciera aquel 13 de marzo de 2013 se viene confirmando con gozo y esperanza en el ministerio del Papa Francisco en este primer año de pontificado.

2

Entre Benedicto XVI y el Papa Francisco

Benedicto XVI sorprendió con la noticia de su renuncia. No lo podíamos creer. Después, al paso del tiempo, íbamos conociendo la humildad y la sabiduría de un Papa que había oído la voz del Espíritu que le llamaba a servir a la Iglesia en un nuevo ministerio: el de la oración y el silencio. Se admiraba la valentía de la decisión y la nobleza espiritual del Papa Ratzinger, que era ejemplo de coherencia entre sus convencimientos más profundos y la lealtad a las exigencias que el servicio a la Iglesia requería.

El Papa lo señalaba una y otra vez: «He de reconocer que no puedo ejercer adecuadamente el ministerio que me fue encomendado.» Hay que subrayar esa palabra de lo adecuado, de hacerlo como se debe hacer, de ejercer bien el oficio que uno tiene que realizar. El Papa quería ser consecuente y leal con lo que le dictaba su conciencia. Alguna vez se había expresado acerca de la responsabilidad que debe acompañar a aquel que debe cumplir un determinado ministerio. La rectitud ha estado siempre presente en la ejecutoria del cardenal Ratzinger, primero, y de Benedicto XVI, después.

En cuanto a la oportunidad del momento en el que

debía anunciar su renuncia, también sería muy medita-
da. El Papa no improvisaba. No sabemos por qué había
elegido estas fechas, pero sus razones tendría y algún día
lo sabremos. En forma alguna puede pensarse que acontecimientos recientes habían provocado una toma de
postura tan importante. Benedicto XVI no ha mirado a
su persona sino a la Iglesia. Éste era el momento que
Dios quería y así ha respondido, con la libertad de la fidelidad. Por otra parte, sería completamente indigno pensar que el Papa era poco menos que una persona sin fortaleza de espíritu para afrontar las dificultades y optara
por la huida.

La renuncia

La noticia de la renuncia del Papa llegó a todos los rincones del mundo. Los medios de comunicación dedicaron
sus primeras páginas a la declaración de Benedicto XVI
en la que anunciaba su propósito de renunciar al ministerio papal. El día 28 del mes de febrero de 2013, a las
20.00 horas, la sede de Pedro quedaría vacante. No era
algo absolutamente nuevo en la vida de la Iglesia. Otros
papas también habían renunciado al ministerio petrino.
Sin embargo, por más explicaciones que se quisieran
dar, esta renuncia de Benedicto XVI se veía como algo
completamente insólito y distinto a todas las demás.
Aquéllos eran otros tiempos y otras circunstancias.

Benedicto XVI conocía muy bien cuál era su oficio y
lo ha demostrado con la fortaleza de la fe y el servicio a
la Iglesia. Su presencia en medio del pueblo afianzaba la
fe y hacía que renaciera la esperanza. Su magisterio, profundo y lúcido, pone luz y criterio ante los acontecimientos del presente. Cuando fue elegido, se dijo que el nuevo
Papa Benedicto XVI nos iba a sorprender. Pero la sorpresa vino precisamente en aquello que no se esperaba: la de

la renuncia a la sede de Pedro. Quienes conocían de cerca al cardenal Ratzinger, sobre todo como Prefecto de la Congregación para la Doctrina de la Fe, sabían de su ejecutoria, oportunidad y acierto a la hora de asumir asuntos muy importantes que afectaban a la vida de la Iglesia, y ante los cuales no se podía permanecer en silencio.

La *fumata* ha sido blanca. Han sonado las campanas en la basílica de San Pedro en el Vaticano. El cardenal decano, según el reglamento previsto y publicado, se había acercado al elegido por el colegio de los cardenales y le pregunta: «¿Quieres ser nuestro Papa? Éste es el deseo de tus hermanos.» El Papa acepta este oficio de servidor de la Iglesia. Benedicto XVI es el mismo que ahora se ha presentado ante la Iglesia y le ha dicho: ya no tengo fuerzas para ejercer adecuadamente el ministerio que me habíais encomendado. Y en un acto de gran responsabilidad eclesial y de sincero ejercicio de la libertad personal, el Papa tomaba una decisión que, cuando menos, había que recibirla con sumo respeto a este hombre de Dios, que ha hecho de la fidelidad y de la lealtad a su fe y al servicio de la Iglesia norma para su vida. «El Papa Benedicto realizó un acto de santidad, de grandeza y de humildad. Es un hombre de Dios»: así se expresó el Papa Francisco (*Al director de* La Civiltà Cattolica, *agosto de 2013*).

Los sentimientos de tristeza por la despedida iban unidos a los de una enorme gratitud. El Papa cumple con lo que creía ser su deber. Lo cual no quiere decir que se olvide todo lo que ha supuesto de ejemplar entrega al servicio de la Iglesia. El reconocimiento se convierte en bendición a Dios que da, en cada tiempo, el sucesor de Pedro que se necesita. Sin que por ello hubiera de dejar de aprender unas lecciones que son muy importantes para comprender lo que es la Iglesia, su finalidad, su presencia en el mundo y su respuesta a los desafíos y retos que en cada momento la humanidad le puede exigir, pero siempre teniendo en cuenta que la Iglesia no puede dar sino aquello que de Jesucristo ha recibido.

Motivos y opiniones

La sorprendente noticia hizo que se desencadenaran las opiniones más dispares acerca de los motivos y razones que habían llevado, al moderado Papa Ratzinger, a tomar una decisión de tanta envergadura y con unas consecuencias imprevisibles. Se buscaron culpables y se fijaron los ojos en Vatileaks, pederastas y desleales, y se aducían los problemas que agobiaban y deprimían al Papa. Todo ello era más fruto de la imaginación que de la realidad, y algo completamente deplorable, pues en alguna manera se acusaba al Papa de incapaz para asumir sus responsabilidades.

Los motivos no había que buscarlos en el pasado sino en el futuro. Y el Papa, con una actitud noble, valiente y humilde, anunció su renuncia y ofreció las razones que le habían llevado a tomar una decisión tan importante: «Os he convocado a este Consistorio no sólo para las tres causas de canonización, sino también para comunicaros una decisión de gran importancia para la vida de la Iglesia. Después de haber examinado ante Dios reiteradamente mi conciencia, he llegado a la certeza de que, por la edad avanzada, ya no tengo fuerzas para ejercer adecuadamente el ministerio petrino. Soy muy consciente de que este ministerio, por su naturaleza espiritual, debe ser llevado a cabo no únicamente con obras y palabras, sino también y en no menor grado sufriendo y rezando. Sin embargo, en el mundo de hoy, sujeto a rápidas transformaciones y sacudido por cuestiones de gran relieve para la vida de la fe, para gobernar la barca de San Pedro y anunciar el Evangelio, es necesario también el vigor tanto del cuerpo como del espíritu, vigor que, en los últimos meses, ha disminuido en mí de tal forma que he de reconocer mi incapacidad para ejercer bien el ministerio que me fue encomendado. Por esto, siendo muy consciente de la seriedad de este acto, con plena libertad, declaro que renuncio al ministerio de Obispo de Roma, Sucesor de San Pedro, que me fue confiado por medio de los cardenales el 19 de abril de 2005, de forma que, desde el 28 de febrero de 2013, a las 20.00 horas, la sede de Roma, la sede de San Pedro, quedará vacante y deberá ser convocado, por medio de quien tiene competencias, el cónclave para la elección del nuevo Sumo Pontífice.» Era el 11 de febrero de 2013.

Corrían habladurías y rumores, desde hacía algunos meses, acerca de la salud del Papa, de sus limitaciones y de su fatiga. No había motivo para ello, excepto el de la edad, que pone los achaques naturales y propios de los años. Con motivo del último consistorio para la creación de nuevos cardenales, Benedicto XVI se reunía con el colegio cardenalicio y escuchaba las distintas intervenciones acerca de la situación actual y de los retos y desafíos que se presentan a la Iglesia. Todos quedaron sorprendidos del conocimiento de la situación y de la agilidad con que el Santo Padre respondía a las distintas cuestiones.

El más claro mentís, aunque innecesario, acerca de todas esas sospechas de debilidad, había llegado de lo que se había visto y oído en los recientes viajes pastorales de Benedicto XVI a México y a Cuba. Dos países que estaban pasando por serias dificultades. En México, el terrorismo, el narcotráfico y la violencia causaban verdaderos estragos sociales e inconsolables sufrimientos a las gentes. La situación de Cuba era conocida, aunque de cuando en cuando llegan algunas noticias esperanzadoras, especialmente por la firmeza, la mediación y la defensa que hacen los obispos cubanos en favor del reconocimiento de los derechos fundamentales de las personas.

El Papa Francisco ha querido estar siempre muy cerca de su antecesor Benedicto XVI. En el primer saludo desde el balcón del Vaticano, ya hizo una referencia de afecto a quien renunciara a la sede de Pedro. Había sido un gesto valeroso y humilde del Papa que, «con intuición verdaderamente inspirada», había proclamado para la Iglesia católica el año de la fe.

En uno de los primeros días de su pontificado, el Papa Francisco acude a la basílica de San Pedro para orar ante la tumba de sus predecesores. A Pablo VI le correspondió llevar adelante el concilio Vaticano II, celebrando las últimas sesiones y poniendo en marcha toda la renovación que auspiciaban las constituciones y decretos que manaban de tan importante asamblea conciliar. Es el Papa de los grandes documentos, la *Ecclesiam suam* y la *Evangelii nuntiandi*, sobre el mandato y la misión de la Iglesia en el mundo contemporáneo. También fue este Papa el que emprendió los viajes apostólicos y pastorales, visitando Tierra Santa, Nueva York, Fátima, Turquía, Colombia, Suiza, Uganda, Asia, Oceanía, Australia... Abrazó al patriarca ecuménico de Constantinopla y apoyó la obra de la madre Teresa de Calcuta.

Con Pablo VI se puede decir que comienza este largo y nuevo periodo vivido en la Iglesia, con la referencia permanente al concilio Vaticano II. Su magisterio, su personalidad dialogante, la presencia en diversos países e instituciones, abrió la Iglesia al mundo y la puso en manos de un nuevo Papa, que no iba a ser italiano, pero que había vivido muy de cerca el desarrollo del Concilio y el pontificado de Pablo VI: se trataba del cardenal arzobispo de Cracovia Karol Wojtyla.

Juan Pablo II dejaba como herencia una espléndida imagen de la verdad. Es éste el título de una de sus cartas encíclicas y, posiblemente, el más adecuado perfil que podemos hacer del querido e inolvidable Papa. Testimonio y modelo de la verdad es la que ofrece Juan Pablo II en la trayectoria y magisterio de su pontificado y en la santidad de su vida. En una línea constante de exquisito respeto a la libertad del hombre. Pero siempre teniendo en cuenta que solamente la cruz y la gloria de Cristo resucitado pueden dar paz a la conciencia del hombre.

Juan XXIII y Juan Pablo II serán canonizados por el Papa Francisco el 27 de abril de 2014.

Benedicto XVI, Papa

Se conocía la manera de actuar del cardenal Ratzinger. Se asumían los asuntos en toda su gravedad, se estudiaban concienzudamente, se recababan opiniones y, después, se publicaban las instrucciones necesarias para orientar la vida y el pensamiento de la Iglesia. Ahí están, por ejemplo, las instrucciones sobre la teología de la liberación, el tratamiento pastoral de las personas homosexuales, los divorciados vueltos a casar, la vocación eclesial del teólogo, el diálogo ecuménico e interreligioso...

Esa forma de actuar marcaría el pontificado de Benedicto XVI. Había que asumir los problemas que estaban pendientes de solución y los nuevos que llegaban. El Papa, muy lejos de eludir responsabilidad alguna, tuvo la noble actitud de acercarse a las víctimas. Dictó normas y orientaciones para que no se volvieran a repetir situaciones tan dolorosas, pero también dejó bien claro que había que respetar la justicia y el derecho con todas las consecuencias

De la importancia de su magisterio no puede haber duda. No era una simple teoría lo que el Papa decía, sino la voz clara que hablaba del Evangelio de Jesucristo para los hombres de hoy, y ponía en guardia ante la dictadura del relativismo, el fundamentalismo que deshonra la religión, la degradación de valores y actitudes, la corrupción en todos sus aspectos, la guerra y la violencia...

Benedicto XVI dejaba un maravilloso programa de acción pastoral para el futuro: la nueva evangelización. Y para que quedaran bien asentadas las líneas que se habían de seguir, convocó la asamblea ordinaria del Sínodo de los Obispos, para que tuvieran como tema de reflexión esta nueva evangelización. No se trataba de una estrategia, ni de buscar soluciones técnicas, sino de recobrar la alegría de la fe, el ardor de la caridad y la fuerza de la esperanza. Todo quiso hacerlo de forma «adecuada», por eso dijo al final: «Ya no tengo fuerzas para ejercer *adecuadamente* el ministerio petrino.»

Benedicto XVI supo tomar valientes decisiones, y afrontar problemas y situaciones en momentos difíciles, y lo hizo con una fortaleza digna de los mejores elogios. Se puede pensar en sus gestos y palabras condenando la pederastia, y emprendiendo las acciones necesarias para terminar con ella; los llamados Vatileaks, con la filtración de documentos reservados; la cuestión de Ratisbona y la incorrecta interpretación de las palabras del Papa sobre los musulmanes; los viajes a Turquía, Israel, Palestina y el Líbano; la presencia en el Reino Unido, que terminó con un distanciamiento de siglos... Un sucesor de Pedro verdaderamente audaz y sabedor que el Espíritu del Señor le acompañaba.

Benedicto XVI insistía en la necesidad del diálogo respetuoso entre los distintos grupos cristianos y los hermanos de otras religiones. Un diálogo que debe estar basado en la fe en un Dios Uno y Creador. El fundamentalismo es una falsificación de la religión, pues la actitud del creyente debe ser la de mostrar claramente que cada hombre es imagen de Dios y, por tanto, digno del mayor respeto y aprecio. La violencia nunca resuelve los problemas, sino que los agrava. La libertad religiosa es un derecho fundamental, con unas dimensiones sociales y políticas indispensables para la paz. No es suficiente la tolerancia, que no solamente no elimina las discriminaciones, sino que incluso puede reafirmarlas. La paz no se impone por la violencia sino por la fuerza de la misma verdad.

La paz y la convivencia entre los distintos grupos religiosos sería tema permanente en las intervenciones del Papa. La coherencia entre la fe y la vida, la libertad religiosa, el diálogo y la condena del fundamentalismo estarían presentes en los mensajes de Benedicto XVI. La paz no se impone por la violencia, sino por la fuerza de la misma verdad. «La reflexión sobre la paz, la sociedad, la dignidad de la persona, sobre los valores de la familia y la vida, sobre el diálogo y la solidaridad no pueden quedar con el simple enunciado de ideas, pueden y deben ser vividas» *(A las autoridades. Baabda, 15-9-2012)*.

Lo había dicho al comienzo de su pontificado: quiero ser un humilde trabajador en la viña del Señor. Durante algo más de siete años, lo hizo como Papa; ahora serviría «de todo corazón a la santa Iglesia de Dios con una vida dedicada a la plegaria». El 2 de mayo de 2013, Benedicto XVI, después de una breve estancia en Castelgandolfo, regresó al Vaticano para llevar una vida escondida con Cristo en Dios, como decía San Pablo.

Momentos de dificultad

Situaciones tan difíciles como las que se presentaron en las relaciones con otras religiones, particularmente con el islam, fueron asumidas por Benedicto XVI con diligencia y acierto. El Papa llegaría hasta la «casa del islam», en Turquía y Oriente Medio, y allí dialogaría sin cansarse, pues, aunque diferentes, eran hermanos. Capítulo muy importante fue el de las relaciones con la comunidad anglicana. Benedicto XVI viajaría al Reino Unido. Sus encuentros con los máximos dignatarios y sus palabras en los foros más importantes del país hicieron no sólo que se olvidaran un distanciamiento de siglos, sino que se emprendieran nuevas líneas de diálogo y entendimiento.

No faltaron, en el pontificado de Benedicto XVI, momentos en los que el Papa sentiría el dolor de la incomprensión por parte de algunos sectores importantes. El martes 12 de septiembre de 2006 visitaba la Universidad de Ratisbona, en la que había sido profesor y vicerrector, y pronunció una conferencia, con el título «Fe, razón y universidad». Unos párrafos, referidos a la cita del texto de un autor medieval, en el que se hacía una crítica negativa del islam, y que el Papa en absoluto apoyaba, fueron sacados del contexto y mal leídos e interpretados. El conflicto originado es conocido.

Benedicto XVI fue invitado por el Bundestag. Un grupo de parlamentarios no quiso asistir al discurso de Benedicto XVI. Ellos sabrán sus razones, pero resultaba un tanto extraño que una institución, que debería ser paradigma de apertura y atención para escuchar opiniones diferentes, se negara a recibir la visita del Papa.

También en el Parlamento español hubo algunos malos gestos respecto al Pontífice. Se presentó una propuesta, sugerida por unos diputados, para reprobar las palabras del Papa acerca de algunas cuestiones. Increíble, pero cierto. La madre Maravillas de Jesús iba a ser canonizada, declarada santa. De joven había vivido en unas dependencias que actualmente forman parte del edificio del Parlamento. La mesa del Congreso se negó a poner una placa conmemorativa. Es preferible olvidar las razones que se dieron para tan poco democrática decisión. En otro ámbito, algunos grupos laicistas quisieron poner en guardia nada menos que al fiscal general del Estado para que estuviera atento y vigilara las palabras que el papa Benedicto XVI podría decir en su visita a España.

Si Benedicto XVI acudía al Parlamento federal alemán era para responder a la invitación que, desde esa cámara alta, se le había cursado. No era, por tanto, un intruso, sino un ilustrísimo invitado. Así fue recibido y el plante de unas minorías no pasó de lo anecdótico, aunque fuera tan alardeado por algunos sectores de la opinión pública y de los medios de comunicación.

El Papa hablaría a los diputados alemanes sobre los fundamentos de un Estado liberal de derecho. Era lo apropiado en una cámara representativa, donde los políticos tienen que proponer y apoyar las condiciones básicas para una convivencia en paz. Decía Benedicto XVI: «El cristianismo nunca ha impuesto al Estado y a la sociedad un derecho revelado, un ordenamiento jurídico derivado de una revelación. En cambio, se ha remitido a la naturaleza y a la razón como verdaderas fuentes del derecho, se ha referido a la armonía entre razón objetiva y subjetiva, una armonía que, sin embargo, presupone que ambas esferas estén fundadas en la Razón creadora de Dios» *(Reichstag, Berlín, 22-9-2011)*.

Benedicto XVI había sido invitado a visitar la Universidad de Roma, *La Sapienza*, en enero de 2008. El Papa tuvo que desistir de llevar a cabo la invitación, debido a la oposición de un grupo de profesores y estudiantes. El texto íntegro del discurso del Papa fue publicado en la página oficial de la Santa Sede. Elegido un nuevo rector de la Universidad, se volvió a cursar la invitación al Papa.

Esta santa audacia del Pontífice se ponía de manifiesto en unas declaraciones a los periodistas en su viaje al Líbano, al confesar que nadie le había aconsejado renunciar a este viaje ni él mismo nunca había contemplado esa posibilidad. «Cuando la situación se hace más difícil, más necesario es ofrecer este signo de fraternidad, de ánimo y de solidaridad.» Desde el encuentro con los informadores en el mismo avión que conducía al Líbano, hasta el mensaje final en el aeropuerto de Beirut, el Papa dejaba perfectamente asentada la motivación de su viaje y el mensaje que debía ofrecer, no solamente a los católicos, sino a musulmanes y judíos, a los dirigentes políticos y a las fuerzas sociales.

La Iglesia entre Benedicto XVI y Francisco

El Papa Francisco hablaba a los cardenales de la armonía. Una de las gracias que el Espíritu de Dios ha regalado a su Iglesia. Durante el tiempo que transcurriera entre la renuncia de Benedicto XVI y la elección del Papa Francisco, hubo que cargar con un enorme fardo de escritos y palabras, que eran como un inmenso alud que anunciaba una imparable hecatombe que acabaría con una Iglesia en ruinas, como casa reducida a viejos y entristecidos derribos que hablaban de una gloria que fuera y ya no es. Como esa ennegrecida y agorera página se ha leído muchas veces, ahora causaba más indiferencia que atención. La Iglesia está muy viva, pero no porque las noticias sobre ella estén en la primera página de los diarios escritos, radiados, digitales y televisivos, sino porque Cristo está presente en la existencia de tantos miles y miles de gentes que han elegido al Señor como norma fundamental de sus vidas.

La Iglesia católica está presente en el mundo entero, pero como Iglesia evangelizadora. Ni es un poderoso organismo internacional, ni tiene como misión llevar a cabo proyectos de regeneración económica o de establecimiento de estructuras políticas o sociales. Pero sí que es verdad que, dentro de esa misión evangelizadora, no puede desentenderse de aquello que afecta a la vida y dignidad de las personas. No debe ni quiere ser indiferente, de una manera particular, al sufrimiento de los pobres.

La Iglesia tiene su doctrina y su magisterio, pero no es ninguna agencia de técnicos especializados en la solución de problemas meramente temporales, ni pretende presentar estrategia alguna, ni política de mercado, ni busca soluciones que nunca pueden estar al alcance de su mano. En la barca de Pedro que gobierna el Papa, lo único que se desea, como dijera Benedicto XVI, es anunciar el Evangelio.

La semilla de la palabra de Dios es muy fecunda y la Iglesia sigue creciendo, aunque en algunos ambientes y lugares la sequía de una fe no suficientemente celebrada y vivida estaba haciendo estragos. Tampoco puede haber una fácil complacencia en el número de los que creen. La preocupación está en esos contextos donde lo referente a Dios ha desaparecido o figura nada más que como algo desvaído y en segundo plano. La Iglesia es un cuerpo vivo, no una mera asociación humana con unos estatutos y reglamentos, sino que su vitalidad está en la identificación fiel con Jesucristo. Cualquier parecido con una empresa de servicios religiosos no deja de ser un reduccionismo incapaz de traspasar los límites de lo meramente organizativo en vistas a una eficaz campaña de marketing. Lo decía Benedicto XVI en las palabras de despedida al colegio cardenalicio: «La Iglesia es un cuerpo vivo, animado por el Espíritu Santo y vive realmente por la fuerza de Dios. Ella está en el mundo, pero no es del mundo: es de Dios, de Cristo, del Espíritu.»

Benedicto XVI y España

En tres ocasiones el Papa Benedicto XVI realizó visitas apostólicas a España. Primero fue con motivo del Encuentro Mundial de las Familias (Valencia, julio de 2006), después a Santiago de Compostela y Barcelona (noviembre de 2010) y, por último, a Madrid en la Jornada Mundial de la Juventud (agosto de 2011). Tal como había dicho unos días antes en Roma, Benedicto XVI venía a España como peregrino y testigo de Cristo Resucitado, y para alimentar con la Palabra, en la que se encuentra la luz para vivir con dignidad, esperanza y construyendo un mundo mejor. El propósito inicial se había cumplido perfectamente.

En Compostela, Benedicto XVI presentaba al hombre como un peregrino que busca la verdad, que quiere salir de sí mismo. El precio a pagar será el de vivir en caridad fraterna con todos aquellos que se puedan cruzar por el camino, particularmente con los más pobres y débiles. Es un encuentro entre la realidad del mundo y la historia de la salvación, entre la Iglesia, que es templo de Dios, y la ciudad en la que viven los hombres.

Benedicto XVI quería que la fe se confesara con alegría, coherencia y sencillez, como corresponde a un testigo del Resucitado y seguidor del Evangelio. Los gestos del Pontífice, siempre sobrios y muy significativos, decían, sin palabras, que necesita acercarse a todos. Hablaba en los grandes y apoteósicos recibimientos, y con los más pequeños y necesitados. Su proceder no era el de un personaje importante que visitaba unas ciudades, sino el de un pastor que, como San Pablo, iba diciendo continuamente que no había venido con los persuasivos discursos de la sabiduría, sino con la palabra de Jesucristo. No había postura alguna que llamara a la ambigüedad.

Su mensaje era claro, al alcance de todos los entendimientos.

Un auténtico testigo de la fe y un maestro, que unía la sabiduría de Dios con el acercamiento a las personas. Que asumía las dolencias y ofrecía el médico y la medicina: Cristo y el Evangelio. Testigo de la fe, maestro de la palabra, conocedor de las realidades de este mundo y ejemplo de apertura al diálogo entre la fe y la razón, el Evangelio y la cultura, la belleza de lo humano y la trascendencia de Dios. Las palabras del Papa rompían fronteras entre jóvenes y adultos, entre países y culturas, entre ideas y formas de pensar, entre situaciones sociales y políticas verdaderamente diferentes. Benedicto XVI llegaba a los católicos y a los cristianos de otras confesiones, a los miembros de otras religiones y a los que no tienen fe. Porque la Verdad, con mayúscula en todos los aspectos, era el eje central de aquello que el Obispo de Roma quería subrayar. La Verdad y el Amor: inseparables e imprescindibles, eran el eje de todo el discurso.

No sería arriesgado afirmar que en la intención de Benedicto XVI estaba poder llegar a todos: «Os lo digo a vosotros, jóvenes, pero para que sea oído y meditado por todos.» Los jóvenes, como es lógico, no se quedaban en simple ocasión y pretexto, pero había de tenerse en cuenta que la edad es algo transitorio y que el mensaje de la Verdad y del Amor ha de estar presente en todas las etapas de la vida. Por otra parte, es innegable que, como no podía ser de otra manera, hablaba de Jesucristo y su palabra no quería ser otra que aquella que se había manifestado en el hijo de Dios. La universalidad estaba asegurada: Benedicto XVI ponía los labios para que se escuchara la voz de Cristo.

Lumen fidei

El 29 de junio de 2013 el Papa Francisco publicaba la carta encíclica *Lumen fidei*, la luz de la fe. El mismo Papa explica que Benedicto XVI, después de haber escrito las cartas encíclicas sobre la caridad y la esperanza, había completado prácticamente una primera redacción de la encíclica sobre la fe. «Se lo agradezco de corazón y, en la fraternidad de Cristo, asumo su precioso trabajo, añadiendo al texto algunas aportaciones.» Un gesto éste que ha sido muy valorado, tanto desde el punto de vista de la continuidad en el magisterio, hasta de la noble y profunda humildad de quien sabe dejarse ayudar por el trabajo de quienes le precedieron.

El mensaje central de esta primera carta encíclica del Papa Francisco quiere «poner de relieve la luz que proviene de la fe, de la revelación de Dios en Jesucristo y en su Espíritu, iluminar la profundidad de la realidad que ayuda a reconocer que ella lleva inscripta en sí misma los signos indelebles de la bondadosa iniciativa de Dios. Gracias a la luz que viene de Dios, la fe puede iluminar todo el trayecto del camino, toda la existencia del hombre. Ella no nos separa de la realidad, sino que nos permite captar su significado profundo, descubrir cuánto ama Dios a este mundo y cómo lo orienta incesantemente hacia sí». Así resumía la encíclica el Prefecto de la Congregación para la Doctrina de la Fe, el arzobispo Gerhard Müller.

El Papa Francisco tiene un estilo peculiar a la hora de transmitir su magisterio. Siempre se apoya, como es lógico, en textos de la palabra de Dios y de la tradición y doctrina de la Iglesia, pero en las explicaciones pone un acento peculiar de cercanía a los oyentes, de coloquio con aquellos que le están escuchando. No es infrecuente que interrumpa la lectura del texto escrito para dar cabida a la espontaneidad, al ejemplo, a la anécdota, al recuerdo amable o enternecedor.

Siendo tan importante y necesario el magisterio escrito, la gran lección del Papa Francisco es su misma vida entregada por completo a la Iglesia, el acercamiento a las gentes, particularmente los más débiles, el interés por servir a todos y llevar siempre el aliento de la misericordia y de la esperanza.

3

Una personalidad nueva y sorprendente

Los medios de comunicación no se cansaban de ofrecer sugestivos titulares acerca del nuevo Papa: que se respiran otros aires en el Vaticano, que si la curia recibirá profundas reformas, que si tenemos un nuevo profeta, que si la Iglesia es una historia de amor y no una organización burocrática, que si despierta mucha ilusión, que ha llegado un tiempo nuevo, que los sin voz ya tienen alguien que hable por ellos, que será el párroco de las periferias, que la revolución de la sencillez está en marcha...

Cuenta el padre Antonio Spadaro, director de *La Civiltà Cattolica,* en su entrevista con el Papa Francisco, que cuando el cardenal Bergoglio comenzó a darse cuenta de que podía llegar a ser elegido —era el miércoles 13 de marzo durante la comida— «sintió que le envolvía una inexplicable y profunda paz y consolación interior, junto con una oscuridad total que dejaba en sombras el resto de las cosas. Y que estos sentimientos le acompañaron hasta su elección».

La sorpresa
De sorpresa en sorpresa. Primero fue la misma elección. Después, cada día un gesto inesperado y por demás

grato. ¿Por qué tanto asombro? La extrañeza tendría que venir de todo lo contrario, no de lo que estamos viendo y oyendo, pues Jesucristo cuida de su Iglesia y le da en cada momento aquello que el pueblo de Dios necesita. Y ahora el Señor pensaba que el Papa Francisco era el indicado para servir a esta familia universal que es la Iglesia católica.

Eran muchas las expectativas y las esperanzas que suscitaba el nuevo Papa, en el que se veían las actitudes que él mismo deseaba para quien fuera elegido, como dijo a los medios de comunicación: tener la capacidad de recoger y expresar las exigencias de nuestro tiempo, de ofrecer los elementos para saber leer la realidad. La desilusión puede venir en aquellos que piden lo que el Papa no va a poder dar, pues tiene que ser fiel al Evangelio, al magisterio y a la tradición de la Iglesia. El Papa Francisco despierta muchas esperanzas, sobre todo en la gente humilde y sencilla, a la que habla de la comprensión de las miserias humanas y de la misericordia de Dios.

No se puede olvidar que la historia de la Iglesia es la historia de la salvación del pueblo de Dios, convocado por Jesucristo y sostenido con la fuerza del Espíritu Santo. La casualidad y el estupor no están entre los criterios de discernimiento, ni en las motivaciones de los orígenes, ni en las perspectivas de futuro. Dios es eterno, inmutable y providente. Y así, como no puede ser de otra manera, actúa en todas sus acciones. Junto a esa eternidad de Dios está la temporalidad de las gentes. Pero el Señor se hace siempre presente para que el pueblo no pierda el camino. Por eso envía, en cada momento, los pastores que la Iglesia necesita para cumplir con su misión evangelizadora.

En la entrevista concedida por el Papa a Francisco Scalfari, director del diario *La Repubblica*, comenta el periodista: «Si la Iglesia se vuelve como él la piensa y la quiere habrá cambiado una época.»

Habrá que trazar nuevos senderos, pero no olvidar nunca que el camino es siempre Jesucristo. La mies es mucha y las posibilidades muy grandes. No afligirse por la debilidad, sino respirar hondo para emprender con alegría una tarea de Evangelio. La Iglesia no está en retirada, sino ante horizontes muy elevados y que requieren la responsabilidad de un compromiso ineludible. Los problemas son muchos, las esperanzas de solución más. Pues casa y espacio para la caridad ha de ser la Iglesia. También sal de la tierra y, ante todo, sacramento de Jesucristo.

Tras la renuncia de Benedicto XVI se apreciaba cierto desencanto. Muchas ilusiones se desvanecieron y se oía un lenguaje que parecía envejecido, desilusionado, con indisimulada amargura. Sin embargo, la fuerza incontenible del Evangelio se abría paso entre nubarrones previsiblemente circunstanciales. El Papa Francisco quiere ser consecuente con aquello en lo que cree y trata de vivir en el contacto con las gentes. Aquí está su gran atractivo, el valor de sus gestos, el encanto que producen sus palabras en las personas que lo escuchan.

Como es fácil de comprender, no todas las personas interpretan los signos de la misma manera y, lo que para unos es ejemplaridad, para otros puede ser simplemente comportamientos superficiales y de cara a la galería. Pero aquí está el secreto del Papa Francisco: que sus gestos los convierte en actitudes ejemplares y de un valor universal, para que puedan llegar a propios y extraños, a creyentes y a ateos.

Desde el primer momento, el Papa Francisco ha repetido que quiere estar con la Iglesia y que la Iglesia debe estar con los pobres. Éste es el camino trazado por Jesús y el que incuestionablemente quiere seguir el nuevo Papa. Sus palabras de llamamiento a la austeridad, a dejar a un lado los signos ostentosos, a estar cerca de los pobres, han tenido una repercusión inmediata, han sido bien comprendidos por la mayor parte de quienes los han visto y oído, y muchos han cambiado su manera de pensar y sus costumbres y comportamiento de cada día.

En aquello que se refiere a la atención de los más débiles, siempre queda un camino muy largo por recorrer, pero hay que ser objetivos y ver cómo la Iglesia, desde el más escondido de sus fieles hasta las grandes instituciones dedicadas al ministerio de la acción caritativa y social, está realizando una labor digna del mayor encomio, como es reconocido incluso por aquellos que se dicen estar muy distantes de la Iglesia.

Los gestos del Papa

Algunos de los gestos del nuevo Papa se veían como si de revoluciones se tratara: no quiere residir en el apartamento pontificio, almuerza en el comedor común, celebra la misa en la capilla de la residencia y abierta a los fieles, lava los pies a los presos, incluidas mujeres y musulmanas, se inclina ante el pueblo y pide que rueguen por él antes de dar la bendición, muestra aprecio y respeto hacia todos, habla con un lenguaje claro y directo, cálido y sincero...

El nuevo Papa se retrataba a sí mismo con mucha humildad, y explicaba los motivos de algunas de sus decisiones: «De la Compañía me impresionaron tres cosas: su carácter misionero, la comunidad y la disciplina. Y esto es curioso, porque yo soy un indisciplinado nato, nato, nato. Pero su disciplina, su modo de ordenar el tiempo, me ha impresionado mucho. Y, después, hay algo fundamental para mí: la comunidad. Había buscado desde siempre una comunidad. No me veía sacerdote sólo: tengo necesidad de comunidad. Y lo deja claro el hecho de haberme quedado en Santa Marta: cuando fui elegido ocupaba, por sorteo, la habitación 207. Ésta en que nos encontramos ahora es una habitación de huéspedes. Decidí vivir aquí, en la habitación 201, porque, al tomar posesión del apartamento pontificio, sentí dentro de mí un no. El apartamento pontificio del palacio apostólico no es lujoso. Es antiguo, grande y puesto con buen gusto, no lujoso. Pero en resumidas cuentas es como un embudo al revés. Grande y espacioso, pero con una entrada de verdad muy angosta. No es posible entrar sino con cuentagotas, y yo, la verdad, sin gente no puedo vivir. Necesito vivir mi vida junto a los demás.»

Cada día sorprende el Papa Francisco con algún gesto ejemplar. No son simples actos de bondad y cortesía espiritual, sino señales y guiños que hacen pensar en formas nuevas, por evangélicas, de vivir en cristiano. No se quedan en ademanes sencillos y afables, mucho menos en aspavientos formales. Provienen de un impulso interior y expresan, en rasgos significativos, lo que se vive y se quiere transmitir a los demás. Por sí solo, el ademán y el gesto tienen fecha de caducidad, más o menos alejada, según la repetición y la costumbre lo vayan señalando. *Ex consuetis non fit passio*, decían los antiguos. Esto es: que lo que estamos viendo todos los días ya no causa impresión alguna. Y aquí es donde está la sabiduría del Papa Francisco, que no deja que lo exterior se lleve la mejor parte. Para conseguirlo une el gesto a la palabra y se produce una actitud que tendrá carácter de duradera.

Los gestos, los signos son como un síntoma que conduce a una realidad, a una situación, a unas actitudes, a una forma de comportamiento, a una revelación de la propia personalidad. Son como un puente entre algo que se palpa y se mide y aquello que está más allá de lo inmediato. Son acciones simbólicas que tratan de manifestar algo desconocido, pero que se pronostica y espera. Con los gestos sensibles, apreciables, se abren las puertas de un conocimiento que solamente las palabras pueden revelar como expresión del pensamiento. La inequívoca relación de coherencia entre el signo y la palabra denota veracidad, credibilidad de la conducta y tienen su permanencia en esa predisposición a seguir una determinada tendencia. Es lo que conocemos como actitudes. El Papa, por ejemplo, ha dicho que le gustaría ser el servidor de los pobres y que quiere una Iglesia pobre y para los pobres. Ha manifestado cuál es su actitud respecto a las personas que deben tener prioridad en su ministerio.

Qué duda puede haber en que las acciones sean necesarias en todo aquello que se refiere a la evangelización y al testimonio cristiano. Pero también se requiere de las palabras. De expresar y decir a los demás lo que debe estar en la razón de toda esperanza. Cristo pasó haciendo el bien en obras y palabras. Que ni las obras desdigan de la Palabra, ni las palabras desluzcan el brillo de las obras. En el testimonio cristiano no caben ni acciones equívocas, dañadas por la falta de la recta intención de buscar el bien y llevárselo al hermano, ni puede ofrecerse un discurso que desmienta el convencimiento de la fe que se expresa en unas palabras llenas de esperanza. Hombre de palabra y de acciones que manifiestan inequívocamente la fe en el Resucitado.

En la memoria de los últimos papas encontramos también muchos gestos y acciones peculiares, no de cada uno de ellos, sino de lo que el Señor quería decir por medio de esos elegidos. No se trataba de una continuidad o de un sobresalto protocolario. Era la respuesta fiel a lo que la Iglesia necesitaba y Dios quería. Podemos pensar en el asombro que causaba la convocatoria, por parte de Juan XXIII, del concilio Vaticano II. Pablo VI suscitó la admiración con algunos de sus documentos sobre el diálogo en la Iglesia y la evangelización del mundo contemporáneo. Fue corto el tiempo de su pontificado, pero Juan Pablo I dejó la impronta de su sonrisa en el encuentro con las gentes. En Juan Pablo II se desbordaron todas las previsiones, anunció el Evangelio en el mundo entero y entre todas las gentes, con la fuerza de su magisterio y la debilidad de la cruz en sus últimos años. De Benedicto XVI se admiraba su teología y el mensaje profundo y magisterial, pero en su pontificado hay unos gestos de enorme trascendencia en las relaciones de la Iglesia y el mundo. Los viajes al Reino Unido, a Turquía, a Israel, a Palestina y a Líbano marcan verdaderos hitos en la historia del diálogo ecuménico e interreligioso.

En el Catecismo se habla de los sacramentales, esas acciones (con sus signos correspondientes) que, sin ser sacramentos, en los que se recibe la gracia santificadora, sí preparan y disponen para la celebración de esos sacramentos y que, después de recibidos, se prolongan en oraciones y súplicas, bendiciones del agua y del pan, actos piadosos, tradiciones religiosas, piedad popular, procesiones... Esos admirables y ejemplares gestos del Papa Francisco no son simplemente los de una personalidad atractiva y nueva, con formas que se salen de los protocolos al uso. Son los gestos de un Papa y están colmados de una significación especial. No sería arriesgado decir que son como «sacramentales», que ayudan a comprender el mensaje que Jesucristo quiere dar a la Iglesia y al mundo en estos momentos.

Habla con autoridad

En algunos sectores de la llamada «oposición silenciosa» se oía, a pesar de ese aparente silencio, una crítica a las actitudes del Papa Francisco: «Es un Papa de gestos, pero no de gobierno.» Las decisiones tomadas por Francisco desmienten por completo esta opinión: sirvan de ejemplo la Comisión de cardenales, las disposiciones sobre la actuación del IOR, los nombramientos de responsables de algunos dicasterios de la curia romana, la destitución de algunas personas, incluidos obispos, por comportamientos poco ejemplares... El Papa Francisco gobierna de una forma muy personal y eficaz.

Entre los gestos más conmovedores del Papa Francisco están aquellos que reflejan la preferencia por los enfermos. Algunas imágenes han recorrido el mundo entero, y se ha podido ver al Papa abrazado a unas personas que ni aspecto de hombres tenían. El cuidado que la Iglesia dedica a las personas enfermas o frágiles no es asistencialismo, ni filantropía, ni pietismo, ni simple invitación a la resignación. Es algo auténticamente evangélico. Por otra parte, los enfermos no pueden considerarse como simple objeto de solidaridad y caridad, sino que deben sentirse incluidos plenamente en la vida y misión de la Iglesia *(A la Unión de Transporte de Enfermos a Lourdes, 9-11-2013)*.

«Atención a los fariseos, son un peligro. Se escandalizan porque Jesús come con los pecadores. Es la música de la hipocresía murmuradora. Lo que escandaliza a estas personas, alegra a un Dios que no quiere perder a sus hijos. Una cosa es el escándalo y otra el pecado. El pecador se arrepiente y pide perdón. El escandalizado no se arrepiente. Trata de disimular una doble vida. Con una mano da limosna y con la otra roba al Estado, a los pobres... Quien lleva una doble vida es un corrupto. Un sepulcro blanqueado» *(Santa Marta, 11-11-2013)*.

Con su ejemplo y sus palabras, el Papa Francisco está dejando al descubierto algunas actitudes que necesariamente tienen que cambiar. Lo escribía en la exhortación *Evangelii gaudium*: hay que abandonar el cómodo criterio pastoral del «siempre se ha hecho así», y tratar de ser audaces y creativos, repensar objetivos, estructuras, estilo y métodos evangelizadores. Con generosidad, valentía, sin miedo, en un sabio y realista discernimiento pastoral. En el tradicional encuentro de todos los años, el Papa propuso a los universitarios romanos una serie de desafíos que se debían afrontar con fortaleza interior y audacia evangélica. No se puede claudicar ante la mediocridad, el aburrimiento y la monotonía, sino que hay que cultivar proyectos de amplio respiro y no dejarse robar el entusiasmo propio de la juventud, ni conformarse con quedar aprisionado por el pensamiento débil, uniforme, cayendo en una globalización homologante. Al defender la unidad se apoya también la diversidad. Ni dejarse condicionar por la opinión dominante, ni renunciar a tener una mente abierta que sabe discernir, con la luz de la verdad, del bien y de la belleza. «La pluralidad de pensamiento y de individualidad refleja la multiforme sabiduría de Dios cuando se acerca a la verdad con honestidad y rigor intelectual, cuando se acerca a la bondad, cuando se acerca a la belleza; así cada uno puede ser un don en beneficio de todos.»

Una de las primeras sorpresas. El Papa ha decidido vivir en la residencia de Santa Marta y no en los aposentos del palacio apostólico. Quería estar cerca de quienes serían sus colaboradores más inmediatos. El Papa no tendría un sitio especialmente asignado para él, sino que acompañaría a los que estaban en alguna de las mesas del comedor. En Santa Marta celebraría la eucaristía diaria, recibiría a algunas personas y ofrecería unas deliciosas homilías a quienes le acompañaban en la celebración. Al finalizar la celebración hace la acción de gracias sentándose en uno de los últimos bancos de la capilla.

Las homilías, en las celebraciones en la capilla de Santa Marta, están consideradas como lo más original del magisterio del Papa Francisco. Un lenguaje sencillo, cercano, lleno de afecto y muy evangélico que atrae en seguida la atención de los fieles, que asumen el magisterio del Papa como verdadero alimento para su vida espiritual y moral.

El magisterio pontificio, según la tradición de los últimos papas, suele realizarse ordinariamente a través de las reflexiones en el rezo del Ángelus, las catequesis semanales en las audiencias públicas, las homilías en las celebraciones litúrgicas, los mensajes y cartas apostólicas en diversas circunstancias, los discursos en ocasiones particulares y las cartas encíclicas dirigidas a toda la Iglesia.

La reflexión en el rezo del Ángelus suele referirse al contenido religioso de los domingos y días de fiesta, haciendo una llamada de atención sobre acontecimientos del momento. En las homilías de las celebraciones litúrgicas, el comentario de los textos de la palabra de Dios se hace vida cotidiana en las explicaciones del Santo Padre. Las audiencias generales son la ocasión para que el Papa ofrezca unas catequesis no solamente dirigidas a quienes participan directamente en Roma, sino a todo el pueblo de Dios. El Papa Francisco se ha ocupado, en estas audiencias, de temas tan importantes y actuales como la misión de las mujeres, la acción evangelizadora de la Iglesia, el trabajo y la dignidad de la persona, el conocimiento de la verdad, la superación de la indiferencia y la división, la Iglesia como familia de Dios, la ley del amor, la cultura del descarte, el lenguaje que comprendemos, la apostolicidad y la catolicidad de la Iglesia...

En los mensajes, cartas apostólicas y discursos el contenido está en relación con el motivo de los encuentros y los grupos particulares o personas a los que se dirigen. Particularmente importantes han sido los discursos dirigidos al colegio de cardenales, al cuerpo diplomático, a los representantes de diversas religiones, al arzobispo de Canterbury, a la Academia Pontificia, al Comité Coordinador del CELAM, al encuentro internacional por la paz, a los pobres y detenidos, a los refugiados, a los pobres de Asís, al Consejo Pontificio Justicia y Paz, a la comunidad judía de Roma...

Perfil del nuevo Papa

«Bueno, quizá podría decir que soy despierto, que sé moverme, pero que, al mismo tiempo, soy bastante ingenuo. Pero la síntesis mejor, la que me sale más desde dentro y siento más verdadera es ésta: soy un pecador en quien el Señor ha puesto los ojos.» Y repite: «Soy alguien que ha sido mirado por el Señor. Mi lema, *Miserando atque eligendo*, es algo que, en mi caso, he sentido siempre muy verdadero.» Éstos son algunos de los rasgos personales que hace el Papa Francisco de su perfil humano y religioso *(Papa Francisco al director de* La Civiltà Cattolica, *agosto de 2013).*

El Papa Francisco atrae y cautiva a propios y extraños, a los creyentes y a los ateos. Unos y otros manifiestan tener un alto grado de aprecio por el papa Bergoglio, que llega tan al corazón de las gentes con gestos y palabras sencillas, sabe expresar y comunicar con eficacia y suscita interés y simpatía. Tiene especial deferencia y cariño con los enfermos, los niños, los que sufren por cualquier motivo. Su sola presencia emociona, conmueve y contagia paz y esperanza.

Utiliza un lenguaje sencillo, acomodado a los oyentes, cálido y evangélico. Emplea expresiones familiares: «La hemos hecho gorda», «El sudario no tiene bolsillos», «Uno va por aquí, pero le patean un golazo de allá», «Hagan lío, espero lío», «No tomen licuado de fe», «Se pasó de rosca», «Esto no funciona», «Libertad chirle», «Cristianos almidonados», «Jugar a dos puntas», «Habéis trabajado, ¿eh?», etc. Es una manera de hablar directa, accesible a las personas que tiene delante, a las que saluda y despide con las formas habituales que se usan en la vida corriente: queridos amigos, buen almuerzo, que descanséis, feliz domingo... La sonrisa no se cae de sus labios, las palabras están llenas de ánimo para obtener el perdón, la esperanza, la paz... Los gestos se unen a las palabras y aparecen unas actitudes encantadoramente atrayentes.

La exposición del mensaje se hace de una manera muy pedagógica, fácil de asimilar y recordar. Emplea con frecuencia un tríptico de palabras que ayudan a mantener la atención y quedarse con el contenido de la doctrina. «Caminar, edificar, confesar» (cardenales); «autenticidad evangélica, especialidad, ardor misionero» (cofradías); «diálogo, discernimiento, frontera» (La Civiltà Cattolica); «originalidad en la tradición cultural, responsabilidad solidaria para construir el futuro, diálogo constructivo para afrontar el presente» (dirigentes); «novedad, armonía, misión» (movimientos eclesiales); «cada uno acogido, amado, perdonado» (Twitter); «vayan, sin miedo, para servir» (jóvenes); «mantener la esperanza, dejarse sorprender por Dios, vivir con alegría» (Aparecida); «encontrado, alcanzado, transformado» (clérigos y consagrados); «discreción, humildad, silencio» (inicio ministerio); «mirada calma, serena y sabia» (dirigentes); «campo de siembra, entrenamiento, construcción» (discípulos y misioneros)... El mismo Papa Francisco daría la explicación de por qué expone su pensamiento de este modo: así lo hacían los antiguos predicadores jesuitas... Frases como «periferias existenciales», «cultura de descarte», «olor a oveja», y todo lo que ellas significan han quedado muy grabadas en quienes lo han escuchado, y han dado la vuelta al mundo.

Era pregunta obligada en todas y cada una de las encuestas: ¿qué perfil había de tener el nuevo Papa? Y se ofrecían unos rasgos generales sobre la personalidad deseable en el nuevo Pontífice. La figura, la personalidad de un Papa rompe cualquier esquema preconcebido. Son unos trazos distintos los que va haciendo Dios sobre aquel que ha sido elegido para ser Vicario de su hijo Jesucristo en la tierra, el sucesor de Pedro, el pastor universal. La silueta que se diseñaba se iba desvaneciendo a medida que se conoce el ministerio que el Pontífice tiene que realizar. El conjunto de rasgos no tienen simetría ni se encajan como piezas de un juego. Es una figura carismática, elegida, guiada por la acción del Espíritu de Dios. Lo humano queda asumido por la fuerza de la gracia especial que Dios le ha dado. Las cualidades que pueda tener como persona quedan en un lugar muy distante de aquello que es la verdadera personalidad del sucesor de Pedro.

Querer verlo todo con ojos y criterios meramente humanos no es razón. Porque la Iglesia tiene otros orígenes y otras metas que conseguir. Mucho peor si a la Iglesia se la considera como una estructura meramente social, de gobierno y eficacia casi empresarial, y se le aplican, no precisamente los valores y méritos, sino todo lo peor que puede tener un colectivo sin más interés que el del poder o el de una economía lo más boyante posible.

El Papa es el sucesor de Pedro que garantiza la comunión con Cristo. Es el primero de los apóstoles en la sucesión de aquellos discípulos que acompañaron al Señor. Es el maestro de la fe, y su magisterio es el encargado de discernir y orientar a los fieles en su vida espiritual y su conducta moral.

¿Qué personalidad es la que aparece en el Papa Francisco? La que discurre entre Jorge Mario Bergoglio y el Pontífice Francisco, pasando por su condición de jesuita y sacerdote, de obispo y de cardenal. Se conocían sus gestos y sus acciones pastorales, del gobierno como provincial de los jesuitas y como pastor de una inmensa diócesis, de su magisterio como obispo y de sus posturas ante los distintos problemas y situaciones en las que tuvo que desarrollar los ministerios que se le encomendaban. Pero no se debe olvidar que, desde el momento en que aceptó ser el sucesor de Pedro, al único que conocemos es a Francisco, Obispo de Roma y nuestro maestro en la fe. Todo lo anterior es historia pasada, aunque haya dejado lecciones importantes y muy ejemplares que aprender. Pero ahora todos los gestos, todas las palabras, todas las acciones están revestidas de un carisma particular y único: el que se regala a quien ha de ser signo visible del mismo Jesucristo en medio de su pueblo. El mensaje de la misericordia le acompaña continuamente y lo ofrece no solamente a los católicos sino a todos los hombres y mujeres del mundo, incluso a los ateos, a los que pudo decir: «Hagan ustedes el bien y en eso nos encontraremos.»

Aunque se refería a la escena de la entrada de Jesús en Jerusalén, en alguna forma se estaban viendo las actitudes y los sentimientos del nuevo Papa en las palabras que él mismo decía: «Se respira un aire de alegría por las esperanzas que ha despertado, sobre todo en las gentes pobres, sencillas y más olvidadas. Comprende las miserias humanas y pone cerca el rostro del padre misericordioso. Su corazón está abierto a todos» *(Homilía Domingo de Ramos, 24-3-2013)*.

¿Su modo de gobernar? El discernimiento, que es un instrumento para conocer mejor al Señor y seguirlo más de cerca. No tener límite para lo grande, pero concentrarse en lo pequeño. Esto es magnanimidad. Tener la vista puesta en el horizonte y encarar los grandes principios en las circunstancias de lugar, tiempo y personas. Darlo todo, disimular mucho, corregir poco. Usar los medios débiles, que resultan ser los más eficaces. «Ese discernimiento se realiza siempre en presencia del Señor, sin perder de vista los signos, escuchando lo que sucede, el sentir de la gente, sobre todo de los pobres. [...] El discernimiento en el Señor me guía en mi modo de gobernar» *(Papa Francisco al director de* La Civiltà Cattolica, *agosto de 2013)*.

El Papa Francisco expresaba, con gran libertad de espíritu, sus convencimientos y sus opiniones. Algunas veces se han querido interpretar las palabras y opiniones del Papa Francisco. Cada cual ha intentado atraer el ascua a su propio grupo, a su espiritualidad, a su institución, a su línea editorial, a su proyecto educativo, a su ideario, a su ideología... El espectáculo ha sido molesto, improcedente, irrespetuoso y, en ocasiones, arrogante. Se presumía saber de las intenciones del Papa y se hacían titulares no de lo que había dicho el Papa Francisco, sino de lo que a ellos les gustaría que dijera.

Como era de esperar, se intentó matar al mensajero y echar la culpa de lo que no les gustaba a la intencionada parcialidad de los medios de comunicación, que segregaban unas frases, las sacaban de contexto para poner al Papa como autoridad de lo que nunca el Pontífice había dicho ni era su intención manifestar. No faltaron quienes trataron de reconducir el pensamiento y las palabras del

Papa Francisco a unos temas y espacios donde el Papa no quería acudir, pero que ellos intentaban a toda costa señalar opiniones y doctrina de los que no se hablaba.

Los más audaces se dividieron en dos bandos. Unos se llevaron las manos a la cabeza y dijeron entristecidos y dolientes: ¡dónde hemos llegado! Otros, alzaban los brazos eufóricos pensando en su victoria y que el Papa iba a transformarlo todo, concediendo incluso aquello que ni está en las manos ni en el propósito del Papa el poder cambiarlo. Pero fueron muchos los que leyeron, con tanto interés como sencillez, la entrevista que el Papa había concedido. En primer lugar, se trataba de una conversación con un periodista religioso, y no de una proclamación dogmática ni de un código de conducta moral.

El Papa es el mejor intérprete de sus discursos y palabras, no porque matice o haga rectificaciones, o porque tenga que dar explicación de unas cosas y de otras, sino que en sus gestos, en su conducta, en su magisterio ordinario está diciendo, suficientemente claro, lo que debe ser el comportamiento y las actitudes de aquellos que quieren ser auténticos y fieles seguidores de Jesucristo.

Que pueda haber una oposición silenciosa y crítica a los modos de hacer del Papa es más que posible. Pero de lo que aquí se trata no es de accesorios y complementos para que la celebración sea vistosa, sino de anunciar en obras, palabras y brazos abiertos la buena noticia de salvación para todos los hombres y mujeres del mundo. ¡Cuántas veces lo ha dicho el Papa Francisco! No he venido para que me veáis a mí, sino para que os encontréis con Cristo y viváis vuestra fe empeñados en abrir caminos de justicia y de misericordia. Es que «la espiritualidad de Bergoglio no está hecha de energías en armonía, como la llamaría él, sino de rostros humanos: Cristo, San Francisco, San José, María» *(Francisco Scalfari)*.

Nuevos objetivos para una Iglesia en camino

El Papa Francisco, en sus discursos y homilías, ha ido dejando caer sobre los surcos de la Iglesia unas semillas de palabras que pueden ser como luces indicadoras de lo que probablemente serán los objetivos generales de su pontificado y el estilo con el que desea trabajar para alcanzarlos.

Primero fueron los cardenales quienes escucharon al Papa Francisco decir que se había de *caminar* en la presencia de Dios y de forma irreprensible. Sin detenerse. Después, *edificar* sobre aquella piedra angular que es el mismo Señor. Y *confesar*. Si no confesamos a Jesucristo, no seremos Iglesia. Y con la cruz a cuestas, que por ello hemos de ser reconocidos como cristianos. Ni amargura ni pesimismo, pero con un profundo sentido de la responsabilidad que nos corresponde. Tendiendo puentes entre la unidad y la diferencia, que esto es armonía en el Espíritu del Señor. Servir al Evangelio con renovado amor para llevar al hombre el encuentro con Jesucristo.

Y *custodiar*, que es tomar como propia la obligación del bien cuidar a los demás. Hacerlo con discreción y humildad, con esmero y amor, con atención constante y fiel a las disposiciones de Dios, con respeto a todas las criaturas, especialmente las más frágiles. Las puertas de la esperanza siguen abiertas de par en par. Nunca pueden cerrarse, porque la Iglesia existe para llevar a todo el mundo el mensaje de salvación que recibió de Jesucristo.

De una manera muy explícita, el Papa Francisco decía que «nuestro objetivo no es el proselitismo sino la escucha de las necesidades, de los deseos, de las desilusiones, de la desesperación, de la esperanza. Debemos devolver la esperanza a los jóvenes, ayudar a los viejos, abrirnos hacia el futuro, difundir el amor. Pobres entre los pobres. Debemos incluir a los excluidos y predicar la paz» (*Al director de* La Repubblica, *octubre de 2013*). Servir con amor y con ternura, como diría a los niños discapacitados de Asís.

4

Francisco es mi nombre

Quiero llamarme Francisco, en honor al Santo de Asís. Así lo anunció el nuevo Papa. Poco tiempo después diría que había escogido el nombre del patrón de Italia para reforzar el vínculo espiritual con esta tierra italiana. Los motivos por los que el Papa eligió el nombre de Francisco se los explicaba al cuerpo diplomático *(22-3-2013)*: una personalidad universal, apreciada más allá de la Iglesia católica, con un gran amor a los pobres y a la pobreza, que cuidaba de la creación entera. Pero recuerda que San Francisco tuvo que insistir para que su proyecto de vida fuera aprobado por la jerarquía romana. San Francisco, diría el Papa al periodista Scalfari, «es grandísimo porque es todo. Un hombre que quiere hacer, quiere construir, funda una orden y sus reglas, es itinerante misionero, es poeta y profeta, es místico, se dio cuenta de su propio mal y salió de él, ama la naturaleza, los animales, la brizna de hierba del prado y los pájaros que vuelan en el cielo, pero sobre todo, ama a las personas, a los niños, a los viejos, a las mujeres. [...] Francisco quería una orden mendicante y también itinerante. Misioneros en busca de encontrar, escuchar, dialogar, ayudar, difundir la fe y el amor. Sobre todo amor. Y quería una Iglesia pobre que atendiese a los demás, que recibiese ayuda material y la usase para sostener a los demás. Han pasado 800 años desde entonces y los tiempos han cambiado mucho, pero el ideal de una Iglesia misionera y pobre sigue siendo válido. Ésta es, por tanto, la Iglesia que predicaron Jesús y sus discípulos».

El nombre de Francisco

En la audiencia que el nuevo Papa concedió a los representantes de los medios de comunicación, referiría una anécdota acerca del nombre que debería haber elegido. Podía ser Adriano, porque el Papa que llevó este nombre fue un gran renovador, y aquí hay que hacer ahora mucho de todo esto. Otros, con no sé qué intenciones, le aconsejarían que se llamara Clemente, porque Clemente XV fue quien suprimiera la Compañía de Jesús...

El día 17 de marzo de 2013, el Papa Francisco recibía al Prepósito General de la Compañía de Jesús, congregación a la que pertenecía José Mario Bergoglio. El Prepósito ofrecía al Papa los recursos de los que disponía la Compañía y Francisco estaba seguro de que trabajarían juntos y muy unidos en el servicio de la Iglesia. También era significativo que en la misa de comienzo del ministerio concelebraran con el Papa, junto a cardenales y patriarcas, el padre general de la Compañía de Jesús, Adolfo Nicolás Pachón, y el ministro general de la Orden de Hermanos Menores, José Rodríguez Carballo.

Elegí el nombre de Francisco, dice el nuevo Papa, porque el Santo de Asís es luminoso ejemplo de quien sabe cuidar la creación y cuantas criaturas en ella habitan *(Al cuerpo diplomático, 22-3-2013)*. Francisco de Asís inicia el Cántico de las criaturas alabando al santísimo, omnipotente y buen Señor. La alabanza se convierte en responsabilidad de cuidar con esmero lo que de Dios proviene. Francisco será custodio de la armonía de la creación y un hombre de paz *(Homilía. Asís, 4-10-2013).*

Francisco de Asís pondría la armonía de la creación e Ignacio el discernimiento. El Sumo Pontífice es pastor, maestro, padre y guía de la Iglesia. A él le corresponde el oficio de discernimiento, de saber poner la mano en aquello que es la luz. La obediencia al Papa es garantía de verdad, mientras que la desobediencia lo es de confusión. La obediencia no ata sino que libera. El subjetivismo es una cárcel de la que solamente se puede salir con la ayuda de aquel que es maestro de la fe.

Como Francisco de Asís, «todos estamos llamados a ser pobres, despojarnos de nosotros mismos; y por esto debemos aprender a estar con los pobres, compartir con quien carece de lo necesario, tocar la carne de Cristo. El cristiano no es uno que se llena la boca con los pobres, ¡no! Es uno que les encuentra, que les mira a los ojos, que les toca. Estoy aquí no para "ser noticia", sino para indicar que éste es el camino cristiano, el que recorrió San Francisco. San Buenaventura, hablando del despojamiento de San Francisco, escribe: "Así, quedó desnudo el siervo del Rey altísimo para poder seguir al Señor desnudo en la cruz, a quien tanto amaba." Y añade que así Francisco se salvó del "naufragio del mundo"» *(Encuentro con los pobres, Asís 4-10-2013).*

La creación
«¿Cómo quieres que te llamen?», le había preguntado el cardenal presidente del cónclave. «Francisco», responde el elegido. En memoria del Santo de Asís. Gustaba el nombre y el espíritu que anunciaba: la creación entera será mi hermana, y me ayudará a seguir las huellas que Cristo dejara a su paso por la tierra. Ser un pobre entre los pobres y llevar el mensaje de alegría y de esperanza

que del padre Dios se ha recibido. Francisco de Asís tenía un gran respeto por todas las criaturas y, si hemos de ser custodios de la creación entera, buen ejemplo es el que tenemos en el pobrecillo de Asís. También el *Poverello* recibe el encargo de reparar la Iglesia. Si había pecado, que triunfara la justicia y la misericordia; si el amor superaba siempre al odio, que la bondad de la luz disipara las tinieblas.

Cuanto se refiere al medio ambiente, a la naturaleza, al cuidado de la creación, está continuamente presente en el pensamiento y las palabras del Papa Francisco. Desde el primer saludo en el balcón de la basílica de San Pedro hasta en la homilía de la misa en la que se inauguraba su pontificado. En esta última ocasión, lo hacía en forma de súplica a todos aquellos que ocupaban puestos de responsabilidad en la economía, en la política y en lo social: «Seamos custodios de la creación, del designio de Dios inscrito en la naturaleza, custodios del otro, del medio ambiente; no dejemos que los signos de destrucción y de muerte acompañen el camino de este mundo nuestro.» Custodiar la belleza de la creación. «En el fondo, todo está confiado a la custodia del hombre, y es una responsabilidad que nos afecta a todos. Sed custodios de los dones de Dios. Y cuando el hombre falla en esta responsabilidad, cuando no nos preocupamos por la creación y por los hermanos, entonces gana terreno la destrucción y el corazón se queda árido» *(Homilía inicio ministerio, 19-3-2013)*.

El Cántico de las criaturas

Francisco de Asís contempla a Dios como lo invisible que se hace cercano y visible a través de las criaturas. El Cántico del hermano sol es expresión desbordada de admiración y de gratitud. Todo es obra del Sumo Bien. En la bondad de Dios, todo lo creado es una gran fraternidad de seres que reciben vida de su Señor. Todos tienen que ser reconocidos y amados como hermanos, pues son obra de Dios, Padre y Señor de la creación entera.

Como estaba cerca de Dios, Francisco comprendía muy bien todo lo que hacía relación con los hombres. Éste era su secreto: la experiencia de Dios. Admirable sabiduría que, en el amor de Dios, hace que se encuentren todas las criaturas. Experiencia, en lenguaje franciscano, equivale a gustar, con los ojos de la admiración, el bien. Ver a Dios es hallar las huellas de su presencia en la creación entera. Es llevar consigo la luz del Espíritu y contemplar todas las cosas desde el brillo de esa luz.

Todo el mundo es templo de Dios, pues el Verbo eterno puso en la humanidad su casa. El universo es ocasión de alabanza y reconocimiento de fraternidad, pues, en Cristo, toda la creación se ha constituido en una maravillosa fraternidad. Así lo comprendió y lo cantaba el santo hermano Francisco en ese entusiasmado himno a la creación que es el Cántico del hermano sol, el Cántico de las criaturas. «Francisco de Asís» decía el Papa Francisco «es el hombre de la pobreza, el hombre de la paz, el hombre que custodia la creación...» *(Audiencia a los periodistas, 16-3-2013).*

En la homilía de la celebración en la plaza San Francisco, en Asís, el Papa hizo un espléndido comentario al Cántico de las criaturas: «Altísimo, omnipotente y buen Señor... Alabado seas... con todas las criaturas». El amor por toda la creación, por su armonía. El Santo de Asís da testimonio del *respeto hacia todo lo que Dios ha creado y como Él lo ha creado*, sin experimentar con la creación para destruirla; ayudarla a crecer, a ser más hermosa y más parecida a lo que Dios ha creado. Y sobre todo San Francisco es testigo del respeto por todo, de que el hombre está llamado a custodiar al hombre, de que el hombre está en el centro de la creación, en el puesto en el que Dios —el Creador— lo ha querido, sin ser instrumento de los ídolos que nos creamos. ¡La armonía y la paz! Francisco fue hombre de armonía, un hombre de paz. Desde esta Ciudad de la paz, repito con la fuerza y mansedumbre del amor: respetemos la creación, no seamos instrumentos de destrucción. Respetemos todo ser humano: que cesen los conflictos armados que ensangrientan la tierra, que callen las armas y en todas partes el odio ceda el puesto al amor, la ofensa al perdón y la discordia a la unión».

La armonía

El Papa Francisco pedía al Pobre de Asís que le alcanzara la gracia de «la armonía, la paz y el respeto a la creación». La armonía es la comunión en la diversidad. Es un don del Espíritu Santo *(Encuentro con los consagrados, Asís, 4-10-2013)*.

En ese espíritu del Santo de Asís, diría el Papa Francisco, citando a un Padre de la Iglesia, que el Espíritu Santo es la armonía, el que realiza la unidad en la diversidad, la pluralidad y la multiplicidad. Los particularismos y exclusiones provocan la división y cuando se pretende construir la unidad por este camino, lo único que se consigue es imponer la uniformidad, la homologación. Llevados por el Espíritu, aunque haya diversidad nunca se llega al conflicto, sino a vivir en la comunión en medio de la riqueza de la variedad. Se hace necesario caminar unidos en la Iglesia. «La eclesialidad es una característica fundamental para los cristianos, para cada comunidad, para todo movimiento» *(Homilía movimientos eclesiales, 19-5-2013)*.

El Papa Francisco quiere abrazar al mundo y ha desvelado el secreto para conseguirlo: abrazar al leproso. Igual que Francisco de Asís. Aquel hermano que sufría era mediador de la luz. En cada hermano y hermana en dificultad, abrazar la carne de Cristo que sufre *(Hospital San Francisco de Asís de la Providencia, Río de Janeiro, 24-7-2013)*.

Quiere el Papa estar cerca de San Francisco, por eso acude a venerar el sepulcro del Santo, pero hacerlo en compañía de los más queridos del penitente de Asís: los pobres y los enfermos. «Quiero iniciar mi visita a Asís con vosotros. ¡Os saludo a todos! Hoy es la fiesta de San Francisco, y yo elegí, como Obispo de Roma, llevar su nombre. He aquí el motivo por el cual hoy estoy aquí: mi visita es sobre todo una peregrinación de amor, para rezar ante la tumba de un hombre que se despojó de sí mismo y se revistió de Cristo; y, siguiendo el ejemplo de Cristo, amó a todos, especialmente a los más pobres y abandonados, amó con estupor y sencillez la creación de Dios» *(A los discapacitados y enfermos, Asís, 4-10-2013)*.

5

Tiempo de turbaciones y de renovación

Algunas cuestiones, como la pederastia, los Vatileaks o las finanzas vaticanas habían zarandeado fuertemente la misma credibilidad de la Iglesia. Los periodistas le preguntaron al Papa Francisco si se había asustado al conocer el informe de los Vatileaks o el caso de monseñor Ricca y del supuesto lobby gay del Vaticano. «Es un problema grande, pero no me ha asustado. Con respecto a monseñor Ricca, he hecho lo que el derecho canónico manda hacer, que es la investigación previa. Y esta investigación no dice nada de lo que se ha publicado [...]. En cuanto a lo del lobby gay, todavía no me he encontrado con ninguno que me dé el carné de identidad en el Vaticano donde lo diga. Dicen que los hay. Cuando se encuentra con una persona así, debe distinguirse entre el hecho de ser gay del hecho de hacer lobby, porque ningún lobby es bueno. Si una persona es gay y busca al Señor y tiene buena voluntad, ¿quién soy yo para criticarlo? El Catecismo de la Iglesia católica explica de forma muy bella esto. Dice que no se deben marginar a esas personas por eso. Hay que integrarlas en la sociedad. El problema no es tener esa tendencia. Debemos ser hermanos. El problema es hacer un lobby» *(Encuentro con los Periodistas. Regreso a Roma de la Jornada Mundial de la Juventud).*

Sin referirse directamente a esos temas, el Papa pudo decir que tenemos que cuidar de nosotros mismos y por tanto «recordemos que el odio, la envidia, la soberbia ensucian la vida. Custodiar quiere decir entonces vigilar sobre nuestros sentimientos, nuestro corazón, porque ahí es de donde salen las intenciones buenas y malas: las que construyen y las que destruyen. No debemos tener miedo de la bondad, más aún, ni siquiera de la ternura» (*Homilía inicio ministerio, 19-3-1203*).

En una de las homilías de Santa Marta, el Papa afrontó el tema de la calumnia. Es un pecado, nace del odio. Mentira y calumnia van a la par, porque uno tiene necesidad de la otra para seguir adelante. «Ídolos que a menudo mantenemos bien escondidos; pueden ser la ambición, el carrerismo, el gusto del éxito, el poner en el centro a uno mismo, la tendencia a estar por encima de los otros, la pretensión de ser los únicos amos de nuestra vida, algún pecado al que estamos apegados, y muchos otros» (*Homilía basílica de San Pablo, 14-4-13*).

Turbaciones y responsabilidades

Como no podía ser de otra forma, los asuntos de los abusos sexuales, los Vatileaks, los lobbies y los temas relacionados con el IOR habían causado amargura y pesar dentro de los círculos más cercanos al Santo Padre y, en general, a todos cuantos aprecian a la Iglesia. En otros ámbitos se ha disparado la fantasía y ya se está preparando una serie de novelería en la que van a poder verse los mejores recursos del género: mafias y sectas, luchas por el poder, documentos secretos, códices y códigos por desvelar... Y todo ello aderezado con ese recurso del anticlericalismo que viste de sotana todos los prejuicios acumulados durante siglos.

La preocupación, tanto en ambientes vaticanos como

fuera de ellos, por esa especie de culebrón de los Vatileaks tenía su explicación. Pero ello no quedó en tener que aguantar el disgusto y seguir adelante, sino que se puso en marcha la acción judicial, con la determinación que procede y la confianza de que se aclararan los hechos y se depurasen responsabilidades. La lealtad es condición indispensable, y de una forma particular para los colaboradores más inmediatos. Si todo este capítulo de la violación de la confidencialidad y el secreto de los documentos y de la fidelidad de las personas es sumamente grave, no deja de ser todavía mayor la responsabilidad ante acusaciones infundadas y actitudes difamatorias respecto a las personas y a la misma institución, en este caso la Iglesia católica.

En la audiencia con el Prefecto de la Congregación para la Doctrina de la Fe *(5-4-2013)*, el Papa le recomendó que se actuara con decisión en todo lo referente a los casos de abusos sexuales, promoviendo las medidas de protección de los menores, ayudando a quienes en el pasado sufrieron tales violencias, tomando las medidas debidas respecto a los culpables y recordando el compromiso de las Conferencias Episcopales para ofrecer las directrices necesarias en un tema tan delicado e importante.

Al finalizar el segundo encuentro del Consejo de Cardenales, se hizo pública la decisión del Papa Francisco de crear una Comisión para la protección de menores que le aconsejara para llevar adelante el compromiso de la Santa Sede en este tema y en la atención pastoral a las víctimas de los abusos. Así se continuaría la línea emprendida por el Papa Benedicto XVI. El cardenal O'Malley indicaba los puntos de acción de la futura Comisión: establecer unas líneas acerca de la protección de los menores; cooperar con las autoridades civiles; preparar una pastoral de apoyo a las víctimas y familiares; disponer de expertos para la investigación; colaborar más con los obispos, las conferencias episcopales y las de superiores religiosos.

En julio de 2013, la Pontificia Comisión para el Estado de la Ciudad del Vaticano aprobaba una serie de leyes en las que se revisaban algunos aspectos del sistema penal. Se ponen en práctica las disposiciones contenidas en convenciones internacionales contra la delincuencia organizada. Se asume la disciplina de la responsabilidad administrativa de las personas jurídicas que se deriva de delitos y de las sanciones administrativas

Un *motu proprio* del Papa Francisco, publicado el 10 de julio de 2003, ampliaba el ámbito de aplicación de las leyes penales a los miembros, funcionarios y empleados de los distintos organismos de la curia romana, las instituciones vinculadas a ella, los sectores y sus dependientes de la Santa Sede y las personas jurídicas canónicas, así como a los legados pontificios y al personal diplomático de la Santa Sede.

La profecía catastrofista no podía faltar. Se disparan las predicciones y no falta, en este certamen de pronósticos, augurios y adivinaciones, algún agorero que anuncia casi el final del mundo. Pero el Papa Francisco responde: «No hay que ceder al desencanto, al desánimo, a las lamentaciones. Hemos trabajado mucho, y a veces nos parece que hemos fracasado, y tenemos el sentimiento de quien debe hacer balance de una temporada ya perdida, viendo a los que se han marchado o ya no nos consideran creíbles, relevantes» *(Encuentro con el episcopado brasileño. Río de Janeiro, 27-7-2013).*

Cuando se quieren dar pasos hacia adelante, siempre aparecen los agentes que promueven actitudes de desconfianza y sospecha, de ineficacia y, en definitiva, de fracaso. El desánimo, la crítica negativa, el desprestigio de las personas, la indiferencia, la falta de colaboración, entre otras actitudes poco generosas, son entorpecimiento y trabas para conseguir lo deseado. Existen unas actuaciones especialmente dañinas y con una eficacia destructiva increíble, como pueden ser las de querer desprestigiar a las personas, constituirse en grupo de presión ideológica y, por supuesto, la dictadura, la intolerancia y la intransigencia a toda costa.

Se hace imprescindible el conocimiento de la verdad, la información precisa, la transparencia incuestionable. La ignorancia y el desconocimiento esclavizan, causan inseguridad y miedo. No tiene la misma importancia, ni la misma repercusión mediática, una opinión que un dogma, unos números relativos a la gestión más o menos eficaz de un directivo que la conducta moral de esa persona.

Lo primero en llegar es la corrupción, que es perder la identidad de persona justa y honesta. Después vendrá la prevaricación, con la dejación en el cumplimiento de las obligaciones que a cada uno le corresponden según la vocación y oficio a los que ha sido llamado. Todo ello puede conducir a poner trabas, inconvenientes y desánimos o a no colaborar positivamente con aquello que contribuye al bien común.

La sobredosis de orgullo ha llevado, tanto a los individuos como a las instituciones, a querer ser dueños y señores de recursos y haciendas y no administradores, que es el oficio que se les ha encomendado. Compañero inseparable del orgullo suele ser esa idolatría del poder, pensando que no se necesita la colaboración de nadie. Es la autosuficiencia, el inflarse con las propias razones, sin dar cabida a la inteligencia y a la colaboración de los demás. La indiferencia ante el que piensa de otra manera o quien propone otras formas de trabajar en un campo que a todos corresponde. Es la respuesta del presuntuoso y del soberbio. Abundancia de subjetivismo, relativización de todo y un nihilismo que deja a la intemperie, sin normas objetivas, criterios verificados y compartidos y, en definitiva, un vacío completo de reflexión sobre la ética y la trascendencia de las acciones del hombre.

No hay posibilidad de arreglo alguno, dirían los más recalcitrantes entre los más derrotistas. Si de diluvio se habla, al menos tratemos de construir el arca, buscar lo mejor que haya de todas las especies, reunamos a la familia y no nos cansemos de navegar, sabiendo que un día se retirarán las aguas. Siempre tendremos el arca, figura de la Iglesia, de la que ya dijo el concilio Vaticano II que navega por este mundo entre las dificultades y los consuelos de lo alto. Viene todo esto a decir que los zamarreos, aunque dolorosos, nunca pueden socavar los cimientos, sino que han de servir para la revisión y autocrítica acerca de aquello que estaba poco consolidado, de lo que estaba sostenido casi con alfileres, o de lo que se había creído esencial, cuando no era más que una ayuda y modo de hacer en su tiempo y momento.

Benedicto XVI recordaba que Juan Pablo II había dejado una Iglesia más libre, más viva, más valiente y más joven. Más libre, pues la palabra de Dios no está encadenada, ni sujeta a circunstancia alguna, es intemporal, eterna, estable. Más viva, porque la savia de la que se nutre esta viña elegida, según la figura conocida, no es otra que los mismos sacramentos, sobre todo el que es fuente y cumbre de la vida cristiana: la eucaristía. Más valiente, por el arrojo de la caridad, siempre dispuesta a emprender cualquier riesgo cuando se trata de defender la justicia y el derecho, el hacer de cada día y la dignidad de las personas. Más joven, pues la esperanza es el motor que impulsa hacia el futuro, pero llenando de vida el presente. Una esperanza garantizada por la eficaz presencia del Espíritu Santo.

Se necesita una buena terapia de recuperación de credibilidad. Donde hubo pecado, abundaría la gracia del perdón y de la misericordia. Pero es necesario hacer un poco de penitencia, que es reconocer el mal que se ha cometido y, con buen propósito de enmienda, comenzar a trabajar por una vida más sensata y más conforme a lo que Dios quiere para todos los hombres y mujeres de este mundo.

En estos asuntos de escándalos, turbaciones y sensacionalismos juega un papel muy importante el comportamiento de los medios de comunicación. Aunque se refería directamente a la comunidad de los escritores de *La Civiltà Cattolica*, el Papa tuvo ocasión de exponer algunas reflexiones, sobre la responsabilidad en el ofrecimiento de la noticia y sus raíces éticas, que pueden aplicarse muy bien a cualquier medio de comunicación. Diálogo, discernimiento y frontera son las palabras elegidas por el Papa Francisco. Las posturas pueden ser muy variadas, pero la tarea no es la de construir muros, sino puentes para establecer el diálogo entre todos, sean creyentes o alejados de la fe. En el diálogo siempre es posible acercarse a la verdad. Habrá que bajar las defensas y abrir puertas para escuchar otras opiniones, pero sin caer en el relativismo.

Algo muy propio de la Compañía de Jesús: el discernimiento. Atentos a los acontecimientos, dramas y alegrías de nuestro tiempo, para ofrecer interpretación y entendimiento con la iluminación del Evangelio. No hay que tener miedo de proseguir en el discernimiento para hallar la verdad. Y la frontera. El distanciamiento entre la realidad en la que viven los hombres y mujeres de este mundo y el Evangelio es el drama de nuestro tiempo.

Hay que acompañar los procesos culturales y sociales que se están produciendo en estos momentos. «Sed hombres de frontera, con esa capacidad que viene de Dios. Pero no caigáis en la tentación de domesticar las fronteras: se debe ir hacia las fronteras y no llevar las fronteras a casa para barnizarlas un poco y domesticarlas. En el mundo de hoy, sujeto a rápidos cambios y agitado por cuestiones de gran relevancia para la vida de la fe, es urgente un valiente compromiso para educar en una fe convencida y madura, capaz de dar sentido a la vida y de ofrecer respuestas convincentes a cuantos están en busca de Dios» (A la comunidad de los escritores de La Civiltà Cattolica, 14-6-2013).

Sinceridad y transparencia

En algunas de las homilías de Santa Marta —6, 11 y 19 de junio— el Papa se refirió a los ídolos ocultos y, en particular a la hipocresía. Es necesario descubrir esos ídolos y desenmascararlos con la ayuda de la fidelidad. Con la hipocresía, el Papa fue más claro y contundente, poniendo en evidencia a los «intelectuales sin talento», «eticistas sin bondad, portadores de belleza de museo». Hipocresía que existe también en la Iglesia y que tanto daño produce. «Los hipócritas de la casuística son los intelectuales de la casuística, que no cuentan con la inteligencia de encontrar y explicar a Dios; permanecen sólo en la casuística... Son cristianos intelectuales sin talento.»

Por unos y otros motivos, no siempre razonables, lo cierto es que muchos, si no han abandonado la Iglesia, sí se han alejado de ella. Se han dejado seducir por otras propuestas y creen que la Iglesia ya no puede ofrecerles nada importante. Están desilusionados. Piensan que la Iglesia ha estado lejana, fría, mirándose mucho a sí misma, atada a su propio lenguaje e insuficiente para dar respuesta a las muchas cuestiones que se presentan al hombre de hoy *(Encuentro con el episcopado brasileño. Río de Janeiro, 27-7-2013)*.

Con el Papa Francisco comienza un capítulo más de la historia milenaria de la Iglesia. La familia de Jesucristo no se reinventa ella misma con la presencia de un nuevo sucesor de Pedro. Sigue su camino renovándose continuamente, pues su objetivo no es otro que el de la fidelidad al mensaje de Jesucristo, más allá de un interés por buscar credibilidades meramente humanas. La evangelización será nueva desde la hermenéutica de la continuidad en la verdad, como le gustaba decir al Papa Benedicto XVI, sin cansarse nunca en la práctica de la caridad y del amor fraterno.

Como era de esperar, tanto en las formas como en los momentos adecuados, se cumplía el aforismo latino: *Quot homines, tot sententiae*. Es la riqueza de la pluralidad, del contraste de opiniones, de preferencias y gustos, de exigencias y de fidelidades. En fin, que hay tantos pensamientos como personas. ¿Por dónde había que comenzar la deseada renovación de la Iglesia? ¿Por las estructuras y organizaciones? ¿Por la vida y ministerio de los clérigos y las personas consagradas? Pues parece ser que el Papa Francisco haya comenzado por renovar el estilo del mismo Obispo de Roma. Después seguirá lo demás.

«Entrar en la iglesia —decía el Papa— es entrar en una historia de amor. De ella somos parte. Precisamente por esto, cuando se da demasiada importancia a la organización, cuando oficinas y burocracia asumen una dimensión preponderante, la Iglesia pierde su verdadera esencia y corre el riesgo de transformarse en una especie de ONG, de organización no gubernamental» *(Santa Marta 19-4-2013)*. El peligro más grande es querer hacer una Iglesia mundana. Si se deja llevar por el espíritu del mundo, se convierte en una Iglesia débil, una Iglesia que será vencida, incapaz de anunciar el Evangelio, el mensaje de la cruz, el escándalo de la cruz *(Santa Marta, 29-4-2013)*.

Benedicto XVI dispuso la creación de una comisión cardenalicia para que realizara una investigación acerca de algunos episodios ocurridos en la ciudad del Vaticano. Estaría formada por los cardenales Julián Herranz, Jozef Tomko y Salvatore De Giorgi. El informe con el resultado de la investigación fue entregado a Benedicto XVI y, posteriormente, al Papa Francisco. Si la curia tenía que ser reformada, no lo era tanto porque en ella hubiera desórdenes y problemas, sino como exigencia constante y necesidad de atender a las distintas demandas y renovar lo que fuere necesario, tanto en personas como en organización, para un mejor y más adecuado funcionamiento.

Cambio y renovación

Desde la llegada al solio pontificio del Papa Francisco, los innumerables y bien merecidos elogios a su forma de actuar y a su manera de decir el mensaje del Evangelio han sido un plebiscito positivo y casi universal. Al mismo tiempo, y desde los sectores más diversos, se han oído deseos de cambio y de renovación. Unos pensaban que había llegado el momento de una revolución que no dejará títere con cabeza en las estructuras eclesiales. Los cambios se esperaban como espectaculares, y la limpieza (de cargos y oficinas), imprescindible.

Se hablaba de firmeza y valentía, pero también de serenidad, para no sucumbir ante las voces críticas, ni a la connivencia con los conservadurismos que pueden intentar entorpecer la inapelable reforma. La euforia se unía a la preocupación y las expectativas no todas eran precisamente de tranquilidad, pues se pensaba en las resistencias que vendrían de los sectores curiales y los movimientos e instituciones tildados de conservadores. Las especulaciones manejaban todas las hipótesis, modelos y ámbitos a los que había de llegar el empuje o la limpieza, la desaparición de algunos organismos o la modificación de estructuras y objetivos.

Había que buscar caminos nuevos, pero sin prescindir, en momento alguno, de las alforjas en las que estaba el buen grano evangélico que la Iglesia debía sembrar continuamente, pues ésta es su tarea y misión incuestionable. Modos, formas y organización están sujetos a la fragilidad de lo cambiante y, por tanto, a nadie le podía extrañar que se pusiera manos a la obra. Pero teniendo muy en cuenta que se trata de un trabajo en el que el operario imprescindible es el evangelizador, que debe estar tan lleno del Espíritu de Dios como del interés por llegar a esas periferias donde la necesidad de la buena noticia del Señor, y de la presencia de la Iglesia, son más urgentes.

Si de revolución se trataba, no sería de griterío, trasiego de personas y lanzamiento indiscriminado por la borda de lo que se consideraba inservible y mobiliario de otra época. El cambio, como principio, tenía que ser interior para que todo se hiciera en mente y estilo evangélicos y, solamente después, en aquello que fuere necesario para que los instrumentos que emplear tuvieran garantía de validez para el cometido incuestionable de la misión de la Iglesia. Reforma y contrarreforma, capítulos de la historia bien conocidos por un Papa que provenía de la Compañía de Jesús, se tendrían en cuenta para corregir lo torcido y lograr que todo se hiciera para mayor honra y gloria de Dios. Renovar y actualizar no como ejercicio de novedad, sino como ordenamiento adecuado para poder llegar a una sociedad que cambiaba en el tiempo y que necesitaba de instituciones y de mentalidades deseablemente nuevas.

Ni quiere la Iglesia hacerse distinta en cada momento, ni ser un instrumento acomodaticio para unas circunstancias transitorias. Lo suyo es evangelizar, sin nostalgias del pasado ni miedos al futuro, como repitiera Benedicto XVI. Conocer los errores del pretérito, para no repetirlos ni tampoco exagerarlos. En lo que queda por venir, confiar en Dios y trabajar con fidelidad al mensaje que se ha recibido.

Si analizamos con objetividad la vida de la Iglesia, se puede pensar lo que ha significado el concilio Vaticano II en el pensamiento teológico, en la renovación de la liturgia, en el increíble desarrollo de aquello que se refiere a la justicia social y a la caridad fraterna, a la formación de los pastores y de los catequistas, de los seglares en general. El sincero deseo de ser fieles al Evangelio, unido al sentimiento personal de creerse un tanto distante de esas aspiraciones, suele llevar, en no pocos casos, a una infravaloración, tanto de la propia conducta cristiana como la de los otros y, en particular, respecto a las instituciones que representan el servicio a la Iglesia.

Con la continuidad en la verdad, la renovación no puede ser un sobresalto, sino disponer y cambiar lo necesario para que el Evangelio llegue mejor y con fuerza de esperanza; para que resplandezca la justicia y llegue el premio de la paz. Obligación de servidores es la de dirigir y gobernar, pues el rebaño está necesitado de orientación y de guía, pero también de corrección y de llamada para entrar en el buen camino. La Iglesia no existe para adaptarse a las circunstancias, sino para evangelizar en todo momento. Cuando Benedicto XVI convocaba la Iglesia a una nueva evangelización, no quería decir que los apóstoles habían realizado mal su tarea, sino que era necesario hablar a los hombres y mujeres de hoy con el lenguaje de su tiempo, sin traicionar lo más mínimo la palabra de Dios.

El Papa Francisco se preguntaba por dónde tenía que comenzar su ministerio. Siguiendo el consejo de la madre Teresa de Calcuta lo haría por él mismo abriendo su corazón para que el Señor le inspirara. Unos le recomendaban que no consultara demasiado y que tomara decisiones, pero el Papa está convencido de que consultar es algo muy importante. Escucharía a los Consistorios y a los Sínodos, y de una manera real, no simplemente formal. Escucharía a la Comisión de cardenales. «Pero yo creo que consultar es muy importante. Los Consistorios y los Sínodos, por ejemplo, son lugares importantes para lograr que esta consulta llegue a ser verdadera y activa. Lo que hace falta es darles una forma menos rígida. Deseo consultas reales, no formales. La consulta a los ocho cardenales, ese grupo consultivo externo, no es decisión solamente mía, sino que es fruto de la voluntad de los cardenales. Lo primero por reformar son las actitudes, después lo organizativo y estructural. La Iglesia está más necesitada de pastores que de funcionarios y clérigos de despacho. Y los obispos, seguid de cerca los pasos de Dios en su pueblo, acompañando al rebaño y no dejéis que ninguno se quede atrás, y con olfato para encontrar nuevos» *(Papa Francisco al director de* La Civiltà Cattolica, *agosto de 2013)*.

El Papa quiere una opción misionera capaz de transformarlo todo: costumbres, estilos, horarios, lenguaje, y que las estructuras se conviertan en cauces adecuados para la evangelización del mundo actual, no para la autopreservación. Cada Iglesia particular debe entrar en un proceso de discernimiento, purificaciones y reforma. Para ello, los pastores tienen que estar delante para indicar el camino y cuidar la esperanza del pueblo, otras veces en medio de todos con su cercanía y sencillez misericordiosa, incluso detrás del pueblo, que también tiene olfato para encontrar nuevos caminos. Estar abiertos a la maduración de los mecanismos de participación. Escuchar a todos y no sólo a los que les acaricien los oídos. Siempre pensando más en el deseo de llegar a todos que en el de lograr una buena organización, también se debe pensar en una compresión del papado, abierto a las sugerencias que se puedan recibir, así como a las necesidades actuales de la evangelización. «También el papado y las estructuras centrales de la Iglesia universal necesitan escuchar el llamado a una conversión pastoral... Una excesiva centralización, más que ayudar, complica la vida de la Iglesia y su dinámica misionera. No vale el cómodo criterio pastoral del "siempre se ha hecho así"», hay que ser audaces, creativos, repensar los objetivos y los métodos evangelizadores, sin prohibiciones ni miedos, expresar las verdades fundamentales en un lenguaje que permita apreciar su perenne novedad (*Evangelii gaudium, 24-30, 31-32, 33-41*).

La curia romana

Con ocasión y sin ella, pero en este caso con motivo de la celebración de los cincuenta años del comienzo del Vaticano II, la de voces lúgubres que se oyeron y la de apesadumbrados comentarios que se hacían, lamentando el fracaso de un acontecimiento tan esperado y, en principio, entusiasmante para la vida y misión de la Iglesia. Se hablaba de retroceso, degeneración, frenazo, olvido e involución. Evolución e involución son términos fundamentalmente biológicos que se refieren al desarrollo, estancamiento y vuelta a etapas anteriores de un ser vivo. Ahora se llevaban estas palabras al ámbito de la eclesiología y de la teología, hablando de la involución de la Iglesia. Lo cual, cuando menos, era improcedente.

Puede haber momentos de mayor o menor fidelidad

por parte del discípulo de Jesucristo, pero el sol no ha desaparecido aunque una nubecilla se haya interpuesto entre la luz y los caminantes. La Iglesia sigue su camino. Una comunidad que tiene que avanzar entre las ayudas de Dios y los inconvenientes que pone el hombre; inserta en la cultura de cada pueblo, pero fuertemente interpelada y sensible a la situación en que viven los hombres y mujeres en cada momento social. Una Iglesia que tiene en el Evangelio su verdadera fuerza y goza de enormes cotas de credibilidad, sobre todo, por su respuesta caritativa y solidaria con los problemas de los hombres.

Después de aquel tiempo de inquietudes y perplejidades ante noticias no siempre confirmadas, parecía que el edificio de la Iglesia estaba en ruinas y a punto de desplomarse. Pero el Espíritu Santo nos trajo el don de la paz, de la serenidad y de la armonía. Son palabras empleadas por el Papa Francisco. No era tiempo de turbación sino de esperanza. No había miedo sobre el futuro de la Iglesia, sino afán de ser fieles a Jesucristo.

En los gestos y palabras no existía proclama alguna acerca de esa especie de tsunami inventado, y que nada tenía que ver con el pensamiento y las actitudes que manifestaba el nuevo Papa. Y se equivocaban quienes pensaban en algo así como un concilio Vaticano III, sin darse cuenta de que la mirada y el corazón pastoral de Francisco estaban en la enorme riqueza magisterial y apostólica que quedaba por conocer, asimilar y poner en práctica de aquello que supuso el Vaticano II como un irrefrenable soplo del Espíritu para la Iglesia contemporánea.

Después vienen todos esos interrogantes y cuestiones, en los que no falta la razón, pero que no pueden generalizarse ni hacer de todos los cristianos, ni de las instituciones, unos inmovilistas, apocados, pregoneros de calamidades, temerosos de la libertad, con gustillo por el poder y el dinero y muchas cosas más. Ni triunfalistas y orgullosos, ni exagerada tendencia a una crítica despiadada ni, mucho menos, caída en la tentación del masoquismo particular o del fracaso y la catástrofe como resultado de un proyecto ilusionante que nunca acabó de realizarse.

El cardenal Pell, arzobispo de Sídney y uno de los encargados por el Papa para ayudarle en la renovación de la curia, decía que había dos formas de cambiarla: problema a problema o reestructurándola. De lo que se trata es de mejorar la curia para que la Iglesia se pueda gobernar con más eficacia. Las reformas, en aquello que hubiere de renovar, llegarán con el discernimiento, teniendo siempre como principios lo que Dios quiera y la Iglesia necesite y pida en estos momentos.

El Santo Padre Francisco, retomando una sugerencia que surgió en el curso de las congregaciones generales que precedieron al cónclave, formaba un nuevo grupo de cardenales para que le aconsejara en el gobierno de la Iglesia universal, y para estudiar un proyecto de revisión de la constitución apostólica *Pastor bonus* sobre la curia romana, que comprende la Secretaría de Estado, las congregaciones, los consejos pontificios y los tribunales del Vaticano. Tal grupo está constituido por los cardenales Giuseppe Bertello, presidente de la Gobernación del Estado de la Ciudad del Vaticano; Francisco Javier Errázuriz Ossa, arzobispo emérito de Santiago de Chile (Chile); Oswald Gracias, arzobispo de Bombay (India); Reinhard Marx, arzobispo de Múnich y Frisinga (Alemania); Laurent Monsengwo Pasinya, arzobispo de Kinshasa (República Democrática del Congo); Sean Patrick O'Malley, capuchino, arzobispo de Boston (Estados Unidos); George Pell, arzobispo de Sídney (Australia); Óscar Andrés Rodríguez Maradiaga, salesiano, arzobispo de Tegucigalpa

(Honduras), con función de coordinador, y monseñor Marcello Semeraro, obispo de Albano, con función de secretario.

En los primeros días de octubre de 2013 se reunía este grupo de cardenales, que estaría muy cerca del Papa y sus sugerencias y opiniones serían muy valoradas, aunque no por ello dejaría de estar continuamente a la escucha del pueblo de Dios y de todos aquellos que, en alguna forma, podían representarlo y hacer oír la voz de la Iglesia. El Papa Francisco quería ser el primero de los pastores que supiera lo que es estar cerca de las ovejas.

Por documento manuscrito del Papa Francisco, se constituía, en octubre de 2013, el Consejo de Cardenales como organismo consultivo permanente, para que le aconseje en el gobierno de la Iglesia universal, y para estudiar un proyecto de revisión de reforma de la curia romana. A primeros de octubre se reunía, por primera vez y en la biblioteca privada del apartamento papal en el palacio apostólico vaticano, el Consejo de Cardenales. Los principales temas tratados versaron sobre la relación entre Iglesia universal e Iglesias locales; comunión, participación y colegialidad; la Iglesia de los pobres; el papel de los laicos; la corresponsabilidad para el bien común. Quiso subrayarse, por parte del director de la oficina de información de la Santa Sede, que el trabajo de los cardenales no es simplemente organizativo sino que se ha de situar en una visión teológica y espiritual inspirada en el Vaticano II. También se recordó que corresponde al Consejo el estudio de la reforma de la curia, la relación y coordinación de los distintos dicasterios y la función de la Secretaría de Estado. No se excluyó la posibilidad de un Moderador de la Curia.

Durante el pontificado de Benedicto XVI se habló, en más de una ocasión, de alguna reforma en la estructura y funcionamiento de la curia romana, sobre todo a raíz de las filtraciones de algunos informes y del nombramiento de una comisión por tres cardenales —Herranz, Tomko y De Giorgi— para investigar lo ocurrido con esos documentos confidenciales dirigidos al Papa, especialmente el del arzobispo Carlo María Viganò, sobre ciertas irregularidades en la gestión de unos asuntos por parte de departamentos curiales. El mandato pontificio requería investigar y esclarecer plenamente esos episodios y supervisar otras consultas emprendidas por la fiscalía de los tribunales vaticanos.

A partir del Vaticano II se han sucedido las reformas en la curia romana, aunque no siempre en toda la dimensión que se deseaba. Pablo VI haría que el Santo Oficio se llamara Congregación para la Doctrina de la Fe. En 1967, este mismo Papa emprendería la gran reforma para hacer una curia más acorde con las nuevas exigencias y disposiciones del Concilio y que tuviera un dinamismo más práctico y funcional. La Secretaría de Estado gozaría de una especial relevancia en la comunicación entre los distintos dicasterios con el Papa. «Los dicasterios romanos están al servicio del Papa y de los obispos: tienen que ayudar a las Iglesias particulares y a las Conferencias Episcopales. Son instancias de ayuda. Pero, en algunos casos, cuando no son bien entendidos, corren peligro de convertirse en organismos de censura. Impresiona ver las denuncias de falta de ortodoxia que llegan a Roma. Pienso que quien debe estudiar los casos son las Conferencias Episcopales locales, a las que Roma puede servir de valiosa ayuda. La verdad es que los casos se tratan mejor sobre el terreno. Los dicasterios romanos son mediadores, no intermediarios ni gestores» *(Papa Francisco al director de* La Civiltà Cattolica, *agosto de 2013)*.

Juan Pablo II promulgó, después de tres años de trabajos de una comisión de cardenales encargada al efecto, la constitución *Pastor bonus*, que es la que rige actualmente en las estructuras de la curia vaticana, con algunos retoques en la nomenclatura y constitución de algún nuevo Consejo Pontificio, como el de la promoción de la nueva evangelización.

Aparte de todos esos supuestos de transparencia, sencillez, agilidad administrativa y eficacia, se habla insistentemente del principio fundamental de servicio a la comunión eclesial y a la colegialidad, favoreciendo la relación de las diócesis y de las Conferencias Episcopales con el Papa.

¿Qué tipo de reformas tiene en la mente el Papa Francisco? En la entrevista con los periodistas (durante el vuelo de retorno a Roma desde Brasil), el Papa dijo que los pasos que se han de ir dando vienen de dos vertientes: de lo que se dijo en las congregaciones generales antes del cónclave y de los contenidos que hacen relación a una iglesia sinodal, de relación entre el primado y las Iglesias locales. También lo dijo ante el episcopado brasileño: «Se necesita una valoración creciente del elemento local y regional. No es suficiente una burocracia central sino que es preciso hacer crecer la colegialidad y la solidaridad: será una verdadera riqueza para todos» *(Río de Janeiro, 27-7-2013)*.

En la fiesta de San Miguel, el Papa Francisco dijo, en una alocución al Cuerpo de la Gendarmería del Vaticano (que celebraba el día de su santo patrono) que entre las tentaciones que le gustan al diablo está la de crear la guerra interna, que hace con las alarmas de la lengua, las habladurías, las maledicencias. Todo ello habrá que sacarlo del territorio del Vaticano.

A veces, comentaba el Papa Francisco con el periodista Scalfari, los dignatarios de la Iglesia han sido un tanto narcisistas y se han dejado llevar por los halagos de sus cortesanos. «La corte es la lepra del papado.» La curia gestiona los servicios que sirven a la Santa Sede, pero todo puesto al servicio de la Iglesia.

El cardenal Bertone se despedía como Secretario de Estado. No había sido fácil, ni exento de algunas tensiones, el cometido que le había tocado desempeñar. El Papa recordaba las palabras de Santa Teresa de Ávila: «Nada te turbe, nada te espante, quien a Dios tiene, nada le falta.» Con la audacia y el amor al Papa, el cardenal Bertone dirigió las relaciones internacionales de la Santa Sede y puso la «valentía y la paciencia con que ha vivido las contrariedades que ha tenido que afrontar».

El nuevo Secretario de Estado, el arzobispo Pietro Parolin, conoce muy bien la curia vaticana, donde trabajó muchos años, demostrando un buen trato humano y gran competencia. Ha desempeñado varios cargos en las representaciones diplomáticas de la Santa Sede, últimamente en la Nunciatura de Venezuela.

En la tradicional felicitación de las Navidades a la curia romana, el Papa Francisco advirtió sobre la profesionalidad —competencia, estudio, actualización— que debía caracterizar la manera de actuar. «Cuando no hay profesionalidad, lentamente se va resbalando hacia el área de la mediocridad. Los expedientes se convierten en informes de "cliché" y en comunicaciones sin levadura de vida, incapaces de generar horizontes de grandeza. Por otro lado, cuando la actitud no es de servicio a las Iglesias particulares y a sus obispos, crece entonces la estructura de la Curia como una pesada aduana burocrática, controladora e inquisidora, que no permite la acción del Espíritu Santo y el crecimiento del Pueblo de Dios.» También exhortó el Papa a «hacer objeción de conciencia. Sí, objeción de conciencia a las habladurías.

Nosotros insistimos mucho en el valor de la objeción de conciencia, y con razón, pero tal vez deberíamos ejercerla también para oponernos a una ley no escrita de nuestros ambientes, que por desgracia es la de las chácharas. Así pues, hagamos todos objeción de conciencia; y fíjense ustedes que no lo digo sólo desde un punto de vista moral. Porque las cháracharas dañan la calidad de las personas, dañan la calidad del trabajo y del ambiente».

El IOR
Ernst Fryberg, presidente del Instituto para las obras de religión (IOR), el llamado «banco» del Vaticano, hizo unas declaraciones a la Radio Vaticana *(3-6-2013)* en las que decía que uno de los grandes desafíos que tenían por delante era restaurar la reputación de este Instituto, para lo que se necesitaban unos buenos cauces de información de cara a la sociedad. En lo que fuere necesario, había que hacer limpieza y poner orden en lo improcedente. La Santa Sede se ha comprometido a cumplir las normas internacionales y a una política de tolerancia cero, tanto respecto a los clientes como a los empleados que pueden estar involucrados en actividades de lavado de dinero. El IOR sólo hace dos cosas: toma depósito de sus clientes y los mantiene en custodia. Es como una oficina familiar que protege los fondos de los miembros de la familia. El otro cometido es el pago de los servicios y actividades de la Santa Sede, con transferencia de fondos a los lugares donde se desarrollan esas actividades. No presta dinero ni hace inversiones directas y no especula ni con divisas ni con bienes. Terminaba la entrevista manifestando que se informará, de forma sistemática y anualmente como lo hace cualquier institución financiera, y se pondrá esta información a disposición de los me-

dios de comunicación. A primeros de octubre de 2003, el IOR publicaba el balance del ejercicio 2012.

El Papa Francisco, como respuesta a la pregunta que le hacía un periodista en el viaje de Brasil a Roma, dijo que no sabía cómo terminaría el IOR, si como un banco, como un fondo de ayuda o si simplemente desaparecería. Se debe encontrar lo mejor, sea un banco o un fondo, lo que es imprescindible es la transparencia y la honestidad.

A su vez, el Papa instituía una Comisión Pontificia para conocer mejor la posición jurídica y las actividades del Instituto para las obras de religión. No se trata de un organismo de control, sino de ayuda al Santo Padre, y que se inserta dentro de las reformas que se quieren realizar. La comisión estaba compuesta por los cardenales Raffaele Farina, Jean-Louis Tauran, el obispo Juan Ignacio Arrieta Ochoa de Chinchetru, Monseñor Peter Bryan y la profesora Mary Ann Glendon. Días después, llegaba la noticia de la dimisión del director y del vicedirector del IOR, así como la detención de monseñor Nunzio Scarano, acusado de fraude y blanqueo de dinero.

«¿Cómo procede el trabajo de limpieza en el IOR?», preguntó el director de *La Stampa* al Papa. Ésta fue la respuesta: «Las comisiones referentes están trabajando bien. Moneyval nos dio un informe bueno, vamos por el buen camino. Sobre el futuro del IOR, veremos. Por ejemplo, el "banco central" del Vaticano sería la APSA (Administración del Patrimonio de la Santa Sede). El IOR fue creado para ayudar a las obras de religión, a las misiones, a las Iglesias pobres. Luego se convirtió en lo que es ahora.»

Entre las decisiones tomadas para estar al tanto de cuanto sucede en el IOR, el Papa ha nombrado a su secretario personal, monseñor Alfred Xuereb, como delegado de las dos comisiones que se han creado, a fin de que el Pontífice esté informado directamente de cuanto se trate en la Comisión para estudiar y reformar la organización de la estructura económica vaticana y en la Comisión para la reforma del IOR. Así mismo el Papa ha aprobado los Nuevos Estatutos de la Autoridad de Información Financiera.

Unas declaraciones del fiscal adjunto de Reggio Calabria, (noviembre 2013) acerca de la «operación limpieza» que el Papa estaba llevando a cabo en las finanzas vaticanas habían puesto en guardia a las mafias, sobre todo a la calabresa, muy presente en operaciones de narcotráfico. El Papa está en el camino justo y su objetivo es hacer limpieza total... Quienes se han nutrido hasta ahora del poder y la riqueza que derivan de la Iglesia están nerviosos, agitados... El Papa Bergoglio está desmontando el centro de poder económico en el Vaticano. Si los jefes mafiosos pudieran ponerle una zancadilla, no lo dudarían. El responsable de la seguridad del Papa Francisco, Domenico Giani, declaró que no veía en este momento amenazas específicas contra el Santo Padre, sino un grandísimo afecto al Papa.

En diciembre de 2013, la oficina de prensa de la Santa Sede comunicaba que se están dando todos los pasos necesarios para aunar los procedimientos contables de todos los centros de la Santa Sede con los estándares internacionales, que se cuenta con la colaboración de una auditoría internacional y con la consultora McKinsey & Company para una mejor organización de los medios de comunicación de la Santa Sede.

Recelos y sospechas
Parece ser que los intentos de Pablo VI y de Juan Pablo II acerca de la reforma de la curia se encontraron con dificultades provenientes de la burocracia y de algunos gru-

pos de presión, que se oponían a la renovación. Como si adivinara las dudas y recelos que podría haber entre pasillos y antesalas, el Papa Francisco diría lo siguiente: «A menudo, la novedad nos da miedo, también la novedad que Dios nos trae, la novedad que Dios nos pide. Somos como los apóstoles del Evangelio: muchas veces preferimos mantener nuestras seguridades, pararnos ante una tumba, pensando en el difunto, que en definitiva sólo vive en el recuerdo de la historia, como los grandes personajes del pasado. Tenemos miedo de las sorpresas de Dios. Queridos hermanos y hermanas, en nuestra vida, tenemos miedo de las sorpresas de Dios. Él nos sorprende siempre. Dios es así» *(Homilía vigilia pascual, 30-3-2013)*.

Se recibió con gratitud y aplauso la propuesta de Benedicto XVI para abrir el atrio de los gentiles, como un recurso importante dentro del programa de la nueva evangelización y del año de la fe. Se trataba, en definitiva, de estar dispuestos al diálogo con todos los hombres y mujeres del mundo, intercambiar ideas y proyectos, reflexionar sobre la historia y la cultura, asumir responsabilidades comunes, tender nuevos puentes para el acercamiento... Esta feliz iniciativa del Papa abría un gran espacio para la comunicación y el encuentro entre grupos diferentes, no sólo gentiles, sino también creyentes. El Papa Francisco quiere abrir un atrio para el diálogo con todos: los que no están de acuerdo con el proceder del gobierno pastoral, los que opinan en lo opinable y discrepan en aquello que su conciencia se lo permite. El atrio de los que critican estructuras, programas y directrices y que reclaman que antes de programar también se les pueda escuchar. El atrio de los críticos con la jerarquía, pues les parece que se queda corta o que va muy lejos o, simplemente, que no actúa como ellos quisieran que debiera proceder. Muchos pueden ser los atrios a los que entrar: pero para dialogar, no para imponer; para compartir la fe, no para hacer un Evangelio a la medida del gusto de cada uno, sino para reafirmarse en una fidelidad responsable, consciente y libre sobre la aceptación de lo que Dios ha revelado de sí mismo.

En cuanto a los criterios de renovación, los problemas y ansias de los hombres irán marcando las respuestas del nuevo Papa. Los derechos de las personas y de los pueblos, la esperanza de una juventud precozmente envejecida por la falta de horizonte, las manos sin trabajo, la casa sin familia, porque cada uno se fuera por su lado en rupturas inconcebibles. Cualquier proyección utópica hacia el futuro, o restauracionista hacia el pasado, no proviene del buen espíritu, según palabras del Papa Francisco. Desea el Papa caminar por la vía de la sinodalidad. El pueblo de Dios con los obispos y el Papa. Caminando juntos.

Nunca se ha de olvidar que la Iglesia es universal, católica, presente en todos los continentes. La renovación tendrá que llegar a unos y a otros, pero atendiendo a su situación particular. En Asia viven 4.000 millones de personas, de las cuales solamente el 3 por ciento son cristianas. En África, la Iglesia sigue avanzando. América continúa siendo el continente de la esperanza, pero en algunos países, como en Europa y las grandes islas de Oceanía, se piensa en la necesidad de una nueva evangelización. Tarea, pues, misionera la que está por delante.

Fidelidad y renovación

Más que sabio, y buen principio para el discernimiento, es el consejo que ofrece Ignacio de Loyola: «En tiempo de turbación, no hacer mudanza.» Prudencia excelente es la de esta recomendación, pues la serenidad del ánimo es condición indispensable para seguir con fidelidad la voz del Espíritu. Pero también es advertencia para no jugar con las tribulaciones y escudarse en ellas, como baluarte imaginario, para evadirse de la responsabilidad de tomar las decisiones pertinentes y poner en marcha las acciones necesarias para mejor honrar y servir a Dios.

La renovación, el cambio, la actualización de las estructuras no es un ejercicio de novedad, sino de ser responsables con aquello que el Señor quiere para su Iglesia en cada momento. Con esa hermenéutica del saber enfocar bien el corazón a los acontecimientos, en la continuidad de la verdad, en la fidelidad al mensaje recibido, y todo para alimentar la fe y vivir en la caridad. Como quería Benedicto XVI, no en la perspectiva de una inaceptable hermenéutica de la discontinuidad y de la ruptura, sino de una hermenéutica de la continuidad y de la reforma.

Se trata, por tanto, de un ejercicio de responsabilidad, de ser coherentes y leales a lo que de Dios se ha recibido y a lo que el mismo Señor va manifestando en los acontecimientos de la historia y en las necesidades de los hombres. Éste es un tiempo de esperanza, no de quietud inoperante, sino de ser conscientes de estar en un camino que no se detiene hasta la consumación de todo en Cristo. En la actualidad de Dios, cada día es un paso nuevo para el hombre en la realización de la esperanza. Por eso, parece vislumbrarse que entramos en un tiempo de mudanzas. De aquellas que sean necesarias para que la Iglesia pueda cumplir mejor su misión de evangelizar.

No se puede esperar del Papa Francisco que sea una especie de figura de fantasía, con la lámpara para frotar y la varita mágica que resuelva todos los problemas. Buscará el camino de las posibilidades de confirmar en la fe, sin olvidar los tropiezos y problemas que pone el laicismo. Las dificultades habrían de convertirse en oportunidad para el ímpetu apostólico, y las reformas serán aquellas que requiera una nueva evangelización. La esperanza y el buen hacer cambiarán el agobio de lo inmediato por la búsqueda de un camino adecuado. Los errores no hay que repetirlos ni exagerarlos, poniendo coto, con la justicia, a lo que mal se hiciera y dictando normas que garanticen en el futuro una conducta más leal y coherente con el Evangelio.

Una Iglesia entusiasmada por la esperanza y la renovación permanente; evangelizadora, pues existe no para adaptarse a las circunstancias, sino para evangelizar en todo momento; servidora, que ofrece lo que tiene, no impone nada a nadie; fiel, pues más preocupada está por la fidelidad que por el «credibilismo» de los aplausos; liberadora, no para destruir, sino para ofrecer una vida nueva llena de dignidad.

Como Dios es eterno, providente y de lo más estable, en lo que se refiere a Él no hay que hacer muchos análisis de prospectiva para estar completamente seguros de su presencia y, si por fatigas y disgustos hay que pasar, no ha de faltar nunca su apoyo providente para que se tenga la fortaleza necesaria para afrontar los días difíciles. El cristiano no puede nunca claudicar de unas actitudes esenciales a su condición de seguidor de Cristo. Entre ellas, la de ser fiel y la de ser libre. Lo primero, porque la gracia del bautismo permanece más allá de cualquier circunstancia. Y la libertad, como virtud que impide caer en cualquier tipo de derrotismo, sabiendo muy bien que nadie puede quitarle al hombre su capacidad de poder amar y de vencer el mal a fuerza de bien.

Cristo es la razón

La vida de la Iglesia no está zarandeada por saltos y sobresaltos, sino por la decidida y constante voluntad de ser fieles a la voluntad del Señor Jesucristo. La autocrítica y la revisión han de ser práctica habitual, pero los criterios y referentes no pueden ser otros que los marcados por el Evangelio.

Agarrarse bien a Cristo en todo momento es seguridad para la esperanza y el consuelo. Es decir, que la fuente de la inspiración y el criterio no puede ser otra que lo que Cristo ha dejado en el Evangelio y en su comportamiento con las gentes y las realidades de este mundo. Esta presencia y amparo de Cristo a su Iglesia se ha podido comprobar en los últimos acontecimientos. La llegada del Papa Francisco ha sido como un encuentro con la esperanza de un tiempo nuevo. Pero de ninguna de las maneras ha hecho olvidar, más bien al contrario, la magnífica labor realizada por Benedicto XVI.

Ni tengáis miedo, ni os dejéis robar la alegría y la esperanza. La fidelidad a Jesucristo es la garantía de la perseverancia. A lo largo de la historia, el sucesor de Pedro ha tenido que llevar la barca de la Iglesia en las circunstancias que iban marcando los caminos de los hombres, pero sin dejar de ser consciente, en momento alguno, que el timón, por voluntad del Señor, estaba en sus manos. El carisma venía de Dios, y también la gracia del Espíritu, para que se pudieran desarrollar bien y adecuadamente las misiones encomendadas, pero las manos eran de un hombre, con todas las virtudes recibidas y las debilidades que se podían poner de su parte.

El Papa Francisco se siente mucho más como Obispo de Roma y sucesor de Pedro que como jefe del Estado Vaticano. Ha sido él quien lo ha dicho al inicio de su ministerio: «Nunca olvidemos que el verdadero poder es el servicio, y que también el Papa, para ejercer el poder, debe entrar cada vez más en ese servicio que tiene su culmen luminoso en la cruz.» Y que nunca se ha de olvidar que la Iglesia avanza guiada no tanto por una buena organización, cuanto con la fidelidad a Jesucristo.

El Papa Francisco ha abierto la puerta de muchas expectativas. Cambios, reformas, transformaciones y renuevos para que todo vaya por el mejor camino. Por el camino que es Jesucristo, que no es otro el itinerario que quiere seguir el sucesor de Pedro. No se trata simplemente de cambiar las cosas, sino de discernir qué pasos sean los mejores, y qué instrumentos los más eficaces para servir a la causa de Dios y de los hombres.

La Iglesia, como sacramento de Jesucristo, tiene su base y realización en el acontecimiento del Verbo encarnado, en el misterio de la redención y de la resurrección, en la celebración de la eucaristía y en la presencia del Espíritu de Dios. Misterios tan profundos y presentes en la vida de la Iglesia no pueden ni detenerse ni, mucho menos, retroceder.

El atractivo de la Iglesia proviene de la persona de Jesucristo. No se llega a la Iglesia para encontrar entretenimiento, sino para vivir el Evangelio. Es necesario cambiar lenguajes, actitudes y formas de actuar, pues los que se ofrecen no son siempre un buen reclamo, ni para los jóvenes ni para los mayores.

6

Dios y el ofrecimiento de la fe

En un primer encuentro con representantes de las distintas Iglesias cristianas, comunidades eclesiales y miembros de diversas religiones, el Papa Francisco advirtió que todos teníamos por delante el deber de mantener viva en el mundo la sed de lo absoluto, pues una de las insidias más grandes de nuestros días es la de querer reducir al hombre a lo meramente temporal. Decía Benedicto XVI: «En realidad, sin una apertura a la trascendencia, el hombre cae fácilmente presa del relativismo, resultándole difícil actuar de acuerdo con la justicia y trabajar por la paz» *(Al cuerpo diplomático, 7-1-2013)*.

¡El nuevo Papa nos habla de Dios y lo entendemos! Todos los papas son testigos y anunciadores de la palabra de Dios. Pero el Papa Francisco tiene el don de hablar de los misterios de la fe con palabras sencillas y claras, que cautivan el corazón y hacen pensar a la inteligencia. Presenta a Dios como algo cercano, padre lleno de misericordia, pendiente en todo momento de sus hijos.

Dios y todo lo que a Él se refiere son poco menos que términos excluidos del libro de estilo de muchas gentes. Parece como si hubiera un extraño y oculto consenso para evitar hablar de la fe como si de algo tabú se tratara.

Dios es casi una palabra tabú para ser pronunciada en sociedad. En una de sus ocurrencias, Chesterton decía, ante las dificultades para expresar libremente opiniones y sentimientos: «Es como si te mandaran escribir la vida de Nansen y te prohibieran hablar del polo norte.» Sabido es que Nansen fue uno de los mejores conocedores del polo norte. Pues un poco de lo mismo ocurre cuando se trata de hablar de todos aquellos valores que tengan cierta relación con la trascendencia. A Dios se le llama «el de arriba» y a la vida eterna algo así como «dondequiera que esté», naturalmente el difunto. En fin, que cuando se quiere soslayar lo religioso (y mucho peor si lo que se pretende es borrar todas las huellas que hablen de lo trascendente), los hombres y mujeres de este mundo quedan no sólo privados de un principio y horizonte que dé sentido a su vida, sino completamente desarmados a la hora de establecer unas relaciones sociales presididas por normas imprescindibles de conducta moral.

En las entrañas de la naturaleza humana hay un inmenso deseo de elevación para comprender y para vivir, pero el hombre se esfuerza en buscar lejos lo que está metido en su propia vida. En Dios vive, se mueve, existe. Así lo decía San Pablo. Más que discutir con Dios, hay que dejarse abrazar por Él y estar dispuesto a aceptar su amistad y su ayuda.

De esta búsqueda de Dios habla el Papa Francisco en términos de inquietud. En agosto de 2013 preside la apertura del Capítulo General de la Orden de San Agustín. Tomando como base el conocido pensamiento del obispo de Hipona, «nos hiciste para ti y nuestro corazón está inquieto hasta que descanse en ti», el Papa habla de la inquietud, del ansia de lo espiritual, del encuentro con Dios. Búsqueda del sentido profundo de la vida, de la verdad, del rostro de Dios. Lo que buscaba lejos de sí estaba en lo más íntimo de su corazón. La inquietud del amor es buscar siempre sin descanso el bien de los demás *(Homilía, 28-8-2013)*.

Dificultades para aceptar y creer

Una gran tentación del hombre moderno es ponerse en fuga de Dios *(Santa Marta 7-10-2013)*. En el ámbito de la vida social, pública, educativa y cultural se margina cuanto pueda referirse a Dios y a la trascendencia. No sólo no se siente la necesidad de Dios, sino que se considera un lastre a la hora de ponerse en marcha para realizar cualquier proyecto. Como si fuera un excedente del que hay que liberarse cuanto antes. Esto suele acontecer, sobre todo, en época de prosperidad, cuando el hombre se cree autosuficiente y no necesita ningún otro recurso, pues se basta y sobra con lo que pueda darle la abundancia de sus propios medios. Dios es considerado un sobreañadido por el que no se tiene interés alguno.

Ni una luz intermitente que se enciende o apaga según la necesidad que uno sienta de ayuda, ni una idea, ni una simple palabra. ¿Quién es Dios? El Padre y Señor de todas las cosas que se ha manifestado a la humanidad de muchas maneras, sobre todo con la vida y la palabra de Jesucristo. Dios no es un estorbo, un excedente, ni una idea, ni un simple código de conducta moral. No puede ser objeto de negociaciones para justificar una doble vida. Cuando se pretende rebajar la fe y casi se la vende al mejor postor se abre el camino a la apostasía. Así lo dijera en Twitter el Papa Francisco: «Adorar a Dios es aprender a estar con Él, ponerlo en el centro de la vida y despojarnos de nuestros ídolos escondidos» *(14-4-2013)*.

Decía Benedicto XVI: «Al entrar en el terreno de la fe, en la "tierra de la fe", encontramos también con frecuencia una vida oscura, dura, difícil, una siembra con lágrimas, pero seguros de que la luz de Cristo nos dará, al final, realmente, la gran cosecha. Y tenemos que aprender esto incluso en las noches oscuras; no olvidar que la luz existe, que Dios ya está en medio de nuestra vida y que podemos sembrar con la gran confianza de que el "sí" de Dios es más fuerte que todos nosotros» *(Audiencia, 12-10-2011)*.

«¿Quién de nosotros no ha experimentado inseguridades, extravíos y hasta dudas en el camino de la fe? Todos hemos experimentado esto, también yo: forma parte del camino de la fe, forma parte de nuestra vida.» Estas palabras del Papa sorprendían por su sinceridad, pues se hacía solidario con las flaquezas y limitaciones de cualquier persona. Pero, inmediatamente, señalaba la necesidad de confiar en la ayuda de Dios, de percatarse del valor de la humildad y de la necesidad de acudir a la oración y suplicar a los demás que le tiendan una mano *(Audiencia, 30-10-2013)*.

Con esto de la economía y de la crisis de casi todo se oye con frecuencia el mea culpa de que se ha vivido por encima de las posibilidades. Que se ha gastado más de lo que se tenía, que la deuda se ha disparado y los bolsillos han quedado vacíos. Las posibilidades, desde el punto de vista de la relación con Dios, son ilimitadas, porque el objeto al que se dirigen no está encuadrado dentro de unas estrictas coordenadas y parámetros cuantificables. Estar por encima de las posibilidades, desde el punto de vista de la condición de creyente, es querer «hacerse como dioses», convertirse uno mismo en norma y criterio de discernimiento y moralidad, dejando que el subjetivismo campe por sus respetos en unos comportamientos caprichosos.

La globalización de la uniformidad hegemónica,

caracterizada por el pensamiento único, margina las propias tradiciones y la propia identidad *(Santa Marta, 18-11-2013)*.

Lo que gusta vale y al precio que sea, aunque ello suponga la claudicación de la propia dignidad y el respeto que se debe al prójimo. Querer adueñarse del árbol del bien y del mal, y hacerlo de tal manera que el relativismo se lleve la mejor parte para no dejar títere con cabeza. No sólo es decir que cada cosa se juzga y valora desde el color con el que se mire, sino que todo es incoloro, amorfo, indeterminado. La relativización conduce al desfondamiento de la verdad objetiva. Dios puede decir lo que quiera y yo también, dice el arrogante descreído, sin tener en cuenta que el creyente acepta la revelación de Dios y que esa palabra conocida es la que conforma la vida de quien la escucha y la sigue fielmente. Es que si Cristo viviera ahora... en nada cambiaría la buena noticia anunciada, porque Dios no dice ahora sí y después no, sino que su palabra es inmutable. Otra cosa distinta es que el anuncio del mensaje y la catequesis deban tener en cuenta el lenguaje en el que hablan los hombres y la cultura a la que pertenecen. El texto no cambia en absoluto, aunque la música con la que se cante sea distinta.

A los miembros de un organismo tan importante como es la Pontificia Comisión Bíblica *(1-4-2013)* el Papa Francisco les hablaba de la atención que se debe prestar a la palabra de Dios situándola en la misma fe de la Iglesia. Dios confió su palabra a la comunidad de los creyentes para alimentar la fe y guiar la vida de caridad.

Dios y la ciencia

Craig Venter, el científico norteamericano conocido por sus investigaciones sobre el genoma humano, se ha dedicado, durante mucho tiempo, a recoger bacterias oceánicas y diseñar nuevas formas de «vida sintética» de la célula artificial. Las líneas de investigación científica caminan de forma tan rápida que los resultados sorprenden cada vez con más frecuencia, y con tanta velocidad que no dan tiempo a reponernos del asombro que pueden suponer los últimos descubrimientos.

Así ocurrió con la astronomía de Galileo, las teorías evolucionistas de Darwin, Wöhler y la síntesis de la urea, la relatividad de Einstein, los trasplantes de órganos, el genoma humano, la fecundación in vitro, la clonación... Como se ha repetido en la historia de la humanidad, con estos hallazgos llega el asombro para unos, ¡dónde vamos a llegar!, y la prueba que confirma el convencimiento de los ateos: cada vez estamos más cerca de hacer nosotros mismos lo que se atribuye a Dios.

La fe no tiene miedo a la razón, sino que confía en la busca, pero no acepta afirmaciones o conclusiones que exceden el campo de la propia ciencia (*Evangelii gaudium, 243*).

Siguiendo el principio de que no todo lo que se puede hacer se debe hacer, no cabe duda de que las puertas de la ciencia, con la hipótesis y la investigación, deben estar siempre abiertas, sin más reserva que la que la ética pone a la dignidad y derechos de la persona y que la sociedad deba exigir. La investigación científica es necesaria, salvando siempre la garantía de esos principios fundamentales. La misión del científico no es burlar, ni mucho menos destruir la naturaleza, sino ayudar a conocerla, a disfrutar de ella, a dominarla, pero de ninguna de las maneras destruirla y, mucho menos, utilizarla contra el hombre.

Los conflictos entre religión y ciencia pueden ser ocasión para el diálogo, el entendimiento, la búsqueda de la verdad, el estímulo a la ciencia, la apertura a un conocimiento trascendente... La fe en Dios no sólo no obstaculiza el progreso, sino que anima el conocimiento científico. Otra cosa es el prejuicio agnóstico o la extraña teoría de que el científico no puede ser creyente. Razón y fe ni se contraponen, ni pueden sobreponerse. Cada una tiene su parcela para trabajar. Y lo más unidas posible en favor de la humanidad. Decía Benedicto XVI: «La Iglesia, al proponer valoraciones morales para la investigación biomédica sobre la vida humana, se vale de la luz, tanto de la razón como de la fe, pues tiene la convicción de que la fe no sólo acoge y respeta lo que es humano, sino que también lo purifica, lo eleva y lo perfecciona» *(A la Congregación para la Doctrina de la Fe, 15-1-2010)*.

Se ha hablado mucho del famoso bosón de Higgs, que es algo así como la célula madre, pero en plan físico. Más que partícula es un espacio vacío, pero con su importancia y efectos en el mundo de lo subatómico. Como no sólo el universo se va expandiendo, sino que cada vez lo hace con mayor rapidez, pues resulta que también hay prisa en descubrir la llamada «partícula de Dios», que es el bosón del que se habla, y que sería aquel elemento que explicaría de forma definitiva la teoría de la evolución. De aquí, y no por culpa de los científicos —a Peter Higgs y François Englert se les ha concedido el Premio Nobel de Física—, se han disparado las fantasías y, sobre todo, desde algunos sectores agnósticos, el aviso al mismo Dios de que los días de su existencia estaban contados.

Hay que decir, en primer lugar, que la existencia de esa maravillosa partícula no es tan cierta, dicen algunos científicos, como se pueda creer. Pero lo más importante es abandonar de una vez el intento de pretender que la ciencia sea como una fuerza para echar un pulso al mismo Dios y de antemano considerarle derrotado. La fe va por otro camino, tiene sus fuentes de conocimiento y conlleva el deber de ser moralmente coherente con la revelación a la que presta su adhesión el creyente. La teología también es una ciencia, aunque distinta a la que se basa en hipótesis verificadas de una manera positiva. No solamente no hay incompatibilidad sino que, con la necesaria autonomía e independencia, se pueden ayudar mutuamente para conseguir cada una sus objetivos.

«Indagar sobre el origen del universo guarda relación con la religión. Pero unir física y fe produce pésima física y, supongo, mala teología» *(Peter Higgs)*. La investigación científica necesita de su libertad, pero sin pretender que la única fuente de conocimiento de la verdad es la que ella formula. Hay un conocimiento que va más allá de los datos empíricos, y que puede ayudar mucho a la misma ciencia a que busque, por encima de todo, el bien del hombre. El diálogo entre la ciencia y la fe es imprescindible. La verdadera ciencia ni trata de ocultar a Dios ni de demostrarlo. Sigue, nada más, su camino de investigación, sin excluir línea alguna que pueda conducir al esclarecimiento de lo desconocido. Más que hablar de conflicto entre ciencia y fe, habrá que pensar seriamente en una imprescindible relación, diálogo y complementariedad entre las distintas formas de conocimiento. El diálogo debe continuar, decía Benedicto XVI, con las características y distinciones propias de la ciencia de la fe, con sus métodos de investigación y la finalidad que persiguen, respetando las legítimas posibilidades de cada una y siempre buscando el bien de la humanidad *(Al Consejo Pontificio para la Cultura, 8-3-2008)*.

La ilustración
Los ilustrados quisieron liberar a la humanidad de miedos, prejuicios e ignorancias que esclavizaban la mente. Todo ello motivado por el oscurantismo de las doctrinas añejas y anquilosadas de clérigos zafios. Ellos, tan libera-

les, no admitían otro pensamiento y otra escuela más que la de los suyos. Proponían una libertad que condicionaba los mismos principios que se defendían a ultranza. Que la ilustración suscitaba deseos de conocimiento y revisión de ideas es más que posible. Y no fueron pocos los que, motivados por esos aires de modernidad y progreso, se empeñaron conscientemente en buscar en el estudio, la investigación y el diálogo con la ciencia y con las ideas nuevos itinerarios para una sociedad que caminaba entre el despotismo ilustrado y la tiranía de la sumisión incondicional.

Aquellos hombres, con ganas de saber, de investigar y tener conocimiento de las cosas de este mundo —y del otro también— merecen atención por su laudable propósito. Lo que sucede, con frecuencia, es que junto al deseo no se pone el esfuerzo por aplicar los medios para que llegasen a buen fin esas nobles intenciones. Sin la constancia del estudio, sin escuchar a los maestros, sin una disciplina intelectual, sin una buena pedagogía, el proyecto resulta casi imposible de poder llevarse a cabo.

Como la fe no es asunto privado, el testimonio público es tarea inexcusable. No como imposición, sino como ofrecimiento. Ese comportamiento leal y coherente con la fe que se profesa hará que la persona sea más creíble. Ante la incoherencia de esas dicotomías entre la fe y la práctica de la misma, Cristo y la Iglesia, lo íntimo y privado de la creencia y la falta de testimonio público, se quiere subrayar esa ineludible unidad entre la fe profesada, celebrada, vivida y rezada.

Cuando a la libertad se le hizo un monumento y se le proclamó diosa, y como a tal se le prestaba adoración, flaco servicio es el que se le hizo al hombre. Le dejó a la intemperie y desnudo de cualquier razón objetiva de comportamiento. La libertad no es diosa para adorar, sino la coherencia entre razonamiento y la conducta. Hacer en verdad lo que quiero, es decir lo que me exige la razón y la ley. Conciencia y sindéresis que Dios ha puesto en lo más hondo de la naturaleza humana. Ni puede ampararse la libertad en un derecho inexistente, el de ser un títere esclavo de gustos, de sensaciones, de filias y fobias, ni ese omnipresente relativismo que le quita objetividad y dimensión social y trascendente a la conducta del hombre.

El relativismo

La dictadura del relativismo es un peligro para la convivencia en paz, pues como cada cual pretende hacer un mundo a su medida personal y subjetiva, se olvida el bien de toda la comunidad. Así se lo dijo el Papa Benedicto XVI al cuerpo diplomático *(7-1-2013)*. Existe mucho escepticismo respecto a la verdad. Domina el relativismo, es decir, la tendencia a considerar que no existe nada definitivo y a pensar que la verdad deriva del consenso o de lo que queremos. Surge la pregunta: ¿existe realmente «la» verdad? ¿Qué es «la» verdad? ¿Podemos conocerla? ¿Podemos encontrarla? «La verdad no se aferra como una cosa, la verdad se encuentra. No es una posesión, es un encuentro con una Persona», afirma el Papa Francisco *(Audiencia 15-5-2013)*.

El relativismo ha creado una especie de anonimato generalizado, con una clara devaluación de algo tan importante como es la lealtad a los propios convencimientos, la coherencia entre el pensamiento y la acción y, para los cristianos, la incontrastable relación entre el mensaje de Jesús, que se ha recibido y aceptado, y la conducta moral consecuente. Si el relativismo es una carcoma que todo lo reduce a la fragilidad de lo subjetivo, la ideología es como un elemento corruptor que roba la esencia de la propia identidad modificándola a su antojo.

Los ideólogos no sólo no comprenden el Evangelio sino que tratan de falsificarlo con interpretaciones meramente ideológicas. Al final este tipo de personas terminan siendo intelectuales sin talento y moralistas sin bondad incapaces de comprender la belleza y el camino de la sencillez del Evangelio *(Santa Marta, 19-4-2013)*.

Pablo VI había advertido que querer organizar el mundo prescindiendo de Dios al final conduce a hacerlo en contra del hombre. Con otras palabras, pero con el mismo principio, el Papa Francisco se lo ha dicho a un grupo de embajadores que presentaban sus cartas credenciales. Cuando se olvida una rectitud ética se está rechazando a Dios. Porque la ética lleva a Dios, que está más allá de las categorías del mercado. «Para los agentes financieros, económicos y políticos, Dios es incontrolable, inmanejable, incluso peligroso, porque llama al hombre a su plena realización y a la independencia de cualquier tipo de esclavitud. La ética —una ética no ideologizada, naturalmente— permite, en mi opinión, crear un equilibrio y un orden social más humano» *(A los embajadores de Kirguistán, Antigua y Barbuda, Luxemburgo y Botswana, 16-5-2013)*.

Por efecto de los vientos liberacionistas, se arrancan y destruyen principios y normas, criterios y virtudes. La moral queda por los suelos y las costumbres se rigen por aquello que place. El subjetivismo y el gusto del acomodo suplen a los dictados de la ética objetiva y de las llamadas buenas costumbres. Se da valor a lo que apetece. Más que contrariada, es que la conciencia no responde, pues ha quedado atrofiada por el egoísmo, que no tiene más principio de comportamiento que el yo egocéntrico y presuntuoso.

Fe en Dios

No es algo simplemente decorativo, ornamental, adornar la vida con un poco de religión. La fe exige tener a Dios como criterio fundamental de la vida. Dios es amor y el amor es positivo. Después de la venida de Cristo al mundo ya no se puede actuar como si no se conociera a Dios. Así se expresaba el Papa Francisco en el Ángelus del 18 de agosto de 2013. Creer en Dios es fiarse de Él, adherirse incondicionalmente a lo que Él ha querido revelar a la humanidad. Y asumirlo como algo propio, no sólo como una norma de conducta moral, sino Alguien que toma posesión por completo en la vida y el pensamiento del hombre.

Habrá que atenerse a las condiciones del proceso: aceptar que Dios sea el primero en preguntar: ¿aceptas mi palabra? Si es una cuestión de fe, en la que ciertamente puede ayudar la razón, no se pretenda resolver el problema por otro camino. Tiene San Agustín, en sus *Soliloquios*, un pensamiento muy a propósito para esta reflexión que estamos haciendo: «Que al buscarte a ti, nadie me salga al encuentro en vez de ti.» La fe no es ni una alienación ni un fraude, sino un camino concreto de belleza y de verdad, trazado por Jesús, para preparar los ojos y poder contemplar el rostro maravilloso de Dios en el lugar definitivo que está preparando a cada uno *(Santa Marta, 26-4-2013)*.

El primer ministro del Reino Unido escribió hace un par de años, en la tercera página del diario *ABC*, unas palabras que resultan por demás adecuadas para una seria reflexión. Decía David Cameron que «la fe es un don que se debe abrazar, no un problema que se tenga que superar». La fe es un regalo que llega con la aceptación de lo que Dios ha dicho de sí mismo. De esa carta personalizada que Dios envía a todos los hombres y mujeres del mundo, con dirección y señas bien definidas. Dios ha hablado de una manera elocuente y clara, sobre todo en la vida y en la palabra de Cristo. Abrazar la fe es identificarse completamente con Jesucristo.

Qué duda cabe que la aceptación de la revelación de Dios es uno de los temas más importantes y sugerentes del momento actual. El discurso religioso no ha desaparecido, aunque se pretenda soslayarlo o utilizarlo como denuesto contra las religiones. Abrazar la fe, aceptar la revelación de Dios, en nada empeña la libertad de la persona, sino que agranda las alas para poder volar mucho más allá de las limitaciones que ponen los sentidos. Por otro lado, esa fe no exime de responsabilidades, sino que es estímulo y motivación para vivir en coherencia moral. Dios no esclaviza, sino que libera de muchas oscuridades y de esa tozudez revestida de un intelectualismo reduccionista del conocimiento. Siempre hay una luz más allá de las que uno ha tenido entre las manos. «Un cristiano restauracionista, legalista, que lo quiere todo claro y seguro, no va a encontrar nada. La tradición y la memoria del pasado tienen que ayudarnos a reunir el valor necesario para abrir espacios nuevos a Dios. Aquel que hoy buscase siempre soluciones disciplinares, el que tienda a la seguridad doctrinal de modo exagerado, el que busca obstinadamente recuperar el pasado perdido, posee una visión estática e involutiva. Y así la fe se convierte en una ideología entre tantas otras. Por mi parte, tengo una certeza dogmática: Dios está en la vida de toda persona. Dios está en la vida de cada uno. Y aun cuando la vida de una persona haya sido un desastre, aunque los vicios, la droga o cualquier otra cosa la tengan destruida, Dios está en su vida. Se puede y se debe buscar a Dios en toda vida humana. Aunque la vida de una persona sea terreno lleno de espinas y hierbajos, alberga siempre un espacio en que puede crecer la buena semilla. Es necesario fiarse de Dios» *(Papa Francisco al director de* La Civiltà Cattolica, *agosto de 2013).*

«La seguridad de la fe no nos inmoviliza o encierra, sino que nos pone en camino y hace posible el testimonio y el diálogo con todos» *(Twitter, 2-8-2013).* También con la ciencia y con la investigación.

El ofrecimiento de la fe

El Papa tiene su manera de decir las cosas y no quiere renunciar a un lenguaje con el cual va enseñando los misterios de la fe. A nadie se le puede obligar a seguir el camino cristiano y a profesar esta fe, pero el cristiano tiene el compromiso de ofrecer aquello en lo que cree como seguidor de Jesucristo, como hijo de la Iglesia. Todos serán bienvenidos a nuestra casa, pero sin que para ello tenga la Iglesia que renunciar a su identidad y dejar de ser fiel al credo que desea profesar, aunque reconozca que el anuncio del Evangelio se hace en contextos culturales, sociales y humanos diversos.

El Papa Benedicto XVI había convocado el año de la fe al cumplirse el quincuagésimo aniversario de la inauguración del concilio Vaticano II. La Iglesia hará memoria del acontecimiento conciliar con una serie de acciones que subrayarán la importancia de una fe aceptada, celebrada y vivida. Entre los objetivos de ese año se subrayaban los del redescubrimiento de la fe, el encuentro con Cristo y el testimonio de una vida llena de esperanza y de gozo en las promesas del Señor. Ni se han cambiado los contenidos de la fe, ni la Iglesia ha dejado en momento alguno de anunciarlos y de vivirlos. No se trata, por tanto, de algo nuevo, sino de tomar conciencia de todas aquellas exigencias que comporta el seguimiento fiel a

Cristo. Por otra parte, no pocas son las agresiones a lo católico. El creyente tiene que dar respuesta a todos esos nuevos retos que se le presentan. Siempre en fidelidad al Evangelio, pero teniendo en cuenta la necesidad del diálogo entre la fe y la razón, entre la ciencia y las exigencias de la moral cristiana.

La celebración del año de la fe quería insistir en la necesidad de la participación en la vida de la comunidad eclesial. Una pertenencia a la Iglesia sin un encuentro con la comunidad cristiana, particularmente en la eucaristía dominical, reduciría al cristiano a un número más en una lista de bautizados, pero sin la necesaria comunicación con la vida de la gracia que se nutre de los sacramentos. Sin participación activa responsable en la misión de la Iglesia, es muy difícil permanecer fieles a los compromisos bautismales. La misa dominical, el sacramento de la penitencia, la formación permanente y catecumenal, las misiones populares, el diálogo ecuménico e interreligioso, la presencia en los medios de comunicación y en la vida pública y cultural son algunas de las propuestas que se oyeron en el aula del último Sínodo.

La conversión íntima y personal, siempre necesaria, no basta. Es indispensable una profunda y adecuada conversión pastoral en la que los agentes, especialmente sacerdotes y catequistas, estén suficientemente preparados y sean testigos inconfundibles de Cristo evangelizador. No se trata de una nueva estrategia para ser más eficaces en la acción pastoral, sino de un verdadero programa que llegue al hombre y convierta su corazón a la buena noticia anunciada por Jesucristo.

¿Cómo se hace para buscar y encontrar a Dios en todas las cosas? Y el Papa Francisco respondió: no se puede caer en la tentación de buscar a Dios en el pasado o en lo que creemos que puede darse en el futuro. Hay que encontrar a Dios en nuestro hoy, en la revelación histórica, en el tiempo, pero se necesita una actitud contemplativa en un camino de comprensión y de afecto ante las cosas y las situaciones. La paz, la consolación espiritual y el amor de Dios y de todas las cosas en Dios son criterios muy seguros. Aunque queda siempre un margen a la incertidumbre. En todo discernimiento verdadero hay que aceptar la aventura de la búsqueda del encuentro y del dejarse encontrar por Dios. «Dios es siempre una sorpresa y jamás se sabe dónde y cómo encontrarlo, porque no eres tú el que fija el tiempo ni el lugar para encontrarse con Él» *(Al director de* La Civiltà Cattolica, *agosto de 2013)*.

Al teólogo le corresponde buscar e «iluminar la unidad del designio de amor de Dios y se compromete a mostrar cómo la verdad de la fe forma una unidad orgánica, armoniosamente articulada. Además, al teólogo le corresponde la tarea de "auscultar, discernir e interpretar, con la ayuda del Espíritu Santo, las múltiples voces de nuestro tiempo y valorarlas a la luz de la palabra divina, a fin de que la Verdad revelada pueda ser mejor percibida, mejor entendida y expresada en forma más adecuada" *(Gaudium et spes, 44)*. Los teólogos son, pues, "pioneros" —esto es importante: pioneros. ¡Adelante!—. Pioneros del diálogo de la Iglesia con las culturas. Pero ser pioneros también es importante porque algunas veces se puede pensar que se quedan atrás, en el cuartel... No, ¡en la frontera! Este diálogo de la Iglesia con las culturas es un diálogo crítico y al mismo tiempo benévolo, que debe favorecer la acogida de la Palabra de Dios por parte de los hombres "de todas las naciones, razas, pueblos y lenguas"» *(A la Comisión Teológica Internacional, 6-12-2013)*.

7

La paz y la justicia

«Nunca más unos contra otros, sino unos junto a otros.» Quien sigue a Cristo recibe la paz y transmite paz. En su primer mensaje pascual, el Papa Francisco haría un alegato en favor de la paz en el mundo tan dividido al uso de la codicia, herido por el egoísmo, la trata de personas, desgarrado por la violencia y la explotación inicua de los recursos naturales... *(Mensaje pascual, 2013)*.

Cuando Benedicto XVI convocaba una asamblea especial del Sínodo de los Obispos para tratar sobre asuntos referentes al Oriente Próximo, nadie había podido tachar de oportunista su iniciativa, sino que se anticipaba, pues algún tiempo después explotaron serios conflictos en algunos países de la zona de Oriente Próximo y del norte de África. En la asamblea del Sínodo se hablaba del islam y sus relaciones con los cristianos; de la necesidad de construir una sociedad nueva donde el pluralismo religioso sea respetado, y donde el fanatismo y el extremismo sean excluidos; y de seguir con el fecundo diálogo de la vida, con estima y amor y oponiéndose a todo tipo de fundamentalismo y de violencia en nombre de la religión.

Los acontecimientos vividos en algunos países de

Oriente Próximo y del norte de África, con episodios violentos, intervenciones militares y revueltas populares, se habían seguido con no poca preocupación por parte de la Santa Sede. Obispos de distintas Conferencias Episcopales alzaban su voz denunciando las injusticias y ofreciendo los criterios que emanan del magisterio pontificio y de la doctrina social de la Iglesia. Así, la Conferencia Episcopal Regional del Norte de África (CERNA) expresó su opinión contra la guerra en Libia y en favor de una solución diplomática al conflicto. «Sabemos que la guerra no resuelve nada, y que, cuando estalla, es tan incontrolable como la explosión de un reactor nuclear.» De la misma manera, el Papa Francisco ha clamado por la paz ante los graves sucesos acaecidos en Egipto, en Siria...

El mal parece aplastar a la humanidad. Pero la respuesta cristiana, dice el Papa, es la del bien llevado con la cruz y pide, en nombre de Dios, particularmente a los responsables políticos y religiosos, que trabajen no solamente por erradicar los males que se padecen en la actualidad, sino que se deben eliminar las causas que los han producido, pues solamente así será posible llegar a la tan deseada paz.

La convivencia pacífica no es fruto que llega sin haber trabajado bien la tierra del reconocimiento de los derechos que asisten a unos y a otros, del esfuerzo por el bien común y la consolidación de unas garantías lo suficientemente seguras para vivir en libertad. Que sea fruto de la democracia es lo ideal. Pero teniendo en cuenta que también esta forma de gobierno exige la presencia y buena gestión de unas administraciones también democráticas. Y no siempre esas instituciones llevan las palabras de sus discursos a unas realizaciones acordes con los programas e intenciones pacíficas que prometían.

La paz no puede ser únicamente el cese de la violencia

y el final feliz de una guerra, sino el convencimiento y la actitud permanente que debe estar en el principio de las relaciones entre las personas y entre los pueblos. La paz profunda viene de tener experiencia de la misericordia de Dios. Si es blasfemo invocar el nombre de Dios para justificar el mal, en la injusticia, la violencia y la guerra también hay una especie de blasfemia laica, que es la proclamación de la paz, de la justicia y de la reconciliación con palabras y actitudes beligerantes, que olvidan derechos y crean abismos para el encuentro entre las personas y los pueblos.

En sus mediaciones, actitudes y mensajes, el Papa Francisco ha demostrado ser un auténtico, positivo y dinámico testigo y defensor de la paz. El mensaje que dirigió en el Ángelus el 1 de agosto de 2013 es un alegato modélico en favor de la paz: «Vivo con particular sufrimiento y preocupación las numerosas situaciones de conflicto que hay en nuestra tierra, pero, en estos días, mi corazón está profundamente herido por lo que está sucediendo en Siria y angustiado por la dramática evolución que se está produciendo.

»Hago un fuerte llamamiento a la paz, un llamamiento que nace de lo más profundo de mí mismo. ¡Cuánto sufrimiento, cuánta destrucción, cuánto dolor ha ocasionado y ocasiona el uso de las armas en este atormentado país, especialmente entre la población civil inerme! Pensemos: cuántos niños no podrán ver la luz del futuro. Condeno con especial firmeza el uso de las armas químicas. Les digo que todavía tengo fijas en la mente y en el corazón las terribles imágenes de los días pasados. Hay un juicio de Dios y también un juicio de la historia sobre nuestras acciones, del que no se puede escapar. El uso de la violencia nunca trae la paz. ¡La guerra llama a la guerra, la violencia llama a la violencia!

»Con todas mis fuerzas, pido a las partes en conflicto que escuchen la voz de su conciencia, que no se cierren en sus propios intereses, sino que vean al otro como a un hermano y que emprendan con valentía y decisión el camino del encuentro y de la negociación, superando la ciega confrontación. Con la misma fuerza, exhorto también a la comunidad internacional a hacer todo el esfuerzo posible para promover, sin más dilación, iniciativas claras a favor de la paz en aquella nación, basadas en el diálogo y la negociación, por el bien de toda la población de Siria.»

También el Santo Padre dirigió una carta al presidente Vladimir Putin, con motivo de la reunión del G20 en San Petersburgo, rogando que los líderes de los Estados no permanezcan inertes frente a la dramática situación de Siria, y que ayuden a encontrar caminos para superar las disensiones, abandonando cualquier vía de solución militar y buscando la paz con el diálogo y la negociación, con el apoyo de la comunidad internacional. Nada se consigue con la guerra, que es la negación de una posibilidad de concordia internacional y que deja tras ella divisiones y heridas profundas que requieren muchos años para poder cicatrizar.

Ni enemigos ni contrincantes, sino hermanos. El Papa Francisco no se anda con divagaciones ni preámbulos en el mensaje para la celebración de la jornada de la paz del año 2014. Como es algo esencial en la vida del hombre la convivencia con otras personas, es fácil comprender que solamente desde una relación fraterna se puede conseguir ese anhelado y querido regalo de la paz. Se presume de globalización, de vivir en un mundo donde las relaciones son más fáciles, donde se puede conseguir el llegar a conocerse todos, aunque sea de formas y con modos muy diferentes. Pensemos en las redes sociales y las comunicaciones de todo tipo. Pero, al mismo tiempo que se tiene noticia de lo que puede pasar en cualquier rincón del mundo, la universalización de la indiferencia es innoble actitud recibida con toda normalidad. Las heridas de los demás ya no irritan la sensibilidad, ni las injusticias provocan insomnio alguno. Cerca, pero sin sentirse hermanos.

Guerras ruidosas de enfrentamientos armados y otras menos estrepitosas, pero no menos crueles, como dice el Papa, que se producen en el campo económico y financiero, también con destrucción de vidas, de familias y de empresas. Si no se reconoce a Dios como padre de todos, es muy difícil que unos y otros se sientan como hermanos. No hay un punto común de unión, no se reconoce trascendencia alguna que garantice unos profundos vínculos de unidad. Para los cristianos, el Verbo hecho carne es garantía de fraternidad, pues todos y cada uno han sido redimidos con la misma sangre y el mismo sacrificio.

Una fraternidad entre pueblos y personas en la que los más atendidos y preferidos sean aquellos que soportan el injusto peso de la pobreza, de la exclusión, del descarte. A los que se tiene al margen de esa pretendida fraternidad de una sociedad de bienestar, que parece estar reservada para un cierto grupo de privilegiados. El Papa Francisco advierte acerca de la necesidad de acciones políticas que promuevan el principio de la fraternidad, que allanen las desigualdades entre personas y grupos, que garanticen los derechos fundamentales y el acceso a recursos educativos, sanitarios, y tecnológicos. Que atenúen la excesiva desigualdad de la renta, recordando la doctrina social de la Iglesia acerca de la hipoteca social que grava a los bienes de este mundo que deben utilizarse en beneficio de todos.

Las crisis económicas, que parecen algo cíclico, hacen ver la necesidad de un estilo de vida sobrio y de recuperar las virtudes de la prudencia, de la templanza, de la justicia y de la fortaleza. Del olvido de estas virtudes fundamentales, cardinales, llegan las múltiples formas de corrupción.

Mientras no se detenga esa carrera de armamentos, es fácil encontrar pretextos para la guerra. Es necesario renunciar a la violencia y emprender el camino del encuentro con el diálogo, el perdón y la reconciliación, siempre fundados en la justicia. Si en algo hay que competir es en el de la estima mutua. Y teniendo muy en cuenta que solamente el amor dado por Dios permite acoger y vivir plenamente la fraternidad.

Contradicciones y presupuestos ineludibles

Las incongruencias y contradicciones están al cabo de la calle y, en no pocas ocasiones, con actitudes y gritos absurdos proferidos por los manifestantes, y que se dan de bruces contra el mensaje que se dice y quiere denunciar y defender. Proclamación altisonante de la justicia y el derecho y, al mismo tiempo, la violencia y la extorsión contra aquel que piensa de manera diferente. Petición de diálogo y conversación para alcanzar el camino del reencuentro, y los contrasentidos de la imposición a toda costa y la amenaza de acciones de protesta violenta si no se consigue lo deseado. Ecología de pancarta y contaminación de todo tipo, proclamación de ateísmo e indiferencia religiosa y ofensa sin reparos al que se manifiesta creyente. Defensa de la libertad y actitudes fundamentalistas. Querer poner los pies en la tierra y vivir dominados bajo la esclavitud del subjetivismo... Y todo ello en nombre de la paz, de la justicia y de la reconciliación.

Éste es el pensamiento del Papa Francisco: «Ningún esfuerzo de "pacificación" será duradero, ni habrá armonía y felicidad para una sociedad que ignora, que margina y abandona en la periferia una parte de sí misma. Una sociedad así simplemente se empobrece a sí misma; más aún, pierde algo que es esencial para ella. No dejemos, no dejemos entrar en nuestro corazón la cultura del descarte. [...] La grandeza de una sociedad está determinada por la forma en que trata a quien está más necesitado, a quien no tiene más que su pobreza» *(A la comunidad de Varginha, Río de Janeiro, 25-7-2013)*.

La inequidad genera una violencia que jamás resolverá los problemas sino que crea nuevos y peores conflictos *(Evangelii gaudium, 60)*.

La reconciliación es tanto más necesaria cuanto más profundas son las heridas que ha causado el desencuentro y las ofensas recíprocas. Cuanto mayor sea la vinculación afectiva entre aquellos que se han distanciado, mayor es el sufrimiento. Por eso la reconciliación no es simplemente el acercamiento de posturas y condiciones, sino restaurar el amor perdido, recuperar lo que une y ayuda a vivir en paz. La reconciliación va unida al perdón, y sin perdonar no hay autenticidad en el amor.

A los líderes políticos, que no solamente no pueden robar la esperanza a sus pueblos, sino que han de ser los primeros servidores de ese futuro mejor, les incumbe, de una manera especial, promover la paz, la justicia y la reconciliación. «La Iglesia no ofrece soluciones técnicas ni impone fórmulas políticas», decía Benedicto XVI, al mismo tiempo que alentaba a huir del miedo y de la desesperanza ante los grandes desafíos y problemas del momento actual. La humanidad no está sola y la esperanza no abandona al que confía en Dios.

La reunión del G8 y la ROACO (siglas en italiano de la Reunión de Obra de Ayuda a las Iglesias Orientales) fue ocasión para que el Papa insistiera en que se pusiera fin a toda violencia y discriminación y que se dejara paso a la reconciliación entre todos. La paz es una exigencia indispensable para proteger a los más débiles y para erradicar el hambre. No puede haber paz cuando el hombre piensa solamente en sí mismo y en sus propios intereses, cuando quiere fascinar a los demás con el dominio y el poder, cuando se vale de la violencia y el enfrentamiento sembrando destrucción, sufrimiento y muerte. La violencia y la guerra son un lenguaje de muerte *(Homilía vigilia de oración por la paz, 7-9-2013)*.

El Papa Francisco recordaba que juntos podemos hacer mucho por la justicia, especialmente con la atención a los pobres, a los débiles, a los que sufren, y promover la reconciliación y construir la paz. Una gran parte de la humanidad sigue viviendo de una forma muy precaria. Algunas enfermedades van en aumento, se apoderan del corazón del miedo y la desesperación, se para la alegría de vivir y aumenta la violencia y la pobreza. El dinero no puede ser el ídolo poderoso que predomine en la sociedad. Lo primero es el hombre, no la dictadura de la economía *(A los embajadores de Kirguistán, Antigua y Barbuda, Luxemburgo y Botswana, 16-5-2013)*.

El Papa Francisco propone cuatro principios para avanzar en la construcción de un pueblo en paz, justicia y fraternidad: el tiempo es superior al espacio (trabajar a largo plazo, sin obsesionarse por resultados inmediatos); la unidad prevalece sobre el conflicto (el conflicto no puede ser ignorado o disimulado, ha de ser asumido, pero no quedar atrapados por él); la realidad es más importante que la idea (la idea desconectada de la realidad origina idealismos y nominalismos ineficaces, que a lo sumo clasifican o definen, pero no convocan); el todo es superior a la parte (prestar atención a lo global para no caer en una mezquindad cotidiana) *(Evangelii gaudium, 221-237)*.

La pobreza y la cultura del descarte

El Papa Francisco ha seguido muy de cerca los senderos del empeño responsable y comprometido de la Iglesia en liberar al hombre de la esclavitud de la pobreza. En septiembre de 2013 recibía, en visita privada, a Gustavo Gutiérrez, conocido teólogo. No era un espaldarazo de reconocimiento a la teología de la liberación, pues la teología de la salvación completa del hombre está muy lejos de una ideología política.

La «cultura del descarte» se había instalado en la sociedad, según palabras del Papa Francisco. Se habla de solidaridad, pero la palabra molesta. La crisis mundial ha dejado al descubierto la grave carencia de su orientación antropológica y el hombre queda reducido a un sujeto de consumo, que se puede usar y luego tirar. Es la «cultura del descarte», tanto a nivel individual como social. Las ganancias de unos pocos van creciendo mientras que las de la mayoría disminuyen. A todo ello hay que añadir la corrupción, el egoísmo, la evasión fiscal y el afán de poder (*A los embajadores de Kirguistán, Antigua y Barbuda, Luxemburgo y Botswana, 16-5-2013*).

La pobreza del mundo es un escándalo. ¡Tantos recursos y tantos hambrientos! Habrá que pensar en hacerse un poco más pobres, los que son ricos, para poder ayudar a los indigentes. No es una pobreza abstracta, sino que está viva en la carne sufriente del enfermo, del pobre, del excluido (*A los estudiantes de las escuelas de los jesuitas de Italia, 7-6-2013*). No se puede acudir a la disculpa de la crisis para dejar de emprender aquellas acciones de justicia que están reclamando los pobres. Es preciso superar el desinterés por atender situaciones muy urgentes (*A la FAO, 20-6-2013*).

Ya lo había dicho Benedicto XVI: «Los cristianos

combaten la pobreza porque reconocen la dignidad suprema de cada ser humano, creado a imagen de Dios y destinado a la vida eterna. Los cristianos quieren una participación equitativa de los recursos de la tierra porque están convencidos de que, como administradores de la creación de Dios, tienen el deber de atender a los más débiles y vulnerables, ahora y en el futuro. Los cristianos se oponen a la avidez y a la explotación con el convencimiento de que la generosidad y un amor desprendido de sí, enseñados y vividos por Jesús de Nazaret, son el camino que conduce a la plenitud de la vida» *(Financial Times, 20-12-2012)*.

La idolatría del dinero debilita la fe y hace que el hombre sucumba a la tentación del engaño, y surgen envidias y polémicas, suspicacias y altercados. El dinero corrompe pues se ha convertido en ídolo, y el hombre obsesionado por el dinero se convierte en idólatra y su mente enferma de orgullo *(Santa Marta, 20-9-2013)*.

«Sería una falsa paz —escribía el Papa Francisco— aquella que sirva como excusa para justificar una organización social que silencie o tranquilice a los más pobres, de manera que aquellos que gozan de los mayores beneficios puedan sostener su estilo de vida sin sobresaltos mientras los demás sobreviven como pueden... Una paz que no surja como fruto del desarrollo integral de todos tampoco tendrá futuro y siempre será semilla de nuevos conflictos y de variadas formas de violencia» *(Evangelii gaudium, 218-219)*.

La crisis y sus dimensiones

No se acaba de disfrutar de un poco de bienestar social y económico, y se presenta una crisis económica de dimensiones insospechadas. Pablo VI, uno de los grandes maestros del mundo contemporáneo, nos dejó unas palabras tan clarividentes como actuales al escribir en la enciclica *Populorum progressio* que lo que no se hace con Dios se hace en contra del hombre. Juan Pablo II, dirigiéndose a los obispos franceses, les decía que la gran tentación del hombre contemporáneo es la de considerar a Dios poco menos que como un estorbo.

La crisis es un concepto ambiguo. Abarca lo universal y está localizado en un determinado aspecto o en grupo social. Afecta a la individualidad y la sufren multitudes. Se habla de economía y de finanzas, pero subyace toda una filosofía de relación entre valores apreciados y motivaciones de la conducta. Pone limitaciones en el crecimiento económico y conduce a un vaciamiento completo de la esperanza, pero también a plantearse la posibilidad de un futuro distinto y mejor. La crisis es dificultad, pero también motivo para reaccionar, para meter la vida en el cuenco de la razón y de la fe, de reorganizarla según corresponde a una persona madura y a un cristiano responsable.

La falta de valores bien asentados arrastró consigo las actitudes virtuosas que garantizaban la perseverancia en el bien obrar. La crisis puede ser motivo para la recuperación de aquello que, por efecto de la indiferencia o de una conducta moral incoherente con los convencimientos creyentes, ha caído en el olvido, en el mejor de los casos, o en la claudicación de principios religiosos que llevan como consecuencia la pérdida de la fe. La conciencia, siempre árbitro al que escuchar, había quedado en silencio. Y reina la indiferencia y el relativismo. Se llegó a vivir como si Dios no existiera, y la conducta moral no sólo carecía de sentido, sino que se consideraba como un obstáculo para la realización personal de gustos y poderes. El olvido de Dios solamente puede tener remedio acudiendo a esa fuente inagotable de la vivencia de la fe. El manantial no solamente no se ha extinguido, sino que cuanto más se bebe en él más ansias produce de querer llenarse de un amor inconmensurable.

La crisis por la que están pasando muchos países no es sino cultural, del hombre. Por eso es tan profunda. No es solamente económica y financiera: tiene unas raíces éticas y antropológicas. Se impone el beneficio del dinero por encima de la persona. Al hombre hay que darle la posibilidad de vivir dignamente y de participar en la consecución del bienestar para todos *(A la fundación Centesimus Annus Pro Pontifice, 25-5-2013)*.

El origen de la crisis está en la ausencia de valores morales y la carencia de control en las estructuras financieras, así como en la falta de honradez y la abundancia de codicia. A ello hay que añadir la política antinatalista, que envejece la población y crea incertidumbre acerca de la posibilidad de que se pueda mantener el equilibrio entre contribuciones y percepción de prestaciones sociales. La raíz más honda de la crisis está en haber dilapidado el primer capital que salvar y valorar, que es el hombre, con el reconocimiento de su dignidad como persona, los valores morales y la dimensión trascendente de su vida. En un desarrollo completo no puede faltar una verdadera consideración a la protección de la vida en todas sus fases de existencia.

El Papa quiere a todos por igual, a los ricos y a los pobres, pero tiene la obligación de recordar a los ricos que deben ayudar a los más desfavorecidos y procurar su promoción. Es necesaria una ética en favor del hombre *(A los embajadores de Kirguistán, Antigua y Barbuda, Luxemburgo y Botswana, 16-5-2013)*. Con prudencia y acierto, no ha caído el magisterio eclesial en la tentación de un pragmatismo técnico, de hacer análisis y proponer soluciones que están en otro campo distinto al de su cometido pastoral. Hablan como pastores del pueblo que se les ha confiado, y siempre dispuestos a servir, con las orientaciones de su magisterio, a cuantos puedan ayudar. En la intención está contribuir y ayudar a la reflexión acerca de las causas que han motivado la crisis, al mismo tiempo que hacen un juicio moral. La Iglesia, desde el Santo Padre a las Conferencias Episcopales, ha hablado, en diversas ocasiones y de forma muy clara, sobre la crisis, su origen y dimensiones y la necesidad de responsabilizar a todos en la solución de problemas tan agobiantes para muchas personas. No solamente denunciado situaciones de injusticia, sino que se ha ofrecido el camino de solución, no con instrumentos técnicos, que no son competencia de la Iglesia, sino con la práctica de la justicia y la responsabilidad colectiva.

No a la nueva idolatría del dinero. Se acepta fácilmente el predominio del dinero sobre los individuos y las sociedades y se crea la dictadura de la economía inhumana. La corrupción ha asumido dimensiones mundiales. Se trata de acrecentar beneficios a toda costa y sin límites. El dinero debe servir y no gobernar *(Evangelii gaudium, 56-58)*.

¿Qué hacer? La falta de amor a Dios solamente puede curarse acercándose sinceramente a las fuentes que corren y manan aunque sea de noche, según los encendidos versos de San Juan de la Cruz. La noche es la crisis. El manantial, el amor de Dios. Hay hambre de pan y de justicia, pero también de dignidad y de felicidad. Hay que asentar bien los pilares fundamentales que sostienen la sociedad: «La vida, que es un don de Dios, un valor que siempre se ha de tutelar y promover; la familia, fundamento de la convivencia y remedio contra la desintegración social; la educación integral, que no se reduce a una simple transmisión de información con el objetivo de producir ganancias; la salud, que debe buscar el bienestar integral de la persona, incluyendo la dimensión espiritual, esencial para el equilibrio humano y una sana convivencia; la seguridad, en la convicción de que la violencia sólo se puede vencer partiendo del cambio del corazón humano» *(A la comunidad de Varginha, Río de Janeiro, 25-7-2013).*

La crisis no viene sola. Siempre se trae consigo pescadores de ríos revueltos, que se aprovechan de lo turbio de las aguas para hacer su agosto de acaparamiento y especulación. Llegan también los catastrofistas, enarbolando la pancarta de «esto es el principio del fin», sin el menor atisbo de esperanza y salida del túnel. Jueces implacables de árboles caídos no han de faltar. Tampoco quienes ya están soñando con podios de reconocimiento a un trabajo que nunca han hecho, excepto el de un interesado arribismo.

Lo malo no es la tormenta, sino el lastre que suponen en el barco los que piensan que el naufragio es inevitable. Ahora bien, es cierto que esperamos un tiempo nuevo al final de todo, «pero la espera no podrá ser nunca una excusa para desentenderse de los hombres en su situación personal concreta y en su vida social» *(Sollicitudo rei socialis 48).* Ésta es la llamada del Papa Francisco a los que tienen más poderes y recursos para que se comprometan con la justicia social, sin cansarse de trabajar por un mundo más justo y solidario. Nadie puede permanecer indiferente ni olvidando su responsabilidad ante tantas injusticias sociales *(A la comunidad de Varginha, Río de Janeiro, 25-7-2013).* «La solidaridad no es una actitud más, no es una limosna social, sino que es un valor social. Y nos pide su ciudadanía» *(A la fundación Centesimus Annus Pro Pontifice, 25-5-2013).*

Es necesario redescubrir el auténtico espíritu de la solidaridad y tener en cuenta los criterios de corresponsabilidad, de cooperación y de subsidiariedad. Y recordando siempre que solamente desde el asiento de la justicia se puede construir cualquier proyecto «sostenible» y viable que sirva para el bien común. No es infrecuente que todo aquello que se relaciona con la economía se trate de una manera un tanto «inhumana», como si el hombre no fuera el primer interés que ha de tenerse en consideración en cualquier actividad que afecte a la dignidad de la persona y a su vida familiar y social. Una justicia que no esté basada en este principio fundamental ha perdido cualquier garantía de fiabilidad.

La revuelta o revolución del pan, que ha hecho acto de presencia en diversos momentos de la historia, hizo comprender muchas cosas. Primero, la urgente necesidad de arbitrar los recursos necesarios para solucionar el problema. Pero también buscar los motivos que habían creado esa situación y hacer lo imposible para que las personas no tuvieran que volver a salir a la calle pidiendo pan. Hay que hacer un éxodo. Es necesario salir de nosotros mismos e ir al encuentro de los hermanos necesitados, de los enfermos, los ignorantes, los pobres, de los explotados *(Santa Marta, 11-5-2013).*

La persona y su dignidad

Llamó mucho la atención una expresión del Papa Francisco: «eutanasia cultural». Es decir, la marginación de la persona, especialmente del más débil, al que no se le considera, no se le atiende, se le considera como inexistente. Lo más importante, a la hora de emprender cualquier tipo de actividad política, económica, cultural, etcétera, requiere unas actitudes que sitúen a la persona en el lugar de privilegio que le corresponde. Porque «la persona y la dignidad humana corren el riesgo de convertirse en una abstracción ante cuestiones como el uso de la fuerza, la guerra, la desnutrición, la marginación, la vio-

141

lencia, la violación de las libertades fundamentales o la especulación financiera, que en este momento condiciona el precio de los alimentos, tratándolos como cualquier otra mercancía y olvidando su destino primario. Nuestro cometido consiste en proponer de nuevo, en el contexto internacional actual, la persona y la dignidad humana no como un simple reclamo, sino más bien como los pilares sobre los cuales construir reglas compartidas y estructuras que, superando el pragmatismo o el mero dato técnico, sean capaces de eliminar las divisiones y colmar las diferencias existentes. En este sentido, es necesario contraponerse a los intereses económicos miopes y a la lógica del poder de unos pocos, que excluyen a la mayoría de la población mundial y generan pobreza y marginación, causando disgregación en la sociedad, así como combatir esa corrupción que produce privilegios para algunos e injusticias para muchos» *(A la FAO, 20-6-2013)*.

La miseria, la carencia de lo más indispensable para poder vivir con un mínimo de dignidad, es una afrenta para toda la sociedad. Y la solución de problemas tan graves es una hipoteca de la que nadie se puede liberar y que a todos corresponde pagar debidamente. Por razón de unas y otras cosas, y quizá por las culpas de muchos, se ha llegado a una situación de pobreza extrema, que no solamente es indigencia, sino que se ha perdido la capacidad hasta de salir a la calle a gritar y hacer ver la situación en que mucha gente se encuentra. Hablar de esperanza a esas personas es un verdadero sarcasmo, casi una afrenta. Y tienen razón, porque la esperanza tiene su base más firme en la justicia, en el reconocimiento de los derechos que asisten a las personas, en la caridad fraterna, en la misericordia, que es la entrega personal de lo mejor que puede tener cada uno en beneficio del otro. La

142

esperanza será consumada con la justicia de Dios al final de todos los tiempos. Pero la esperanza no es interinidad, sino actualidad permanente que impulsa a desencadenar todos los resortes necesarios para que la justicia de Dios resplandezca entre los hombres.

El Papa Francisco ha hecho un fuerte llamamiento para que se defienda la dignidad y la centralidad de toda persona, el respeto de los derechos fundamentales *(A la asamblea plenaria del Consejo Pontificio de los emigrantes e itinerantes, 24-5-2013)*. A la hora de la cotización, hay que saber hacer una escala de valores adecuada y justa. Ciertamente que en ella no va a estar, en el primer puesto, el factor económico, sino la persona y toda la consideración a su dignidad y derechos. Las personas constituyen «el patrimonio más válido de la empresa», es el primer capital que hay que salvar, dijeron Juan Pablo II y Benedicto XVI. Lo que quiere la Iglesia es cumplir con su misión evangelizadora, a la que no puede ser fiel si olvida los sufrimientos y conflictos de los hombres. Entre esos problemas están los que se refieren a la dignidad de la persona, a los intereses del trabajador, al destino de los bienes en favor de toda la comunidad, a la fraternidad universal por encima del grupo, de la clase, de la raza, de las ideas.

El trabajo es un elemento fundamental para la dignidad de una persona. Con la industrialización, el mundo de las finanzas había tomado un auge notable. Pío IX, en su encíclica *Quadragessimo anno*, tuvo que llamar la atención acerca de lo que era el verdadero capital y su finalidad. El hombre, con su libertad, su dignidad y trabajo estarían en primera línea de importancia. Con su doctrina social, la Iglesia no quiere ingerirse en asuntos que no le corresponden, sino cumplir con su obligación de hacer que la inspiración y la luz del Evangelio llegue a todos los ámbitos donde está el hombre, por ejemplo, en la vida económica y financiera, que no se concibe sin este incalculable y valioso «capital» que es la persona, aunque a la hora de hablar de «capital humano» y de «capital social» habrá que dejar bien claro que el hombre no puede reducirse en forma alguna a una simple operación de mercado.

Una pregunta siempre necesaria e inquietante es la que se formula ante la extensión de la globalización económica: ¿todo ello sirve para que la persona, de cualquier pueblo, pueda tener un auténtico progreso humano íntegro y justo? Hay un principio fundamental que en momento alguno debe olvidarse, que es el del destino universal de los bienes de este mundo. En ellos están incluidos los económicos y los financieros. Que no son sino instrumentos al servicio del verdadero desarrollo y bienestar de los hombres y de las sociedades, y siempre en la base de la justicia y de la solidaridad. Algo tan complejo y de tanto alcance mundial exige una regulación por parte de los organismos, tanto internacionales como nacionales, sobre todo para salvaguardar «el gran capital», que no es otro que el humano. Aquí también está la gran responsabilidad de la administración pública, sobre todo en el destino que deben tener los ingresos fiscales para el bien común, y en favorecer el empleo y las prestaciones sociales, sobre todo para aquellos grupos más débiles.

Es necesario subrayar la importancia del trabajo como elemento constitutivo y verificador del progreso en el espíritu de justicia y de paz. Una sociedad en la que las medidas de política económica no permitan a los trabajadores alcanzar niveles satisfactorios de ocupación no puede conseguir su legitimación ética ni la justa paz social. Que grupos enteros de hombres y de mujeres estén desocupados y subocupados es un hecho desconcertante y que está denunciando algo que no funciona dentro de las comunidades políticas y en las relaciones internacionales entre ellas. Todo esto se expone claramente en la doctrina social de la Iglesia.

El evangelio de la vida

En el capítulo de la justicia y de la dignidad de la persona, el Papa Francisco, con motivo de la jornada *Evangelium vitae*, hizo una fuerte llamada a la responsabilidad en todo aquello que afecta a la vida humana, desde su concepción hasta la muerte. Una cuestión tan importante no se puede dejar a aquellos que ponen obstáculos para no respetar el derecho y la dignidad de las personas. El hombre de ciencia no destruye la vida, sino que contribuye a la mejor calidad de la misma en todos sus aspectos. Que no se trata simplemente de una manipulación de células, sino del cuidado de una vida que ha comenzado a existir. Vienen, después, toda esa serie de experimentalismos sobre la corrección y el cambio de sexo, los xenotrasplantes, la fecundación in vitro, la clonación... Y al final, la programación de los años de vida y el momento de la muerte, la eutanasia patente y el asesinato encubierto. Una vez más, hay que clamar no sólo por los necesarios comités de ética, sino por la declaración del hombre y de la mujer como la especie más protegida y estimada, desde el primer momento de su existencia hasta el final natural de la vida. Decía Benedicto XVI que «el fruto positivo de la ciencia del siglo XXI seguramente dependerá, en gran medida, de la capacidad del científico de buscar la verdad y de aplicar los descubrimientos de un modo que se busque al mismo tiempo lo que es justo y bueno» *(A la Academia Pontificia de las Ciencias, 28-10-2010)*.

Existen leyes abiertamente injustas, porque conculcan el derecho más fundamental que puede tener un individuo, como es el de poder vivir en cualquiera de las fases de su existencia. Este derecho es irrevocable y, por tanto, la ley debe proteger algo tan esencial y básico. Ante la dificultad, se prefiere el camino fácil de la aniquilación del obstáculo, en este caso el exterminio del que no gusta, porque puede traer consigo algunas incomodidades. Pretexto impresentable y descaradamente egoísta. Lo peor que puede ocurrir es quedar atrapados por una escala de antivalores completamente inaceptable, donde lo que domina no es la superación, el respeto a los demás, la atención al débil, la protección de la vida, sino la muerte, la destrucción, el desamparo, el egoísmo. Cuando en la valoración de importancia no ocupa siempre el primer lugar el aprecio a la persona, su inviolabilidad inexcusable, cualquier tropelía es posible.

Se ha llamado al aborto crimen nefasto y lepra de nuestro tiempo. Algo que repugna a los ojos de Dios y a los de los hombres. Cuando se clama, con toda razón, por el reconocimiento de los derechos humanos, parece como si, en muchos sectores, hubiera una conspiración de silencio para no denunciar la conculcación de un derecho tan fundamental como es el de poder vivir. Ante un tema tan importante, da la impresión que nos movemos en un espacio lleno de ambigüedades, confundiendo los supuestos y los derechos, haciéndolo todo opinable y subjetivo, tratando asuntos de tanto calado como el de la dignidad de las personas con una frivolidad que raya en la pantomima. Produce incomodidad lo ambiguo de la mezcla de conceptos y de actitudes, sin hablar de la confusión entre lo que puede ser una legislación sobre la despenalización del aborto en algunos supuestos y una especie de proclamación de una ilimitada libertad para abortar en ejercicio de una decisión individual y subjetiva, y lo que más sorprende y duele es que se preste mayor atención a definir «los supuestos» que a hacer todo lo posible para que no tenga que llegarse a cometer una acción moralmente tan execrable como es el aborto. Se ofrece como argumento el de la libre decisión acerca de lo que acontece en el propio cuerpo. Lo cual es más que discutible, pues la propia persona no puede considerarse como «propiedad privada», que hace y deshace a su antojo. Es un «bien social» que nos pertenece a todos, y entre todos tenemos que cuidarlo y protegerlo.

Pero aparte de todo esto, lo que de ninguna de las maneras se puede hacer con la vida de los demás es lo que a otra persona le plazca. Será su madre, pero no la dueña y señora de la vida de su hijo. Se ha repetido, y con mucha razón, que la primera víctima del aborto es siempre la madre, pues sobre ella van a recaer las consecuencias de un comportamiento éticamente reprobable. Una educación sexual adecuada y responsable es imprescindible. Pero también una formación moral de la conciencia, que sabe distinguir muy bien entre la justicia y el delito, la responsabilidad y la pena, y que no hay derecho alguno que no suponga el deber correspondiente.

Todo aquello que se refiere a la persona, desde el momento de su concepción hasta la muerte natural, debe ser considerado como algo fundamental en el ordenamiento social y jurídico, dejando atrás cualquier ambigüedad y desamparo al derecho de vivir. En consecuencia, también habrán de ponerse en marcha todos aquellos instrumentos necesarios de protección y ayuda ante situaciones de carencias y circunstancias especiales.

La muerte siempre es un misterio, pero no por oscuridad e irracionalidad, sino por el valor, la grandeza y dignidad de la persona. Es una verdadera indignidad robarle al hombre su vida. No hay razón que pueda justificar la pena de muerte, ni la impuesta por una autoridad humana, ni tampoco por una especie de sentencia auto-administrada. La vida y la muerte son intocables. Cosa distinta es la de procurar los mejores cuidados para esa persona que comienza en el vientre de la madre, y los apoyos que se han de ofrecer a la debilidad del hombre en la última etapa de su existencia por la tierra. Cuidados de protección, primero, y de alivio ante el dolor y el sufrimiento, pero lejos de arbitrarias manipulaciones genéticas y de procuración del aborto, y de esas prácticas cercanas a una eutanasia inadmisible. Ayudar a vivir. Siempre a vivir. Así lo piensan y quieren no sólo los seguidores del Evangelio de Cristo, sino todos los hombres y mujeres que sienten la responsabilidad de defender la auténtica dignidad de la persona desde el comienzo de su existencia hasta el de la muerte natural.

«Servidores de la vida» llamaba el Papa Francisco a los ginecólogos católicos, que viven en una situación paradójica en el campo de la medicina: la dedicación sin descanso para buscar nuevos tratamientos y remedios para las enfermedades, al mismo tiempo que se olvida el derecho fundamental de la persona: el de poder vivir. Se eliminan los seres humanos más débiles. Se debe recordar una y otra vez que la vida es siempre sagrada en todas sus fases de la existencia. «No existe una vida humana más sagrada que otra, como no existe una vida humana cualitativamente más significativa que otra. La credibilidad de un sistema sanitario no se mide sólo por la eficacia, sino sobre todo por la atención y el amor hacia las personas, cuya vida siempre es sagrada e inviolable.»

Son muchos los gestos y las palabras del Papa Francisco que conmovieron a la sociedad en su viaje a Lampedusa para encontrarse directamente con la tragedia de tantas y tantas personas que dejan su país, su casa y, sobre todo, su gente, para lanzarse a una aventura que, con no poca frecuencia, termina en un fracaso total y hasta en la misma muerte. El Papa ha aprovechado todo lo que estaba a su alcance para lanzar un mensaje, verdaderamente profético, sobre este drama de nuestro tiempo que es la indiferencia, la insensibilidad, el desentendimiento de algo que afecta directamente a la condición humana y, por supuesto, cristiana. No solamente no se puede vivir de espaldas al tema de los movimientos migratorios de tantas personas que arriesgan su propia vida simplemente para poder vivir cada día. Es noticia de cada día la llegada, en embarcaciones increíblemente débiles, de hombres y mujeres procedentes de países en los que han de soportar dramáticos límites de indigencia. Lo que es algo cotidiano no solamente no debe admitirse como normal, sino que hay que ponerlo continuamente en la primera página del interés humano y cristiano. Así lo entiende la Iglesia. En las diócesis donde más cercano es el problema se han puesto en marcha eficaces programas de asistencia y cuidado de las personas que llegan en condiciones más que deplorables.

Es verdad que el trabajo asistencial, de promoción humana y social, de información, de atención primaria, de apertura de centros de acogida, de preparación laboral y aprendizaje de la lengua, de mediación para conseguir una situación de legalidad es de lo más plausible. Pero todo ello, siendo tan eficaz y ejemplar, no es suficiente. Hay que ir a la raíz del problema. Y aquí estarán los programas de cooperación y de apoyo a las comunidades locales.

Nunca se ha cansado la Iglesia de denunciar a esas mafias, que explotan la situación dramática de estas personas sumidas en la indigencia para procurarse pingües beneficios a costa incluso de la vida de esas personas que, movidas por la más absoluta necesidad, tienen que aceptar cualquier injusticia para poder sobrevivir. El Papa Francisco ha hablado muy claro. Es la más autorizada de nuestras voces proféticas y la más creíble. «La economía mundial podrá desarrollarse realmente en la medida en que sea capaz de permitir una vida digna a todos los seres humanos, desde los más ancianos hasta los niños aún en el seno materno, no sólo a los ciudadanos de los países miembros del G20, sino a todo habitante de la tierra, hasta quienes se encuentran en las situaciones sociales más difíciles o en los lugares más perdidos» *(Carta al presidente Vladimir Putin, con ocasión de la reunión del G20 en San Petersburgo).*

Justicia y derechos

Tuvo una enorme repercusión en la opinión pública la visita que el Papa Francisco realizó en septiembre de 2013 a Cerdeña, una de las regiones de Italia con mayores problemas de tipo laboral y económico. El Papa habló a los representantes del mundo del trabajo, a los pobres y a los detenidos, al mundo académico y cultural. Donde no hay trabajo, falta la dignidad. Será necesario volver a poner en el centro a la persona y el trabajo. Un trabajo digno para todos, porque «cuando hay crisis y la necesidad es fuerte, aumenta el trabajo inhumano, el trabajo-esclavo, el trabajo sin seguridad justa...». La caridad no puede quedarse en el asistencialismo para tranquilizar las conciencias. La caridad es el camino de la solidaridad, aunque esta palabra resulte molesta. «Debemos hacer las obras de misericordia, pero con misericordia.»

También habló el Papa ante intelectuales y universitarios de la necesidad de superar esa crisis de desilusión acerca del futuro. Dirigir la universidad tiene que ser lugar de discernimiento. Leer la realidad, pero sin catastrofismo, elaborar una cultura de proximidad y cercanía, con el diálogo y el encuentro. La universidad debe ser lugar de formación para la solidaridad.

En el hondón de la misma naturaleza humana existen, están vigentes, unos deseos con ansias de ser colmados, unas tendencias que buscan algún camino de asentamiento en la normativa que rige la conducta cívica y moral de las personas. Es decir, unos valores que, en justicia, deben ser reconocidos como derechos. Con todas las distinciones y matices, están más que justificadas estas aspiraciones humanas, que pueden ser consideradas como derechos del hombre. Son algo vigente y que busca un lugar en los códigos y principios que garantizan una conducta social ajustada a derecho.

En la formulación de la Declaración Universal de los Derechos Humanos se reconocían unas exigencias mínimas para la dignidad humana. Unos derechos que quieren ser expresión de las libertades fundamentales y que tienen su base en el incuestionable principio de que todo ser humano es una persona, enraizada por origen y destino en el mismo Dios, y que para existir y vivir en paz necesita del reconocimiento práctico de la justicia. Quizás en un forzado parangón con la clasificación de los escritos aristotélicos, también podríamos hablar de *metaderechos*, que son todos aquellos que están más allá de esos grupos de generaciones (humanos, sociales, solidarios, digitales) y que rompen cualquier dimensión meramente positiva. No son derechos tanto a recibir como a disponer de la libertad de poder ofrecer y servir.

Karen Vasak, de origen checo y nacionalidad francesa, profesor universitario y miembro de distintas organizaciones en defensa de los derechos humanos, fue quien quiso clasificar esos derechos siguiendo un criterio de primacía de la necesidad. De lo más imprescindible e incuestionable a lo más deseable. En la primera generación estarían todos aquellos derechos inherentes a la condición humana. Serían los más inviolables. Seguirían, en la segunda generación, todos aquellos que acercarían a las personas a una situación de bienestar. Los otros (tercera generación) se entroncarían dentro de una razón de solidaridad. Tendrían que añadirse —aunque de ellos no habla Vasak, pero sí otros juristas— los derechos digitales y de la comunicación. Los cristianos consideraríamos dos generaciones más, pero no en línea de seguimiento escalonado, sino de cimiento primero para garantizar todos los anteriores: la caridad en la justicia y la misericordia en el amor fraterno.

El derecho a la vida, a la libertad y a poder expresar las convicciones religiosas están dentro de ese ámbito de lo fundamental al que nadie puede poner restricciones. Son los derechos fundamentales, los derechos humanos, los que van inherentes a la condición natural de ser persona y gozar de una libertad de decisión. Seguirían toda esa serie de derechos sociales que entrarían dentro del llamado «estado de bienestar»: trabajo, salud, educación, seguridad social, participación en la cultura. Después viene todo aquello relacionado con la solidaridad, la paz, la distribución de los bienes, la atención al medio ambiente, el cuidado y disfrute de lo que es patrimonio de la humanidad.

Algo trágico y vergonzoso es lo que viene ocurriendo en una gran parte de la humanidad que todavía no tiene lo más imprescindible para poder vivir. El hambre y la malnutrición están matando a muchos hombres y mujeres, sobre todo a los niños. Con ocasión de la Jornada Mundial de la Alimentación, el Papa Francisco envió al director General de la FAO un mensaje en el que denunciaba el escándalo del hambre en el mundo, algo que interpela la conciencia personal y social y que urge una solución justa y duradera. Gentes que, acuciados por la necesidad, tienen que abandonar su pueblo. La solidaridad no puede reducirse al asistencialismo, sino a conseguir que las personas tengan su autonomía económica. El desperdicio y destrucción de alimentos, todo ello dentro de la cultura del descarte, se realiza con la deplorable e injusta finalidad de conseguir mayores ganancias en el consumo. En el centro de lo humano tiene que estar siempre la persona y su dignidad, nunca la lógica de la ganancia *(16-10-2013)*.

Se viene hablando, y con bastante frecuencia, de una nueva generación de derechos, que provienen de lo que se ha dado en llamar la ciudadanía digital. Una especie de gran comunidad intercomunicada por las nuevas tecnologías de información y con infinitas posibilidades de participación.

Algunos de estos derechos están codificados y tienen normativas precisas para su defensa y aplicación. Los de la última generación, los digitales, todavía no la tienen. Y no son pocas las injusticias que se pueden cometer con la limitación política o social del ejercicio de esos derechos. Pensemos en el de estar suficientemente informados sin que unas barreras ideológicas o políticas del poder constituido lo impidan.

Existen unos derechos humanos, que pueden estar reconocidos en teoría, pero no sancionados suficientemente por leyes positivas. Es evidente que la motivación originaria de estos derechos, no registrados, al menos de una manera explícita, en la Declaración de las Naciones Unidas, trasciende los derechos humanos, pero los supone, y en ellos se apoya para elevar al hombre a un plano en el que la utopía de la perfección humana queda superada con el misterio de la Encarnación, por el que el Verbo ha asumido, dignificado y valorado la condición humana.

Unos derechos admirables y que podemos llamar, con toda justificación, evangélicos. Están expresados en ese código, no positivista, que es el de las bienaventuranzas. Derecho a ser pobre por el reino de Dios, a tener esperanza, a trabajar por la justicia y por la paz, a perdonar, a tener un corazón misericordioso, a dar la vida por los demás... Son los mandamientos de Dios vividos con un espíritu completamente nuevo y con los que camina este nuevo pueblo de Dios formado por todos aquellos que han sido llamados al seguimiento fiel de Jesucristo.

En el capítulo de la dignidad y de los derechos, el Papa Francisco habla de unos «heridos sociales», personas que se sienten condenadas por la iglesia. «Pero la Iglesia no quiere hacer eso. Durante el vuelo en que regresaba de Río de Janeiro dije que si una persona homosexual tiene buena voluntad y busca a Dios, yo no soy quién para juzgarla. Al decir esto he dicho lo que dice el Catecismo. La religión tiene derecho a expresar sus propias opiniones al servicio de las personas, pero Dios en la creación nos ha hecho libres: no es posible una injerencia espiritual en la vida personal. Una vez una persona, para provocarme, me preguntó si yo aprobaba la homosexualidad. Yo entonces le respondí con otra pregunta: Dime, Dios, cuando mira a una persona homosexual, ¿aprueba su existencia con afecto, o la rechaza y la condena? Hay que tener siempre en cuenta a la persona. Y aquí entramos en el misterio del ser humano. En esta vida Dios acompaña a las personas y es nuestro deber acompañarlas a partir de su condición. Hay que acompañar con misericordia. Cuando sucede así, el Espíritu Santo inspira al sacerdote la palabra oportuna» (*Papa Francisco al director de* La Civiltà Cattolica, *agosto de 2013*).

La doctrina social de la Iglesia es muy explícita en este tema: hay que velar con particular solicitud por los pobres, los marginados y por las personas que no pueden vivir con un mínimo de dignidad. Se trata de la opción evangélica y preferencial por los pobres. Es un ejercicio de primacía de la caridad cristiana, «pero se aplica igualmente a nuestras responsabilidades sociales y, consiguientemente, a nuestro modo de vivir y a las decisiones que se deben tomar coherentemente sobre la propiedad y el uso de los bienes» *(Compendio de doctrina social de la Iglesia 132).*

La Iglesia expone su doctrina y lo hace con su lenguaje, con los medios y signos que le son propios. No tiene soluciones técnicas, pero es experta en humanidad; no propone sistemas o programas económicos y políticos, pero hace oír su voz religiosa y moral en los diversos campos en los que hombres y mujeres desarrollan su actividad; no manifiesta preferencia por un sistema o por otro, pero defiende clara e incansablemente todo lo que afecta a la dignidad del hombre; no hace un manifiesto de declaración de intenciones, pero realiza su ministerio de evangelización en el campo social anunciando y denunciando, llamando a un exigente compromiso en favor de la justicia y abriendo cauces concretos y prácticos que ayuden a los hombres a resolver sus problemas; no hace opción de clase, pero sí manifiesta claramente un amor preferencial por los pobres.

Ni se puede olvidar la gravedad de la situación económica, laboral y social, ni tampoco soslayar aquellos compromisos que se derivan de la fe cristiana. No hay soluciones ni fáciles ni inmediatas a problemas tan graves. Mas, por otro lado, no se puede hacer dejación de los compromisos como hombres de fe y como ciudadanos de este mundo. Se han de buscar algunas orientaciones prácticas, siempre desde la doctrina social de la Iglesia, que ayuden a cumplir esa obligada participación en los problemas y esperanzas de los hombres y mujeres con los que formamos la misma comunidad humana y cristiana. Más que normas para cumplir, serán una llamada a la responsabilidad y, también, ofrecimiento de unos criterios para reflexionar acerca del compromiso social de la fe cristiana y de los cauces de acción para alguna realización concreta.

El drama de la inmigración

En el discurso dirigido a los participantes en la conmemoración del quincuagésimo aniversario de la encíclica *Pacem in terris*, el Papa Francisco dijo unas palabras conmovedoras referidas a la emigración de la paz, y que han tenido una repercusión universal: «Hablando de paz, hablando de la inhumana crisis económica mundial, que es un síntoma grave de la falta de respeto por el hombre, no puedo dejar de recordar con gran dolor a las numerosas víctimas del enésimo y trágico naufragio sucedido hoy en el mar de Lampedusa. ¡Me surge la palabra vergüenza! ¡Es una vergüenza! Roguemos juntos a Dios por quien ha perdido la vida: hombres, mujeres, niños, por los familiares y por todos los refugiados. ¡Unamos nuestros esfuerzos para que no se repitan tragedias similares! Sólo una decidida colaboración de todos puede ayudar a prevenirlas» *(3-10-2013).*

El Papa Francisco quiso visitar el Centro Astalli de Roma, donde se presta asistencia a los refugiados provenientes de distintos países, razas y religiones. ¡No tengáis miedo de las diferencias! La fraternidad hace descubrir que es una riqueza para todos, decía el Papa, pero hay por delante un programa de trabajo: acoger a la persona que llega, tenderle la mano, reconocer y acoger las peticiones de justicia, de esperanza y de liberación, que esto significa servir. Los pobres nos ayudan a conocer mejor a Dios, pues su debilidad pone al descubierto nuestros egoísmos, la autosuficiencia y las falsas seguridades y, por el contrario, hacen sentir la ternura de Dios.

En el mensaje para la Jornada Mundial del Emigrante y del Refugiado, el Papa Francisco exponía que el fenómeno de la movilidad humana es un signo de los tiempos y el deseo «de vivir en unidad en el respeto a las diferencias, la acogida y la hospitalidad que hacen posible compartir equitativamente los bienes de la tierra, la tutela y la promoción de la dignidad y la centralidad de todo ser humano». Habrá que buscar un desarrollo en el que haya condiciones de vida dignas para todos. El mundo sólo puede mejorar si la atención está dirigida a la promoción integral de la persona. «No podemos callar el escándalo de la pobreza en sus diversas dimensiones. Violencia, explotación, discriminación, marginación, planteamientos restrictivos de las libertades fundamentales, tanto de los individuos como de los colectivos.» Ningún país puede afrontar por sí solo los problemas que afectan a la inmigración. Se necesita un interés colectivo y crear en los países las condiciones económicas y sociales para evitar que la emigración sea una necesidad vital.

Constructores de la paz
En junio de 2013, el presidente de la República italiana visitaba al Papa Francisco y hablaban de la necesidad de defender la libertad religiosa dentro del contexto de una laicidad positiva. Nadie puede dudar de la necesidad que tienen los distintos países de poder contar con dirigentes políticos, gobernantes y jefes de las naciones. La vida política es imprescindible en una sociedad de derecho, pues se trata de organizar de tal manera las instituciones, buscando las personas más idóneas para ponerse al frente de ellas, a fin de que todo lo que se refiere al bien común

esté cuidado con diligencia y justicia por aquellos a los que se ha elegido (o se hubiera elegido democráticamente), para que todo contribuya al bienestar social de la sociedad y a unas relaciones adecuadas con el resto de los países del mundo. Se necesitan hombres y mujeres vocacionados para la vida pública, que se empeñen en adquirir el grado de competencia necesario para dirigir la vida política, social y económica de los pueblos, sin olvidar que la primera responsabilidad es la de garantizar a todos los ciudadanos aquellos derechos fundamentales sobre los que se asienta la justicia, la convivencia humana y la paz.

Quien tenga la responsabilidad, en la vida pública, de custodiar la comunidad humana, «tendrá que hacerlo con bondad, con ternura. No son virtudes para los débiles sino para los que tienen fortaleza de ánimo y capacidad de atención, de compasión, de verdadera apertura al otro, de capacidad de amar. No hay que tener miedo de la abundancia de la ternura» *(Homilía inicio ministerio, 19-3-2013)*. Entre las cualidades de las que tenían que estar revestidos esos dirigentes políticos era imprescindible un responsable sentido moral. Hombres y mujeres que amen al propio pueblo hasta el fondo y que deseen servir antes que servirse. Cuidar de aquello que atañe al bien de la comunidad es noble oficio de políticos y gobernantes, y compromiso ineludible de todo hombre de bien que busca hacer que la sociedad, que son todos y cada uno de los que componen el pueblo, pueda disfrutar de algo tan necesario y fundamental como es el reconocimiento y garantía de sus más legítimos derechos como ciudadanos. «Caridad política», según expresión de Pablo VI *(A la FAO, 16-11-1970)*.

En noviembre de 2002, cuando era Prefecto el cardenal Joseph Ratzinger, la Congregación para la Doctrina de la Fe publicó una nota doctrinal sobre *Algunas cuestiones relativas al compromiso y la conducta de los católicos en la vida pública*, en la que, entre otras cosas, se subrayaba que la vida en un Estado democrático no podría desarrollarse provechosamente sin la activa, responsable y generosa participación de todos, si bien con diversidad y complementariedad de formas, niveles, tareas y responsabilidades. En conciencia, el cristiano no puede abdicar de la participación en todo aquello que puede contribuir a la paz, la libertad, el respeto de la vida humana, la justicia, la igualdad y la solidaridad. Sería una forma de laicismo intolerante negar a los católicos su legítimo derecho a participar, conforme a sus convicciones, en la vida política.

En esta misma línea, el Papa Francisco recomendó a los componentes de una delegación de parlamentarios franceses del grupo de la amistad entre Francia y la Santa Sede que pusieran todo su empeño en participar en aquellas tareas que contribuyeran a mejorar la vida de las personas *(15-6-2013)*. Quien gobierna, tiene que amar a su pueblo. Y hacerlo con humildad. Pero los ciudadanos no pueden desentenderse de la política. Es una forma elevada de caridad. Hay que apoyar a los gobernantes con la oración *(Santa Marta, 16-9-2013)*.

«Hace poco usted hizo un llamamiento a los católicos a comprometerse civil y políticamente», le recordaba el periodista Scalfari al Papa Francisco, que no dudó en afirmar que la política es la primera de las actividades civiles, que las situaciones políticas son laicas por definición, pero que «los católicos comprometidos en la política tienen dentro valores de la religión pero también una conciencia madura y una competencia para llevarlos a cabo. La Iglesia no irá nunca más allá de expresar y defender sus valores, al menos hasta que yo esté aquí».

El Papa recordaba a los dignatarios de los Estados la contribución de la Iglesia católica, a partir de su identidad y con los medios que le son propios, a favor de la dignidad humana integral y para la promoción de una cultura del encuentro que concurra en los más altos fines. También la centralidad de la justicia social y el valor de la solidaridad y de la subsidiariedad en la búsqueda del bien común, como expresó al presidente de Ecuador *(19-4-2013)*. La Iglesia quiere el desarrollo integral de las personas, y el bien común no debe ser algo secundario en los programas políticos. El gobernante está al servicio del bien común del pueblo *(A los embajadores de Kirguistán, Antigua y Barbuda, Luxemburgo y Botswana, 16-5-2013)*.

Decía Benedicto XVI, refiriéndose a los políticos católicos, que deben tomar conciencia de su carácter de cristianos, no olvidar la defensa de aquellos valores morales universales que se fundan en la naturaleza del hombre y resultan imprescindibles para un ordenamiento civil que asegure una pacífica convivencia. Con todo, nunca se ha de olvidar, en una sociedad pluralista, la adecuada relación entre comunidad política e Iglesia, distinguiendo de manera inequívoca aquello que los cristianos hacen en cuanto ciudadanos, y aquello que realizan en nombre de la Iglesia juntamente con sus pastores. La actividad política debe ser reconocida como una de las más nobles posibilidades morales y profesionales del hombre *(A los obispos de Polonia, 17-11-2005)*.

Se debe respetar el derecho de poder buscar sinceramente la verdad y promover y defender, con medios lícitos, los principios morales sobre la vida social, la justicia, la libertad, el respeto a la vida y todos los demás derechos de la persona. El magisterio de la Iglesia no quiere ejercer un poder político, ni eliminar la libertad de opinión de los católicos sobre cuestiones contingentes. Lo que desea es instruir e iluminar la conciencia de los fieles, para que su acción en la vida pública esté siempre al servicio de la promoción integral de la persona y del bien común.

«Involucrarse en la política —dice el Papa— es una obligación para un cristiano. Nosotros, cristianos, no podemos "jugar a Pilato", lavarnos las manos: no podemos. Tenemos que involucrarnos en la política porque la política es una de las formas más altas de la caridad, porque busca el bien común. Y los laicos cristianos deben trabajar en política» *(A los estudiantes de las escuelas de los jesuitas de Italia, 7-6-2013).*

Necesitamos una verdadera pedagogía social que ayude a comprender el valor de aquellas estructuras que son imprescindibles, no sólo para la eficacia de las distintas funciones administrativas, sino para la cohesión social y la formación de una verdadera comunidad humana. Se debe enseñar a valorar la participación en la vida pública. Se alaba a los militantes de Greenpeace, a los miembros de esta o aquella ONG, a los cooperantes que llevan a cabo encomiables proyectos para el desarrollo, a los grupos sin fronteras que proliferan y colaboran... De lo gubernamental se sospecha. Se ven muchos intereses políticos, de partido. Se piensa que muchas instituciones, ministerios, organismos y oficinas se hacen poco menos que innecesarios. Todo esto es una generalización tan superficial como injusta. Una sociedad sin estructuras políticas adecuadas, sin gobernantes, sin Parlamento y oficinas es impensable. Y la experiencia de los países sin estos instrumentos de gobierno y de gestión no puede ser más lamentable. En el caso de la Iglesia, es mejor servirse del texto de San Pablo: hay distintos y variados carismas, ministerios, funciones y servicios, pero todo viene de la mano de Dios para servir al bien común, al provecho de toda la comunidad.

Los últimos papas han hablado frecuentemente de la necesidad de la vida pública, de que haya hombres y mujeres bien preparados y dispuestos para ocuparse con responsabilidad de aquellos asuntos que constituyen la base del ordenamiento legal de un país y de todo cuanto puede contribuir al bien común. Noble oficio es éste, repite el magisterio pontificio, al mismo tiempo que anima a los cristianos a participar en algo tan importante como es la construcción permanente de un Estado de derecho y en el que resplandezca la justicia. También para ejercer ese oficio político se requiere una vocación de servicio, de olvido de los intereses personales y partidistas, para buscar la justicia y el bien para todos.

Una laicidad positiva

Viajaba el Papa Benedicto XVI a España. Santiago de Compostela y Barcelona eran el objetivo de su viaje. Venía como peregrino y como obispo para consagrar el altar y dedicar el templo. Pero, como nada de aquello que afecta a la vida de los hombres es ajeno al buen pastor, que de todos se ha de cuidar, y no sólo de los que están bien metidos y guardados en el redil, el Papa respondía a las preguntas que los informadores querían hacer y el Papa se refirió al momento de no poca dificultad en el que se encontraba la Iglesia, en gran parte debido a un laicismo fuerte y agresivo. Y se desencadenó la tormenta: prueba más que evidente de que la agresividad y el anticlericalismo no eran invención alguna del Pontífice. Después vinieron las amenazas y hasta la posibilidad de represalias. Que si había que denunciar los acuerdos con la Santa Sede, que si el Vaticano gobernaba en España, que si condicionaba la libertad religiosa, que si continuaban los privilegios, que ya está bien de que mandaran los curas en España... En fin, una serie de despropósitos que indicaban el poco conocimiento de lo que son las relaciones entre los Estados, de la auténtica libertad religiosa y de lo que es un Estado aconfesional en el que la mayoría de los ciudadanos son católicos.

La separación entre el Estado y la Iglesia nada quiere decir de enfrentamiento o de una cohabitación, poco menos que obligada, entre enemigos declarados. Los católicos, por muy católicos que sean, no dejan de ser ciudadanos de un Estado libre y democrático en el que, gracias a Dios, hay unas garantías constitucionales para poder vivir en libertad y profesar aquella religión que a cada cual Dios le inspire. También la libertad de no estar afiliado a credo alguno.

El Estado laico no puede ser un perseguidor de la religión. Sin embargo, lo parecería si no ofreciera los instrumentos legales y los medios necesarios que garanticen el ejercicio de ese derecho de libertad religiosa. Mucho peor sería que esos mismos poderes públicos, veladamente, impusieran el laicismo casi como religión obligada y sustitutoria. Decía Benedicto XVI: «Parece legítima y provechosa una sana laicidad del Estado... Una laicidad positiva que garantice a cada ciudadano el derecho de vivir su propia fe religiosa con auténtica libertad, incluso en el ámbito público... Que la laicidad no se interprete como hostilidad contra la religión, sino por el contrario, como un compromiso para garantizar a todos, individuos y grupos, el respeto de las exigencias del bien común, la posibilidad de vivir y manifestar las propias convicciones religiosas» *(Libertad y laicidad, 11-10-2005)*.

La laicidad implica, en su mejor interpretación, colaboración entre política y religión y garantía de libertad religiosa. Pero esa laicidad malentendida acaba en el secularismo, erradicando cualquier atisbo de expresión pública religiosa, especialmente cristiana, y que conduce a un integrismo que capitaliza lo religioso, utilizándolo como pretexto para la violencia y la obtención de unos intereses completamente ajenos y hasta contrarios a la religión. La libertad religiosa implica libre elección de la religión que uno en conciencia debe seguir. No es suficiente la tolerancia, sino que se requiere una verdadera libertad personal para vivir, privada y públicamente, conforme a las propias convicciones religiosas.

Quien tiene un papel de responsabilidad pública, decía el Papa Francisco a la clase dirigente del Brasil *(27-7-2013)*, tiene que saber mirar al futuro con tranquilidad y bien asentado en la verdad: con calma, serenidad y sabiduría. Y teniendo en cuenta la tradición cultural, la responsabilidad solidaria y el diálogo constructivo para afrontar el presente. «El futuro exige hoy la tarea de rehabilitar la política, que es una de las formas más altas de la caridad». El Papa terminaba con estas palabras: «Para completar esta reflexión, además del humanismo integral que respete la cultura original y la responsabilidad solidaria, considero fundamental para afrontar el presente: el diálogo constructivo. Entre la indiferencia egoísta y la protesta violenta siempre hay una opción posible: el diálogo. El diálogo entre las generaciones, el diálogo en el pueblo, porque todos somos pueblo, la capacidad de dar y recibir, permaneciendo abiertos a la verdad. Un país crece cuando sus diversas riquezas culturales dialogan de manera constructiva: la cultura popular, la universitaria, la juvenil, la artística, la tecnológica, la cultura económica, la cultura de la familia y de los medios de comunicación, cuando dialogan. Es imposible imaginar un futuro para la sociedad sin una incisiva contribución de energías morales en una democracia que se quede encerrada en la pura lógica o en el mero equilibrio de la representación de intereses establecidos. Considero también fundamental en este diálogo la contribución de las grandes tradiciones religiosas, que desempeñan un papel fecundo de fermento en la vida social y de animación de la democracia. La convivencia pacífica entre las diferentes religiones se ve beneficiada por la laicidad del Estado, que, sin asumir como propia ninguna posición confesional, respeta y valora la presencia de la dimensión religiosa en la sociedad, favoreciendo sus expresiones más concretas.»

En la exhortación *Evangelii gaudium*, el Papa Francisco no duda en afirmar que hay que fomentar una cultura que privilegia el diálogo como forma de encuentro. Buscar consensos y acuerdos, pero teniendo en cuenta la obligación de buscar una sociedad justa *(Evangelii gaudium, 239)*.

8

Diálogo ecuménico e interreligioso

Allí estaban, junto a la gran estatua de San Pedro, los representantes de judíos, musulmanes, budistas y otras tradiciones religiosas. Querían acompañar al Papa Francisco en el comienzo de su pontificado. Era un buen augurio para la voluntad de crecer en la estima recíproca y la cooperación para el bien común de la humanidad. El Papa les diría que deseaba proseguir con provecho el diálogo fraterno, pues no se puede vivir una auténtica relación con Dios ignorando a los demás. Habrá que intensificar el diálogo con otras tradiciones religiosas, sobre todo con el islam. El Papa continuaría aquello que en Buenos Aires eran actitudes ejemplares del encuentro fraterno, entre católicos, judíos, musulmanes, miembros de otras confesiones cristianas y no creyentes, para pedir por la paz.

En una audiencia al Comité Judío Internacional para consultas religiosas, en junio de 2013, el Papa Francisco quiso señalar que las relaciones de amistad son la base del diálogo, que en él se debe involucrar a las nuevas generaciones, que la humanidad tiene necesidad de este testimonio de Dios, y trabajar juntos por la paz. Unos desafíos comunes para judíos y cristianos.

Con motivo del septuagésimo aniversario de la deportación de los judíos de Roma, el Papa Francisco tuvo un encuentro con los representantes de la comunidad judía de Roma, en el que subrayó: «Hacer memoria de un evento, en cambio, no significa sencillamente tener un recuerdo; significa también y sobre todo esforzarnos en comprender cuál es el mensaje que ello representa para nuestro hoy, de forma que la memoria del pasado pueda enseñar al presente y convertirse en luz que ilumina el camino del futuro. [...] Por lo tanto la conmemoración del día podría ser definida como una memoria futura, un llamamiento a las nuevas generaciones a no aplanar la propia existencia, a no dejarse arrastrar por ideologías, a no justificar jamás el mal que encontramos, a no bajar la guardia contra el antisemitismo y contra el racismo, cualquiera que sea su procedencia. Deseo que de iniciativas como ésta puedan tejerse y alimentarse redes de amistad y de fraternidad entre judíos y católicos en esta amada ciudad nuestra de Roma» *(11-10-2013)*.

Una representación de la organización internacional judía para la defensa de los derechos humanos expresó su deseo de reunirse con el Papa Francisco. El Pontífice les animó a seguir luchando contra toda forma de racismo, intolerancia y antisemitismo. La Iglesia condena toda forma de antisemitismo. Donde se margina y persigue a una minoría a causa de sus convicciones religiosas o étnicas está en peligro toda la sociedad *(24-10-2013)*.

El diálogo interreligioso, diría el Papa, debe caracterizarse por una actitud de apertura en la verdad y en el amor, huyendo de los fundamentalismos. La verdadera apertura implica mantenerse firme en las propias convicciones, pero abiertos a comprender al otro *(Evangelii gaudium, 250-251)*.

La Iglesia considera al judaísmo como una raíz sagrada de la propia identidad cristiana. El diálogo y la amistad con el pueblo judío es parte de la vida de los discípulos de Jesús *(Evangelii gaudium, 247-248)*.

Su Gracia Justin Welby, arzobispo de Canterbury y primado de la Comunión Anglicana, acudió a visitar al Papa Francisco el 14 de junio de 2013. El nuevo Papa acogió al primado anglicano «no como huésped y forastero, sino como conciudadano de los santos y de la familia de Dios». Resaltó los caminos de acercamiento y fraternidad que se han recorrido últimamente mediante el diálogo teológico, con relaciones cordiales y amable convivencia cotidiana. Con respeto recíproco y sincero deseo de colaboración para conocerse y apreciarse más, y siempre con el compromiso de buscar los caminos de unidad entre los cristianos. Y con la responsabilidad de dar juntos testimonio de Dios, promocionar los auténticos valores cristianos, el respeto por la sacralidad de la vida humana, la institución de la familia fundada en el matrimonio y la mayor justicia social.

Finalidad y condiciones del diálogo interreligioso

El diálogo se realiza en ámbitos culturales diferentes, pero no es de cultura de lo que se habla, sino de la verdad. «Es importante no perder la universalidad en la inculturación. Yo preferiría hablar de interculturalidad más que de inculturación, es decir, de un encuentro de culturas en la verdad de nuestro ser humano en nuestro tiempo, y que debe ser así también en la fraternidad universal», como dijera Benedicto XVI a los periodistas en el viaje a Benín.

No se ha de ocultar que, en ese diálogo, existe una intención de convivir y de buscar la cooperación entre diversas culturas y religiones, para avanzar, y de una manera conjunta, en aquellos proyectos que llevan a la reconciliación y a la paz entre todos. Pero se dialoga entre personas, no entre proyectos y realizaciones, por eso el diálogo tiene su asiento en la buena voluntad de los hombres afanados por el bien, la justicia y la paz.

Si se trata de hombres y mujeres que creen en Dios, no cabe la menor duda de que el pilar fundamental para el diálogo y la convivencia es el de buscar sinceramente la fidelidad a Dios. No puede pretenderse un buen diálogo interreligioso que ponga como premisa la incredulidad. El creyente desea dialogar con el creyente. El disimulo de la propia fe es una ofensa al interlocutor, creyendo que la fidelidad a la propia creencia puede ser un obstáculo para la relación con esa persona, a la que se considera poco menos que incapaz de aceptar a quien piensa y se comporta de otra manera. Es necesario presentarse como lo que uno es, ofreciendo de un modo sencillo el mensaje con el que se esté identificado y que trata de vivirse.

Tener como base del diálogo la ignorancia es tan peligroso como inoperante. Es necesario conocer la propia religión, las fuentes de la fe, los preceptos morales y la relación con Dios. Si no se conoce a Dios es muy difícil hablar de Dios. El peligro viene de esa falta de conocimiento y de querer sustituir lo trascendental por unos valores inmanentes. Una cosa son los derechos humanos, por los que hay que trabajar y compartir unas preocupaciones comunes sobre la marcha de la historia, y otra la marginación de Dios. Se dialoga entre creyentes no simplemente para buscar un apoyo recíproco ante peligros y amenazas que acechan, sino para hacer la voluntad de Dios.

El diálogo interreligioso tiene como base fundamental el respeto recíproco a las propias creencias, y la aceptación del otro como persona que sinceramente busca a Dios y trata de ser coherente con lo que su fe le exige en la conducta personal y social del día a día. Cada uno ofrece lo que cree y lo que vive. Sin imposiciones ni prepotencias. Tan ilegítimo es el proselitismo abusivo como la negación de la propia identidad religiosa.

Por motivos religiosos o por cualquier otro que se antoje, no se podrá usar el *burka* ni el *niqab* musulmanes en público. Se alegan razones de seguridad, igualdad, dignidad, respeto y convivencia. Así que fuera los «velos integrales», que ocultan completamente el cuerpo o gran parte de él, incluso hasta cubrir las mismas manos. Con velo o sin él, lo que resulta imprescindible para la persona es conocer y vivir su propia identidad y cuál es su origen y destino, los valores que aprecia, las creencias religiosas, sus referentes morales, las actitudes con las que afronta las cuestiones vitales, los cimientos y apoyos para la convivencia diaria y la relación con las gentes que están a su lado. En fin, todo lo que, sobre más o menos, conocemos como la personalidad: algo propio, intransferible y necesario.

Antes de entrar en tan necesario e importante foro del diálogo interreligioso, será conveniente descalzarse de prejuicios, de actitudes desconfiadas, de injustos empeños proselitistas, de presentarse como dueño absoluto de la verdad, con recelos acerca de la capacidad del interlocutor de comprender al que piensa de forma distinta, suponer intenciones preconcebidas y dar por descontado que el encuentro y el diálogo no sirven para mucho. Una actitud positiva, tratando de ponerse en la situación del interlocutor, esforzándose para comprender las motivaciones que tiene para pensar de este modo, la rectitud de sus intenciones y el deseo de encontrar la verdad y vivirla sinceramente, de tender la mano y ofrecer humildemente lo que uno tiene, sin renunciar a los propios convencimientos e identidad, pero abiertos a la escucha de quien piensa de otra manera. Decía Benedicto XVI que era indispensable aprender el valor y el método de la convivencia pacífica, del respeto recíproco, del diálogo y la comprensión *(Homilía Jornada Mundial de la Paz, 2012)*.

Un líder religioso es siempre un hombre de paz. Es exigencia de su propia fe. La valentía del diálogo viene de la esperanza. Hay poca paz porque hay poco diálogo. Cuesta trabajo salir de los propios intereses. «Para la paz se necesita un diálogo tenaz, paciente, fuerte, inteligente, para el cual nada está perdido. El diálogo puede ganar la guerra». El diálogo es el camino de la paz. El Papa Francisco advertía sobre la diferencia entre el intermediario, que busca agradar a todas las partes para obtener una ganancia para él mismo, y el mediador, que se entrega sin escatimar esfuerzo por conseguir la paz. El artesano de la paz une y no divide, extingue el odio y no conserva rencor, abre caminos para el diálogo y no levanta nuevos muros. Es la cultura del encuentro *(Al encuentro internacional por la paz, 30-10-2013)*.

Dialogar no significa renunciar a la propia identidad, ni ceder a componendas sobre la fe o la moral cristiana, dijo el Papa a la asamblea del Consejo Pontificio para el diálogo interreligioso. Estar abiertos a comprender las razones del otro, en el convencimiento de que puede ser una ocasión para crecer en la fraternidad. «Por este motivo, el diálogo interreligioso y la evangelización no se excluyen, sino que se alimentan recíprocamente. No imponemos nada, no usamos ninguna estrategia engañosa para atraer a los fieles, sino que testimoniamos con alegría, con sencillez, lo que creemos y lo que somos».

Diferencias, dificultades y foros para el diálogo
La convivencia entre comunidades de distintas religiones no es siempre fácil, ni está exenta de actitudes provo-

cadoras e incluso violentas. Diferencias en el pensamiento religioso, en las fuentes de la revelación, en los comportamientos morales, en líderes y jerarquía, en ritos y liturgia, en cultura y grupos sociales, en las estructuras familiares y ciudadanas... En fin, con notables diferencias, y no sólo organizativas. Se trata de creyentes, de hombres y mujeres religiosos, de códigos en los que está siempre presente el supremo ideal de la paz con uno mismo, con los demás y con Dios.

No se puede considerar al interlocutor, en el diálogo religioso, como si se tratara de un rival al que abatir. Cualquier actitud de arrogancia y superioridad debe ser excluida. Más bien hay que reconocer el derecho que a cada uno le asiste de elegir libremente la religión que desea aceptar. Lo cual no excluye que se ofrezca, con el mismo fundamento de libertad, los contenidos de la fe en los que uno cree. Se trata, pues, de ver en esa persona la diferencia, ciertamente, pero que de ninguna de las maneras puede anular el sentirse hermano de ese hermano.

Cuando se habla de integración posiblemente ni unos ni otros se lo creen del todo, pues ni se tiene interés alguno en integrarse, ni en entrar en un diálogo ni social, ni cultural, ni mucho menos religioso. Permanecen unas actitudes que provienen de la ignorancia y del prejuicio. Se piensa que la integración es claudicación de la propia idiosincrasia y sometimiento a una cultura nueva, y que el diálogo es una forma larvada de proselitismo y captación religiosa. Los prejuicios son tantos como la generalización de hechos abiertamente contrarios a un buen entendimiento y a una convivencia, no sólo pacífica en un sentido negativo de no crear rencillas y problemas, sino de una eficaz colaboración en asuntos que afectan al bien común, como son la participación ciudadana, la educación, la familia, el trabajo... Más que de integración tendríamos que hablar de «diálogo de la vida», como reciprocidad, conocimiento y aceptación.

«El fanatismo, el fundamentalismo, las prácticas contrarias a la dignidad humana nunca se pueden justificar y mucho menos si se realizan en nombre de la religión. La profesión de una religión no se puede instrumentalizar ni imponer por la fuerza. Es necesario, entonces, que los Estados y las diferentes comunidades humanas no olviden nunca que la libertad religiosa es condición para la búsqueda de la verdad y que la verdad no se impone con la violencia sino por la fuerza de la misma verdad» *(Benedicto XVI, Jornada Mundial de la Paz, 2011)*.

Las formas y modos de diálogo son muy distintos, desde los foros académicos de opinión hasta el encuentro diario en los ambientes en los que cada uno vive y desarrolla su actividad laboral, social, familiar... Los grandes encuentros entre expertos y esa conversación, que parece intrascendente, sobre las cuestiones domésticas y de vecindad llenan de vida el diálogo.

Multiculturalidad y alianza de civilizaciones

Se habla de multiculturalidad, y no se sabe si es abigarramiento, acogida a lo que llega, enriquecimiento recíproco por el intercambio de conocimientos y modo de vivir o pintoresquismo de vestuarios diferentes. Una cosa es que convivamos, y aceptar de buen grado al que llega con todo su bagaje de usos y modos de estar y de vivir, y otra que se pierda la propia identidad como pueblo y como persona. Podemos convivir culturas diferentes, pero esa diversidad, lejos de fabricar ciudadanos anónimos, ha de reafirmarnos en las propias convicciones, no como arma arrojadiza para reivindicaciones inaceptables, sino como enriquecimiento recíproco de ayuda para conocer nuevos horizontes.

Hubo que inventar nuevas palabras para dar explicación a fenómenos sociales que se producían con la presencia de inmigrantes europeos en las tierras del norte de América. De allí vino el multiculturalismo, que era poco más o menos que tener que pasar por las horcas caudinas del modo de vivir y de pensar del país que acogía. Como faltan más ideas que palabras, lo multicultural se convirtió en un término que no podía faltar en un discurso político que se precie de tal. Se mezclaba la cultura con la integración y lo multicultural con el inmigrante. Y de nuevo llegaron otras palabras que más que ayudar confundían. Acomodación, asimilación, incorporación, unificación, integración y unas cuantas más, que pasaron a ser citas obligadas para unas ideas que, cuando menos, resultaban tan artificiosas como vacías de contenido conceptual. Ya no sabía uno si se estaba hablando de un grupo étnico, de la forma de vestir, de pactos y convenios, de la convivencia pacífica o de un discurso de entretenimiento, para ir pasando mientras se van disipando las dudas y resolviendo los problemas.

Las ideas habían sido secuestradas por las palabras, pues el fracaso del lenguaje llevó a considerar que también las ideas de «la convivencia de diversas culturas» han sido un perfecto y sonado fracaso. Ni el inmigrante se ha integrado, ni tenemos necesidad, dicen, de una cultura diferente a la nuestra. También ha habido una fijación respecto a la multiculturalidad, quedándose en lo islámico, cuando hay grupos que provienen de otras culturas. Se prefiere hablar de la convivencia entre lo diverso, a la que hay que añadir no sólo lo de pacífica, porque no haya conflictos, sino lo de una actitud positiva de aceptación del que llega, con toda su carga de una forma de pensar y hacer diferente. Qué duda puede caber que el forastero tiene que aceptar la forma de ser y de vivir del país al que llega; otra cosa diferente es la de que haya de olvidar lo que son sus sentimientos, ideas, convencimientos religiosos y, en definitiva, los derechos fundamentales del hombre y de su dignidad como persona.

La Iglesia propone una alianza de civilizaciones bien distinta, en motivaciones y objetivos, al proyecto de un encuentro global del que, hasta ahora, no se tienen noticias acerca de los logros obtenidos. Benedicto XVI, en uno de sus primeros mensajes a la Iglesia de España, nos pedía que trabajáramos por el bien común a «instaurar la civilización del amor» *(19-5-2005)*. Alianza de esa civilización del amor, que una en verdad a todos los ciudadanos de este mundo en el deseo de encontrar el auténtico sentido de la existencia humana, arropada por la justicia, la solidaridad, la misericordia y, en definitiva, la paz. Alianza para la paz y desde la paz. Porque la paz no sólo es el final y la meta que debemos conseguir. Es también el camino. Nunca la violencia va a resolver lo que no sea posible alcanzar por los caminos del derecho y de la justicia. Con la violencia perdemos todos, especialmente los más débiles, los más inocentes. Y, como herencia, esas acciones terroristas no dejan más que muerte, destrucción, odios y deseos de venganza. Por otra parte, las víctimas, las destrucciones, los sufrimientos son un gran dolor para todos.

Habrá que dejar bien asentado el fundamento de la justicia. Pues, de lo contrario, las mejores intenciones y proyectos quedarían sin consistencia, se olvidarían los derechos que asisten a las personas, el respeto a su dignidad y condición humana y la valoración de la propia cultura. Derecho a la vida, a la familia, al trabajo, a la participación, a la libertad. El reconocimiento de estos derechos es condición imprescindible para la justicia. Los derechos se reconocen, no se regalan ni se otorgan. La justicia es reconocimiento de unos derechos incuestionables. Pero, incluso, más allá de esos mismos derechos reconocidos, hay unos valores más altos: la dignidad de la persona, sujeto de esos derechos.

Como han recordado los últimos papas, hay que unir la justicia con el perdón. Éstos son los grandes y fuertes pilares de la paz. Pues la paz es fruto de la justicia, pero necesita del perdón para alejar los sentimientos del rencor y de la venganza. Nunca pierde el que perdona. Su aparente debilidad es garantía de valor moral. Buscar la reconciliación y el perdón nunca es humillarse sino engrandecerse con la responsabilidad de querer sinceramente restañar las heridas y construir la paz.

La cultura de la solidaridad se ha convertido en un verdadero signo de esperanza, pues se trata de una actitud personal y permanente que lleva a considerar al hombre como hermano, y a ver los bienes de este mundo como un patrimonio común que compartir. Tiene como base el reconocimiento del principio de que todos los bienes de la creación, así como los que proceden del trabajo del hombre, están destinados al disfrute de todos. Pero todavía queda camino por recorrer. Habrá que unir a la justicia y a la solidaridad el amor fraterno y cristiano. Justicia y caridad se hermanan y ayudan. La caridad no quiere, en forma alguna, ocultar la obligación de la justicia, sino, por el contrario, dejar bien claro el reconocimiento del derecho que asiste a la persona.

Compartir con los demás no es sólo un gesto solidario, sino también expresión del amor fraterno que, como gracia y favor de Dios, se ha recibido. Es una forma de manifestar la gratitud a Dios, que ha dado los bienes de este mundo y la gracia de tener el corazón abierto al amor de los demás. No hay que temer, en manera alguna, que el amor cristiano disminuya la fuerza incansable y el obligatorio trabajo en favor de la justicia. Más bien, la profundidad de la caridad fraterna es el mejor y más consistente de los apoyos para buscar el reconocimiento de los derechos, la recuperación de la dignidad perdida o arrebatada, la rectitud de intención en el servicio a los pobres y con los pobres.

El santo nombre de Dios

En su nombre se han enfrentado las gentes en mil inútiles batallas, que no trajeron más que destrucción en las casas y siembra de odios en los corazones. Llevaban delante el lábaro, el estandarte de Dios, pero los resentimientos, los deseos de venganza y de ser dominadores levantaron murallas y cavaron fosos, más que para defenderse, para marcar territorios y poderío. En el nombre de Dios se ponían grilletes y pesos, más que en los pies, en el corazón de los hombres, a los que se robaba no sólo la libertad, sino su misma dignidad. Se tomaba el nombre de Dios en vano, se ultrajaba su honor. Son lecciones de una historia mucho más cercana de lo que suponemos, y que nunca se acaba de aprender. En una mente tan llena y completa de arrogancia no caben ya los buenos capítulos, y que son los más, de la justicia, de la paz, de la misericordia, del perdón y de la amable convivencia como hermanos y amigos.

En el mensaje de felicitación a los musulmanes con motivo del final del Ramadán de 2013 el Papa quiere subrayar la importancia de la educación para comprenderse y respetarse mejor. Con una actitud de bondad hacia las personas, en consideración y estima. «Debemos formar a nuestros jóvenes a pensar y hablar de forma respetuosa de las otras religiones y sus fieles, evitando poner en ridículo o denigrar sus convicciones o prácticas.» Hay que intensificar el diálogo mutuo y la cooperación en particular a través de la educación.

En octubre de 2013 se celebraba en Madrid un Encuentro Internacional Católico-Judío. Este tipo de actividades están en la línea de lo que quiere el Papa Francisco: hacer de la Iglesia la casa de todos. A cada uno se le recibirá con respeto y tendrá su sitio y su palabra. Así lo dijo, a los pocos días de ser elegido, en un encuentro con representantes de distintas religiones. En el comunicado final se decía que judíos y cristianos comparten la herencia bíblica sobre la relación entre Dios y los hombres, la defensa de la dignidad humana, el bienestar universal de todos, especialmente de los pobres y oprimidos, la libertad religiosa.

«El testimonio de la verdad del decálogo es lo que nos puede unir ante una sociedad desorientada por el pluralismo extremo y un relativismo sin puntos de referencia» *(A los representantes de la comunidad judía de Roma, 11-10-2013).*

Ecumenismo

En la celebración de inicio del pontificado figurarían entre los invitados algunos representantes de otras confesiones cristianas. Especialmente significativa fue la presencia del patriarca ecuménico de Constantinopla, Bartolomé I. En una posterior audiencia con representantes de las Iglesias cristianas el Papa reiteró su propósito de seguir el camino de sus predecesores en el diálogo ecuménico. La Iglesia católica es consciente de la importancia que tiene el encuentro entre los que siguen a Jesucristo para dar un testimonio libre, alegre y valiente. Éste será el mejor servicio a la causa de la unidad.

En el encuentro con la clase dirigente de Brasil, el

Papa Francisco insistió una y otra vez en la necesidad del diálogo. Es la única manera de avanzar en la cultura del encuentro. Cada uno puede aportar algo al otro. Pero se necesitará una actitud de abierta disposición y sin prejuicios. Éste es el camino para el encuentro entre culturas y religiones, el de la estima y el respeto a los derechos de cada una *(Río de Janeiro, 27-7-2013)*.

Ante la situación por la que pasaba la Iglesia copta de Alejandría, el Papa hablaba del ecumenismo del sufrimiento: «Si un miembro sufre, todos sufren con él. Si un miembro es honrado, todos se alegran con él» *(1 Co 12, 26)*. «Ésta es una ley de vida cristiana, y en este sentido podemos decir que existe un ecumenismo del sufrimiento: como la sangre de los mártires ha sido semilla de fuerza y de fertilidad para la Iglesia, así la comunión de los sufrimientos diarios puede convertirse en instrumento eficaz de unidad. Y esto es verdad, en cierto sentido, también en el marco más amplio de la sociedad y de las relaciones entre cristianos y no cristianos: del sufrimiento común, en efecto, pueden brotar, con la ayuda de Dios, perdón, reconciliación y paz» *(Al Papa de Alejandría, 10-5-13)*.

En un encuentro con la Delegación del Patriarcado ecuménico de Constantinopla, el Papa Francisco dijo que la búsqueda de la unidad entre los cristianos es una urgencia a la que no podemos sustraernos. Aunque es un don de Dios, a nosotros nos corresponde preparar las condiciones para que esta gracia se haga. Hay que reflexionar juntos en la verdad y en la caridad *(28-7-2013)*.

La comunión, dijo el Papa Francisco, recordando un antiguo y buen consejo, es un lienzo que se debe tejer con paciencia y perseverancia, que va gradualmente aumentando: para lograr una estructura cada vez más grande y más fuerte. Y hay que dejar que el Espíritu de Dios nos vaya guiando. «En el camino ecuménico es importante mirar con confianza los pasos realizados superando prejuicios y cerrazones, que forman parte de esa "cultura del enfrentamiento", que es fuente de división, dejando espacio a la "cultura del encuentro" que nos educa en la comprensión recíproca y el trabajo por la unidad» *(A Su Santidad Moran Baselios Marthoma Paulose II, 5-9-2013)*.

Pedirnos perdón de una manera recíproca y sentir juntos la nostalgia de la unidad. Así lo manifestaba el Papa a una delegación de luteranos *(21-10-2013)*. Muchos son los pasos de acercamiento que se han dado entre luteranos y católicos, tanto a través del diálogo teológico como de la colaboración en actividades pastorales, y sobre todo en el ecumenismo espiritual, que es el alma de nuestro camino, pues así nos acercamos con humildad de espíritu a Jesucristo.

En alguna ocasión, el Papa ha hablado del «ecumenismo de la sangre», refiriéndose a la persecución que en muchos lugares están padeciendo los hermanos de distintas confesiones cristianas.

9

La Iglesia y su misión

El nuevo Papa llegaba desde el continente americano. Algo completamente nuevo. Europa ya no tenía la primacía en la dirección de la Iglesia, sin embargo continuaba su enorme influencia con el pensamiento teológico y la praxis eclesial. Aunque cada vez se escuchaba con más interés lo que se decía y obraba en otras Iglesias. Sirva como ejemplo la pujanza teológica y pastoral de América Latina, el indigenismo, la vitalidad de las Iglesias africanas, el incontenible aumento de católicos en Asia, la atención a las distintas culturas... Todo ello habla de una Iglesia geográficamente presente en todos los países del mundo y con una misión incuestionable: anunciar el Evangelio de Cristo y formar y cuidar de las comunidades eclesiales.

El Papa Francisco presentaba a la Iglesia como madre. «La identidad cristiana no es un carné de identidad. La identidad cristiana es una pertenencia a la Iglesia. [...] Es una dicotomía absurda querer vivir con Jesús sin la Iglesia, seguir a Jesús fuera de la Iglesia, amar a Jesús sin la Iglesia. Y esa Iglesia Madre que nos da a Jesús nos da la identidad, que no es sólo un sello: es una pertenencia. Identidad significa pertenencia *(Homilía a los cardenales, 23-4-13).*

Pero en esa Iglesia se detectaban unas sorprendentes paradojas: olvido de la fe y retorno de lo sagrado, purificación de la creencia y praxis ritualista, secularización de las costumbres y proliferación de signos religiosos, crisis de fe y de moral y auge de participación en peregrinaciones, camino de Santiago, fiestas religiosas populares... Crece la indiferencia y aumenta el número de bautizados en el mundo. Se critica e infama a la Iglesia y sus instituciones y, al mismo tiempo, se habla de la acción caritativa que realiza. La Iglesia se dice que ya no interesa, sin embargo, lo que en ella acontece tiene una relevancia universal y de primera página, como se tuvo ocasión de comprobar con las noticias referidas a la renuncia del Papa Benedicto XVI y a la elección del Papa Francisco.

¿Cuál debe ser el cometido más urgente de la Iglesia en estos momentos? El Papa Francisco responde sin dudar: una capacidad de curar heridas y dar calor a los corazones de los fieles, con cercanía y proximidad. «No podemos seguir insistiendo sólo en cuestiones referentes al aborto, al matrimonio homosexual o al uso de anticonceptivos. Es imposible. Yo he hablado mucho de estas cuestiones y he recibido reproches por ello. Pero si se habla de estas cosas hay que hacerlo en un contexto. Por lo demás, ya conocemos la opinión de la Iglesia y yo soy hijo de la Iglesia, pero no es necesario estar hablando de estas cosas sin cesar» *(Al director de* La Civiltà Cattolica, *agosto de 2013)*.

En otra entrevista, la concedida al director del diario *La Repubblica*, decía el Papa Francisco: «El mal más grave que afecta al mundo en estos años es el paro juvenil y la soledad de los ancianos. Los mayores necesitan atención y compañía, los jóvenes trabajo y esperanza, pero no tienen ni lo uno ni la otra; lo peor: que ya no los buscan más. Les han aplastado el presente. [...] Esta situación no hiere sólo a los cuerpos sino a las almas. La Iglesia debe sentirse responsable tanto de las almas como de los cuerpos.»

La santa Iglesia

El pueblo santo fiel a Dios, que camina a través de la historia con gozos y dolores. Así es la Iglesia y así la contempla el Papa Francisco. Algo a tener en cuenta es que la Iglesia no es una propiedad privada, con la que se puede hacer y gobernar al capricho de cada cual, sino que la Iglesia es de Jesucristo y solamente Él y sus apóstoles son quienes la gobiernan en la caridad y la sirven con la misericordia de su Fundador. Siempre con las puertas abiertas, quiere acoger a todo aquel que llega, pero no puede ofrecer sino lo que tiene y de lo que alimenta su vida: la inspiración en lo que Dios ha manifestado de sí mismo y que se recoge en la Sagrada Escritura. Es una comunidad que celebra la memoria del mensaje y las acciones de Jesucristo, que quiere practicar el mandamiento nuevo del amor fraterno y que se sabe guiada por lo que el Espíritu Santo le dicta en cada momento.

Se confundía y cuestionaba la misión de la Iglesia. En ocasiones se le exigía poco menos que organizar mejor las estructuras públicas. Pero ésta no era su misión. Como decía el recordado y querido Benedicto XVI, «la Iglesia no es una organización, una asociación con finalidad religiosa o humanitaria, sin un cuerpo vivo, una comunidad de hermanos y hermanas unidos en el mismo cuerpo de Cristo» *(Audiencia, 27-2-2013)*. Y ahora el Papa Francisco: «La Iglesia no es un movimiento político, ni una estructura bien organizada: no es esto. No somos una ONG, y cuando la Iglesia se convierte en una ONG pierde la sal, no tiene sabor, es sólo una organización vacía. Y en esto hay que ser listos, porque el diablo nos engaña, porque existe el peligro del eficientismo. Una cosa es predicar a Jesús, otra cosa es la eficacia, ser eficaces. No; aquello es otro valor. El valor de la Iglesia, fundamentalmente, es vivir el Evangelio y dar testimonio de nuestra fe. La Iglesia es la sal de la tierra, es la luz del mundo, está llamada a hacer presente en la sociedad la levadura del reino de Dios y lo hace con su testimonio y el testimonio del amor fraterno, de la solidaridad, del compartir» *(Vigilia con los Movimientos, 18-5-2013)*.

Querer acercarse a la Iglesia católica con el prejuicio por delante, con una actitud simplista y considerándola como una especie de multinacional de servicios religiosos y un club de personas excelentes es, cuando menos, un camino equivocado. No es la Iglesia ni un clan al estilo Dan Brown ni una empresa más con su organización y su marketing, ni un Estado con su política y sus embajadas. Es cierto que la Santa Sede mantiene relaciones diplomáticas con la mayor parte de los países del mundo, a fin de que la Iglesia católica pueda libremente desarrollar su misión de servir, como es obligado, a los más necesitados. Si algún privilegio tiene en ello es el de poder servir a los pobres, a los enfermos, a los marginados, a la gente sin casa y sin techo, a los que no tienen mesa donde comer ni un lugar donde dormir. Éstos son los grandes «privilegios» a los que la Iglesia no está dispuesta a renunciar de ninguna de las maneras. Porque ésta es su misión: cumplir el mandamiento del Señor acerca del amor fraterno.

Los otros privilegios son más que discutibles, pues no se acaba de saber si se trata de unas prebendas inexistentes o del reconocimiento de unas libertades que están en cualquier código de derechos fundamentales de las personas y de las sociedades. En plan de añadir privilegios, pensemos también en la ingente obra cultural que realiza la Iglesia católica con el mantenimiento de tantos y tantos bienes artísticos, archivos, patrimonio musical... No digamos nada de lo que la Iglesia realiza en el campo de la enseñanza, de la sanidad, de la promoción de la cultura... Ciertamente, privilegiados, pero no por tener franquicias y exenciones, sino por la libertad de poder vivir como cristianos y practicar la justicia y la caridad.

Con San Francisco, el Papa Francisco repite: ¡Evangelio, Evangelio! Si yo no logro ser un servidor del Evangelio, mi vida no vale nada, pues el Evangelio no sólo se refiere a la religión sino al hombre, al mundo, a la sociedad. Es el mensaje de salvación de Dios para una humanidad que necesita ser salvada. «Así que el Evangelio, este mensaje de salvación, tiene dos destinos que están unidos: el primero, suscitar la fe, y esto es la evangelización; el segundo, transformar el mundo según el proyecto de Dios, y esto es la animación cristiana de la sociedad. Pero no son dos cosas separadas, son una única misión: llevar el Evangelio con el testimonio de nuestra vida transforma el mundo. Éste es el camino: llevar el Evangelio con el testimonio de nuestra vida» (Encuentro con los jóvenes de Umbría, Asís, 4-10-2013).

Una Iglesia viva

La Iglesia no está ni mucho menos en retirada y guardándose en los cuarteles del conservadurismo, sino adentrándose, con el Evangelio en la mano, con nuevo ímpetu, con nueva esperanza y una renovada alegría de la fe, en las tierras y los desiertos de este mundo. El relativismo, la indiferencia, la agresión a lo religioso, el subjetivismo moral serán enemigos que, agazapados en la cuneta del anticlericalismo, esperan poder asaltar al evangelizador. «En lugar de ser solamente una Iglesia que acoge y recibe, manteniendo sus puertas abiertas, busquemos más bien ser una Iglesia que encuentra caminos nuevos, capaz de salir de sí misma yendo hacia el que no la frecuenta, hacia el que se marchó de ella, hacia el indiferente. El que abandonó la Iglesia a veces lo hizo por razones que, si se entienden y valoran bien, pueden ser el inicio de un retorno. Pero es necesario tener audacia y valor» (*Al director de* La Civiltà Cattolica, *agosto de 2013*).

Una Iglesia que se gobierna por el mandamiento nuevo del amor fraterno, que está viva porque se alimenta del pan de la palabra y de la eucaristía. Emprendedora, por la urgencia del amor de Cristo. Siempre nueva por la esperanza y apoyada en la justicia. Ofrece, no impone; no claudica para adaptarse, pero se integra en la cultura de los pueblos; ni tiene nostalgias del pasado ni miedo al futuro; humilde, pero no escondida; dispersa, pero no desunida; convencida de su mensaje, pero dialogante con todos. Preocupada por la fidelidad, no por la aceptación social y el aplauso y siempre, según el consejo del apóstol Pedro, dispuesta a dar respuesta a todo el que pida razón de la esperanza.

Se quiere reducir la fe y la Iglesia al ámbito de lo privado y de lo íntimo y presentar a la Iglesia como una fuerza que interfiera la libertad individual *(Evangelii gaudium, 64)*.

No quiere el Papa Francisco una Iglesia del funcionalismo, ni de la buena organización. Esta Iglesia así no puede funcionar *(Santa Marta, 30-9-2013)*. Francisco quiere una Iglesia apostólica en la que los apóstoles primero recen y después anuncien el Evangelio. En la que los cristianos sean auténticas piedras vivas, una Iglesia que no mira al pasado ni se encierra en sí misma y en sus reglas y costumbres. ¡Una Iglesia cerrada traiciona la propia identidad! *(Audiencia, 16-10-2013)*.

La Iglesia siempre debe tener las puertas abiertas.

Todos están llamados a participar en la vida eclesial y en los sacramentos. «A menudo nos comportamos como controladores de la gracia y no como facilitadores. Pero la Iglesia no es una aduana, es la casa paterna donde hay lugar para cada uno con su vida a cuestas» *(Evangelii gaudium, 47)*.

En la actualidad *(Anuario Pontificio 2013)*, éstos son algunos de los números que se refieren a la presencia y vida de la Iglesia: 2.979 circunscripciones eclesiásticas en el mundo; los católicos, 1.214 millones, han aumentado su número en un 1,5 por ciento; 5.132 obispos; 413.418 sacerdotes (seculares y regulares); 55.000 religiosos no sacerdotes y 713.000 religiosas; 120.616 candidatos al sacerdocio (seculares y regulares) con un aumento de un 7,5 por ciento.

En los sondeos de opinión acerca de la valoración de las instituciones, la Iglesia figura en los últimos puestos. Las reflexiones ante tan baja consideración social de la Iglesia pueden hacerse desde perspectivas muy distintas. Por un lado, habrá que evaluar la credibilidad del sondeo realizado: se puede sospechar que no esté bien hecho y con todas las garantías científicas requeridas. Pero una cuestión distinta es la imagen, el concepto que se tiene de la Iglesia y sobre el cual se emite un criterio, un juicio. ¿Se opina y valora nada más que algún aspecto, y no siempre el más edificante, de la Iglesia? ¿Es la imagen real o la conocida únicamente a través de unos medios de comunicación? Algunas personas pueden tener una experiencia negativa del contacto con la organización eclesiástica... De todas las maneras, lo que no se puede pensar es que si la Iglesia cumple, como debe hacerlo, con los dictados evangélicos, no esperemos que vayan a ser flores lo que se arrojen a su paso. La denuncia profética, la corrección fraterna, la conciencia crítica, el disenso, la recriminación de las injusticias, etc. Todo ello puede suscitar resquemores y, en consecuencia, actitudes muy poco benevolentes con la Iglesia. Los sondeos de opinión pueden ayudar a la reflexión y a sacar las oportunas consecuencias. Con todas las reservas que sean necesarias, una sociedad que no aprecia el interés por aquellas instituciones que se preocupan del bien común, como la Iglesia, los jueces y la clase política, por ejemplo, no parece tener un buen criterio acerca de lo que son las instituciones que garantizan la libertad de las conciencias y los postulados democráticos.

El despojamiento será un factor de credibilidad. «¿De qué debe despojarse la Iglesia? Debe despojarse hoy de un peligro gravísimo, que amenaza a cada persona en la Iglesia, a todos: el peligro de la mundanidad. El cristiano no puede convivir con el espíritu del mundo. La mundanidad que nos lleva a la vanidad, a la prepotencia, al orgullo. Y esto es un ídolo, no es Dios. ¡Es un ídolo! ¡Y la idolatría es el pecado más fuerte!» *(A los pobres. Asís, 4-10-2013).*

Benedicto XVI, en su última y apoteósica visita a Portugal, en marzo de 2010, no dudaba en decir que una de las preocupaciones más serias en estos momentos es la de la fidelidad, que tiene su mejor asiento en el amor y la justicia. Porque si de responsabilidad se trata, solamente puede tener dimensión elevada y completa ese manto de la fidelidad, si se ajusta a derecho y se reviste de vida interior, que arropa y cuida los sentimientos más nobles y la entrega incondicionalmente generosa que aporta el amor.

Limitar la fidelidad al contrato, a los pactos, al consenso y hasta a la misma alianza es bueno como pedagogía para explicar, pero insuficiente para comprender y hacer lo que va más allá de un comportamiento leal, para convertirse en señal imprescindible de la propia identidad.

Hay una fidelidad legal, que es cumplimiento de normas propuestas y asumidas por la comunidad a la que se pertenece por origen y ciudadanía. Es el respeto a la ley. Aunque sea a regañadientes y más para evitar la multa y la condena que por un serio convencimiento personal.

La Iglesia seguirá su camino hacia adelante. Unos la criticarán por esto y otros por aquello. La familia de Cristo, hoy guiada y alimentada por el magisterio del Papa Francisco, estará siempre más preocupada por la fidelidad al mensaje de Cristo que por la efímera credibilidad de un aplauso halagador. La Iglesia va siguiendo su camino, como dice San Agustín, entre las persecuciones del mundo y los consuelos del Señor. Así es la vida de la Iglesia. «Si queremos ir por la senda de la mundanidad, negociando con el mundo, nunca tendremos el consuelo del Señor. Y si buscamos únicamente el consuelo, será un consuelo superficial, no el del Señor, será un consuelo humano. La Iglesia está siempre entre la Cruz y la Resurrección, entre las persecuciones y los consuelos del Señor. Y éste es el camino: quien va por él no se equivoca» *(Homilía a los cardenales, 23-4-2013)*.

Ahora bien, tampoco se deben buscar ocultos mecanismos de defensa para justificar esa negativa opinión que se tiene de la Iglesia. Reflexionar con humildad y encauzar actitudes, comportamientos y modos de hacer, siempre bajo la luz del Evangelio, que ciertamente no va a apartar de las tareas de la predicación y de la misericordia. Por otra parte, siempre habrá que tener en cuenta que la Iglesia no busca tanto su credibilidad cuanto la fidelidad al Evangelio de Jesucristo.

Es sabido que en la Iglesia hay diversidad de dones, carismas, ministerios y responsabilidades. Todo se recibe para beneficio de la comunidad. Lo que ha recibido cada uno puede ser suyo, pero no para él solo, sino que se le ha dado para poder ayudar mejor al bien de todos. Que haya distribución de ministerios y de responsabilidades no quiere decir que alguien pueda inhibirse de la responsabilidad de participar en lo que sirva de ayuda a la finalidad de la Iglesia, que no es otra que la de seguir a Jesucristo, celebrar los sacramentos, practicar la caridad y dar testimonio en obras y palabras en medio del mundo. Como diría San Francisco de Sales, una es la obligación de la monja de clausura, otra la del padre de familia y otra la del obispo en la diócesis. Cada uno debe asumir su propia responsabilidad y ministerio, pero nadie puede dejar de ayudar al otro, en la medida que le corresponda, para que pueda desempeñar mejor su misión. Somos constructores, no simples consumidores.

El amor a los pobres y la identificación con Cristo estaban inseparablemente unidos en la vida de Francisco de Asís. Todo ello contrastaba con el espíritu mundano, el afán del dinero, la vanidad, el orgullo... El espíritu del mundo es la lepra, el cáncer de la sociedad. No podemos borrar con una mano lo que escribimos con la otra, dice el padre Francisco a los pobres asistidos por Cáritas en Asís. «Muchos de vosotros habéis sido despojados por este mundo salvaje, que no da trabajo, que no ayuda; al que no le importa si hay niños que mueren de hambre en el mundo; no le importa si muchas familias no tienen para comer, no tienen la dignidad de llevar pan a casa; no le importa que mucha gente tenga que huir de la esclavitud, del hambre, y huir buscando la libertad. Con cuánto dolor, muchas veces, vemos que encuentran la muerte, como ha ocurrido ayer en Lampedusa: ¡Hoy es un día de llanto! Estas cosas las hace el espíritu del mundo. Es ciertamente ridículo que un cristiano —un cristiano verdadero—, que un sacerdote, una religiosa, un obispo, un cardenal, un Papa, quieran ir por el camino de esta mundanidad, que es una actitud homicida. ¡La mundanidad espiritual mata! ¡Mata el alma! ¡Mata a las personas! ¡Mata a la Iglesia!»

El Papa quiere que se apliquen los principios de la descentralización y de la subsidiariedad. «Tampoco creo que deba esperarse del magisterio papal una palabra definitiva o completa sobre todas las cuestiones que afectan a la Iglesia y al mundo. No es conveniente que el Papa reemplace a los episcopados locales en el discernimiento de todas las problemáticas que se plantean en sus territorios. En este sentido, percibo la necesidad de avanzar en una saludable "descentralización"» *(Evangelii gaudium, 16)*.

Los cristianos no pueden contentarse con estar «catalogados» para entrar en la Iglesia, se requiere una gracia, una invitación. No es un derecho que se pueda comprar. Hay que estar dispuestos para compartir lo que se tiene, que esto es sentido de comunidad: estar dispuestos a servir y no sentirse protagonista de nada. La Iglesia es un camino de eternidad recorrido con el mejor guía y maestro: Jesucristo *(Santa Marta, 5-11-2013)*.

Lo de creyente y no practicante no interesa. Se exige coherencia y lealtad. Y la pertenencia a la comunidad, en este caso la Iglesia, también participación. Lo contrario sería un mero formulismo más de burocracia que de vida. No se trata de estar inscrito, sino de asumir las responsabilidades efectivas que ello supone. Es justo reconocer que ha mejorado mucho todo aquello que se refiere a la participación voluntaria, tanto en campañas puntuales como en la vida diaria y actividades apostólicas diocesanas y parroquiales. Pero no es suficiente, aunque sea por demás encomiable, esa participación activa en unos determinados cometidos. Es necesario el testimonio permanente y la responsabilidad cristiana en la sociedad, en la participación política, en la formación de criterios conforme a la justicia, al reconocimiento de los derechos fundamentales de las personas, a la protección de la vida desde su concepción hasta la muerte natural, de la libertad religiosa y de todo cuanto respecta a la dignidad de la persona.

Las periferias existenciales

Lo ha repetido el Papa Francisco: tenemos que salir de nosotros mismos y llegar a todas las periferias, advirtiendo del peligro de una Iglesia espiritualista, autorreferencial, encerrada en sí misma. Hay que «abrir las puertas para salir, para anunciar y dar testimonio de la bondad del Evangelio, para comunicar el gozo de la fe, del encuentro con Cristo» *(Homilía movimientos eclesiales, 19-5-2013)*. En un saludo a la Conferencia Episcopal Argentina, en abril de 2013, el Papa Francisco se expresaba de esta manera: «Una Iglesia que no sale, a la corta o a la larga se enferma en la atmósfera viciada de su encierro. Es verdad también que a una Iglesia que sale le puede pasar lo que a cualquier persona que sale a la calle: tener un accidente. Ante esta alternativa, les quiero decir francamente que prefiero mil veces una Iglesia accidentada que una Iglesia enferma. La enfermedad típica de la Iglesia encerrada es la autorreferencial; mirarse a sí misma, estar encorvada sobre sí misma como aquella mujer del Evangelio. Es una especie de narcisismo que nos conduce a la mundanidad espiritual y al clericalismo sofisticado, y luego nos impide experimentar la dulce y confortadora alegría de evangelizar.»

Pues la misión del pueblo de Dios es la de llevar al mundo la esperanza y la salvación de Dios; ser signos del amor de Dios que llama a todos a la amistad y ser una luz que ilumina con la fuerza de la verdad, de la mansedumbre y del amor *(Ángelus, 18-8-2013)*. «Que la Iglesia sea siempre el lugar de misericordia y esperanza, donde cada uno se sienta acogido, amado y perdonado» *(Twitter, 16-6-2013)*.

Se lo decía a los cardenales: ¡ánimo! Que juntos podemos cumplir la misión de llevar a Cristo al hombre y el hombre a Cristo. Después, el Papa proseguía su discurso: «Expreso mi voluntad de servir al Evangelio con renovado amor, ayudando a la Iglesia a ser cada vez más, en Cristo y con Cristo, la vid fecunda del Señor. Impulsados también por la celebración del año de la fe, todos juntos, pastores y fieles, nos esforzaremos por responder fielmente a la misión de siempre: llevar a Jesucristo al hombre, y conducir al hombre al encuentro con Jesucristo, Camino, Verdad y Vida, realmente presente en la Iglesia y contemporáneo en cada hombre. Este encuentro lleva a convertirse en hombres nuevos en el misterio de la gracia, suscitando en el alma esa alegría cristiana que es aquel céntuplo que Cristo da a quienes le acogen en su vida» *(Audiencia a los cardenales, 15-3-2013)*. Pero no se puede anunciar el Evangelio de Jesús sin un claro y coherente testimonio de vida.

Evangelización y fe pueden ser conceptos diferentes, pero tan indisolublemente unidos que resulta completamente imposible evangelizar sin tener en cuenta el contenido de la fe que se quiere ofrecer. Así como pensar que la fe se pueda reducir a una convicción personal sin una repercusión pública y sin tratar de transmitírsela a los demás. La nueva evangelización y el año de la fe forman parte de ese gran programa que la Iglesia emprendiera, con Benedicto XVI, para hacer que llegue a todos el mensaje salvador de Cristo. Para unos se trata del primer anuncio. Para otros, el reavivar la fe que recibieron en el bautismo. El Papa Francisco quiso subrayarlo en la audiencia con los cardenales: «La verdad cristiana es atrayente y persuasiva porque responde a la necesidad profunda de la existencia humana, al anunciar de manera convincente que Cristo es el único Salvador de todo el hombre y de todos los hombres. Este anuncio sigue siendo válido hoy, como lo fue en los comienzos del cristianismo, cuando se produjo la primera gran expansión misionera del Evangelio» *(Audiencia a los cardenales, 15-3-2013)*. Las Iglesias jóvenes logran mejor una síntesis entre la fe y la cultura, pero pueden caer en la tentación de la autosuficiencia, así como las más antiguas la de querer imponer sus modelos culturales.

Dos tentaciones más en la misión de la Iglesia: retroceder por ser temerosos de la libertad que viene del Espíritu, y claudicar a un progresismo adolescente, propenso a ceder ante lo fascinante del momento *(Santa Marta, 12-6-2013)*. Y, como consecuencia, el olvido de Dios. La Iglesia, cuando anuncia el Evangelio, quiere hacerlo de una manera completa. Es decir, llevar el mensaje de Jesucristo a los hombres y mujeres que viven en su realidad personal y social. Por eso son inseparables el anuncio, el ofrecimiento de los sacramentos y la práctica de la caridad. Sin olvidar ninguna de estas columnas de la vida de la Iglesia, aunque puede ser que, en un momento determinado, haya que subrayar la importancia de acudir con más urgencia allí donde la necesidad es más perentoria, pero sin olvidar la unidad del anuncio del Evangelio. La caridad cristiana, la solidaridad humana, no solamente no están reñidas con la evangelización sino que la incluyen e, incluso, apoyan la credibilidad. ¡Que vean vuestras obras y glorifiquen a Dios!

Benedicto XVI quería llegar hasta los desiertos de la pobreza, del hambre, del abandono, de la soledad, del amor quebrantado, y llevar al hombre al oasis de la conciencia de su dignidad, rescatándolo de esos espacios de vacío y de maldad. El Papa Francisco quiere que la Iglesia llegue a las periferias existenciales, las de la pobreza y la marginación, los enfermos, los niños sin escuela, la gente sin trabajo ni esperanza. Aquí es donde quiere el Espíritu Santo que se anuncie a Jesucristo.

Los riesgos de acudir a los desiertos y a las periferias son muchos. Riesgo de la propia honra, pues se pondrá en entredicho por comer con los pecadores o por dejarse acompañar por unas personas a las que su reputación pone en tela de juicio. Desafío del encuentro con la injusticia, que reclamará la profecía de la denuncia y de la corrección fraterna. Grito interior de la conciencia, que llamará a comprometerse en favor del excluido. Sentir el aguijón interior de verse incapaz de resolver y poner un poco de luz en tantos problemas y angustias de las gentes.

Pero el mayor de los riesgos es el de la apostasía, sucumbiendo ante el muro de la imposibilidad por superar, casi de una manera técnica, las situaciones de injusticia y desvalimiento en las que se encuentran los hombres y las mujeres que viven en esos desiertos y periferias. La Iglesia llega hasta esos lugares interpelada por el mandamiento nuevo del Señor, que obliga a considerar a todo hombre como hermano y a servirle según el amor que Jesucristo ha puesto en su Iglesia. Éste es el criterio de discernimiento, y la motivación que impulsa a llegar a esos espacios desprovistos de aquello que el hombre necesita para vivir con un poco de dignidad. El anuncio de la palabra de Dios tiene que ir unido a la realidad de la profecía: los pobres son evangelizados, las cadenas injustas son destrozadas, se ha realizado la liberación de los oprimidos. Han quedado desatados los lazos de la maldad, se comparte el pan y se ponen vestidos al que está desnudo. Ha llegado un tiempo nuevo: el del reinado de Dios. Todo lo demás vendrá por añadidura.

Muy lejos de olvidarse de la realidad de este mundo, el encuentro con el reino de Dios lleva a estar más cerca de todo lo humano, pero no para sucumbir en la infertilidad de un desierto meramente temporal o de una periferia ahogada por problemas sociales, sino para hacer que resplandezca la justicia y el derecho con acciones eficaces y responsables para una liberación verdaderamente completa y evangélica. Solamente en el lenguaje práctico de la justicia y de la caridad es como se percibe la presencia del Dios de nuestro Señor Jesucristo. Ésta es la misión de la Iglesia: hacer que todos los desiertos y periferias de la injusticia y del pecado se conviertan en reino de Dios.

En la tierra donde el bienaventurado Francisco fue al encuentro con los leprosos y los pobres, el Papa Francisco decía a las personas consagradas y miembros de los consejos pastorales: «No tengáis miedo de salir e ir al encuentro de estas personas, de estas situaciones. No os dejéis bloquear por los prejuicios, las costumbres, rigideces mentales o pastorales, por el famoso "siempre se ha hecho así". Se puede ir a las periferias sólo si se lleva la palabra de Dios en el corazón y si se camina con la Iglesia, como San Francisco. De otro modo, nos llevamos a nosotros mismos, no la palabra de Dios, y esto no es bueno, no sirve a nadie. No somos nosotros quienes salvamos el mundo: es precisamente el Señor quien lo salva» *(Asís, 4-10-2013)*.

Una Iglesia evangelizadora
La actividad misionera representa aún hoy el mayor desafío para la Iglesia *(Evangelii gaudium, 15)*.

La Iglesia existe para evangelizar, para poner en cualquiera de las realidades de este mundo la simiente del Evangelio. En la vida privada y en la vida social, en la cultura y en el pensamiento, en la familia y en el trabajo, en la vida política y en los centros de opinión donde se deciden qué leyes y normas son las que tienen que regular la vida de los pueblos. Sin olvidar que la primera obligación de la Iglesia es evangelizar a los pobres, es decir, trabajar incansablemente por la dignidad de las personas, de sus derechos y exigencias, de su esperanza para ser reconocidos como privilegiados hijos de Dios.

Cuando la Iglesia se cierra, se enferma. Es como una habitación cerrada. Huele a humedad, muchas cosas no marchan. Una Iglesia cerrada es lo mismo que la Iglesia enferma. La Iglesia debe salir de sí misma. ¿Adónde? Hacia las periferias existenciales, cualesquiera que sean, y dar testimonio del Evangelio donde pueda haber riesgo de accidente. Es preferible una Iglesia accidentada que una Iglesia enferma por encerrarse. «Para anunciar el Evangelio son necesarias dos virtudes: la valentía y la paciencia. Actitud de mansedumbre y humildad, responder al mal con el bien» *(Vigilia de Pentecostés. Encuentro con movimientos y comunidades 18-5-2013).*

La Iglesia tiene que practicar la solidaridad y denunciar las injusticias, pero su principal misión es la de anunciar en todo el Evangelio de Jesucristo. No quiere imponer a nadie su propia fe, pero tiende la mano y abre las puertas para todo aquel que quiera llegar a nuestra casa. No se puede considerar a la Iglesia como una simple organización social, sino como un sacramento de Cristo, como una señal de la voluntad salvadora de Dios para toda la humanidad. Si de la supervivencia de la Iglesia hay que hablar, con palabra de Cristo hay que hacerlo. Y Él ha prometido que estará siempre con la Iglesia, hasta el final de los siglos.

El misterio de la encarnación del hijo de Dios nunca conoce un camino de retorno. Siempre avanzando hacia esa consumación perfecta de la proclamación del reinado de Dios por encima de cualquier circunstancia, situación y dificultad. Puede ser que la semilla de la palabra de Dios que llegara con el anuncio del Evangelio haya sido un tanto olvidada, pero la vitalidad de la acción del Espíritu puede remover las piedras más grandes y pesadas y hacer que renazca de nuevo una vida que nunca dejará de existir.

Así es la evangelización: sembrar y esperar. Siempre en el convencimiento de que el grano de mostaza se hará grande, y el reino de Dios resplandecerá más allá de las tinieblas y oscuridades que pone el pecado de los hombres, que pueden llegar hasta pensar y vivir como si el Padre Dios hubiere quedado de tal manera olvidado, que ya no es necesario pensar en Él para construir el mundo. Al final, el fracaso más estrepitoso, pues pensando que se puede hacer un mundo sin mirar hacia lo alto, el proyecto ha dejado la humanidad sin consistencia, sin el mejor y más eficaz de los apoyos.

Pero ni Dios ni la Iglesia van a claudicar en su intento de salvar el mundo. Dios quiere el bien para la humanidad y la Iglesia nunca renunciará a lo que es su dicha y vocación, su identidad más profunda. La Iglesia existe para evangelizar. Si no lo hiciera se negaría a sí misma olvidando la razón de su identidad y presencia. El mandato y compromiso de anunciar el Evangelio no puede estar encadenado por toda esa serie de obstáculos que puede poner la increencia y el relativismo. Las dificultades pueden ser grandes, pero la vitalidad de la palabra de Dios está más allá de los terrenos, de las piedras y de las espinas, que amenazan con ahogar y sofocar cualquier intento de transformar los campos de este mundo en una humanidad nueva donde florezcan la justicia y la paz.

Nueva evangelización

En tres puntos resumía el Papa Francisco su pensamiento acerca de la nueva evangelización: primado del testimonio, urgencia de ir al encuentro, proyecto pastoral centrado en lo esencial. Ante la indiferencia hacia la fe, despertar en el corazón y en la mente el amor fraterno, la alegría, el sufrimiento. Acercar los hombres a la misericordia de Dios, a su ternura. «La nueva evangelización, mientras llama a tener el valor de ir a contracorriente, de convertirse de los ídolos al único Dios verdadero, adiestrar el lenguaje de la misericordia, hecho de gestos y de actitudes antes que de palabras.» Se necesita el calor de la fe y ver en el rostro de los cristianos la alegría de haber encontrado a Cristo. Nadie está excluido del amor de Dios, de la esperanza. Hay que salir al encuentro de los demás con un proyecto pastoral que se fije en lo esencial y centrado en Jesucristo. Salir al encuentro de todos para encontrarnos con todos (*Al Consejo Pontificio para la nueva evangelización, 14-10-2013*).

La nueva evangelización es un proyecto, un plan pastoral de enormes dimensiones, tanto en el aspecto geográfico, pues ha de alcanzar a la Iglesia universal, como en los objetivos y propósitos que se tienen en la intención. No hay que reparar lo que hicieron los Apóstoles, pues muy bien realizaron su oficio; ni cambiar el mensaje, ni maquillar el Evangelio para que sea más aceptable. Si solamente se tratara de pulir el lenguaje para que sea más comprensible, de suavizar compromisos y responsabilidades morales, de hacer sostenible una buena noticia que puede considerarse utópica, todo habría quedado en una mera estrategia y camuflaje con pocos visos de éxito evangelizador. Se trata, más bien, de hacer comprender al cristiano toda la fuerza del Espíritu que tiene a su disposición por gracia del bautismo. Vivir en este convencimiento y procurar poner bien la semilla, preparando los surcos, pero sabiendo que la fuerza de la vitalidad viene de la semilla, y no de los simples afanes del trabajador.

Un proyecto desafiante y un tanto ilusorio puede parecer el de la nueva evangelización, máxime en el entorno de una cultura descristianizada y agnóstica, con un rechazo casi obsesivo hacia cualquier atisbo de contenido religioso. Este programa quiere reconstruir la civilización del amor y de la justicia, buscando la novedad, sobre todo, en el empeño por ser fieles al Evangelio y tratando de dar respuesta a las grandes inquietudes de los hombres de nuestra época. Una Iglesia nueva en un mundo nuevo es posible, pero encarnando en ellos la sabiduría y la gracia de Cristo. Los tiempos y las circunstancias pueden ser nuevos, pero sin nostalgia del pasado, sabiendo que las acciones de Dios son intemporales. Por parte del evangelizador, son precisas convicción y alegría de poder anunciar el Evangelio y salir al encuentro de excluidos y alejados, con la credibilidad del testimonio y en un lenguaje comprensible, sin traicionar el sentido profundo del mensaje cristiano.

En esta repetida llamada a una nueva evangelización, se invita a los cristianos a ofrecer aquello que se les ha dado, y que no solamente tienen que guardar con fidelidad, sino compartirlo con aquellos que se encuentren en el camino. La novedad que quiere el Papa Francisco es la de ese resplandor de la fe, que se manifiesta en la alegría cristiana y que es razón de esperanza. Esa luz de la fe no es simplemente un fogonazo ocasional e intermitente, sino una actitud constante de sinceridad y firmeza, de convencimientos profundos, de saber que Dios está más cerca del hombre de lo que él mismo puede pensar.

Más allá del tiempo, Cristo está con su Iglesia. Los días pueden cambiar, pero el Evangelio es siempre nuevo, actual y no ha sufrido cambio alguno. No es el mensaje lo que debe transformarse, sino el corazón del hombre, con una especie de revolución interior que le haga saber y comprender el camino a seguir. El objetivo de la evangelización está precisamente en encontrar hombres nuevos en este sentido religioso. Unos fueron bautizados y olvidaron aquello que en la pila se les regalaba como gracia del Espíritu de Dios. Otros, sin olvidar, languidecieron y el ritualismo fue carcomiendo la viveza de la fe. Algunos no han conocido a Cristo, pero pueden ir sabiendo de Él a través del testimonio de los buenos cristianos.

Este renovado dinamismo de las actividades evangelizadoras de la Iglesia no puede tener otro origen sino la acción del Espíritu Santo, que suscita en el pueblo de Dios el deseo que impulsa a un rejuvenecido entusiasmo espiritual y pastoral, como decía Benedicto XVI. Hay que favorecer el redescubrimiento de la fe, que el cristiano encuentre el legítimo orgullo de su dignidad como hijo de Dios y redimido por Jesucristo y, sobre todo, el llamamiento a la santidad.

Se habla de un nuevo Pentecostés. En realidad, la Iglesia vive esa novedad permanentemente, desde el momento en que llega el Espíritu de la verdad, el Vivificador, el Espíritu Santo. Un Pentecostés continuado en el que todos los días la Iglesia siente ese hálito del Espíritu de Dios. Pero hay momentos en que ese soplo del Espíritu parece como si llegara más fuerte y removiera los corazones indiferentes o abiertamente contrarios a lo que Jesucristo había dejado por el bautismo en la vida del creyente. Si la nueva evangelización quiere reanimar la esperanza, se necesitarán hombres y mujeres abiertos a la acción del Espíritu, dejando que se inflame su corazón en el contacto con Jesús, como los discípulos de Emaús, y puedan contagiar el necesario entusiasmo a tantas gentes a las que la pobreza, material y espiritual, les ha hundido en la desconfianza, no solamente respecto a los demás, sino a ellos mismos. El grito de la nueva evangelización bien podía ser una súplica llena de sinceros deseos: ¡Señor devuélvenos la alegría de tu salvación! Porque éste, en verdad, es el único camino que se debe seguir para una evangelización renovada.

Algunos han querido ver este gran proyecto de la nueva evangelización como si de un último cartucho se tratara antes de la desaparición de la Iglesia, al menos como grupo con alguna relevancia social. Se aducen números y estadísticas y se pronostican los peores resultados para los creyentes, especialmente los católicos, a los que se ve reducidos a unos grupúsculos, como restos de un pasado que ya no tiene relevancia en el presente. Nada más lejos de la realidad, y de las intenciones de la Iglesia, al impulsar este gran programa pastoral que es la nueva evangelización. Y si de estadísticas se trata, la Iglesia católica está aumentando en el número de personas que llegan para engrosar las filas de esta comunidad fundada por Jesucristo. Pero no se trata de números y de cantidades, sino de fidelidad al Evangelio, no simplemente cumpliendo los preceptos a que obliga esta confesión de fe, sino a vivirla con auténtica alegría cristiana y dar así testimonio de la razón fundamental de la esperanza: Cristo vive y nos acompaña.

Decía Benedicto XVI: «Con el fin de que este impulso interior a la nueva evangelización no se quede solamente en un ideal, ni caiga en la confusión, es necesario que ella se apoye en una base concreta y precisa, que son los documentos del concilio Vaticano II, en los cuales ha encontrado su expresión» *(Homilía en la apertura del año de la fe, 11-10-2012)*. Nueva evangelización no significa un «nuevo Evangelio», sino una respuesta adecuada a las necesidades actuales. No se trata de sobrevivir en una sociedad secularizada, sino de ofrecer lo que se tiene y valora como buena noticia para la salvación del hombre. Nuevas situaciones reclaman respuestas nuevas. Si se está huyendo del pasado histórico y está naciendo una nueva civilización, necesitaremos una Iglesia renovada y una nueva evangelización. Que no es reevangelización de continentes lejanos, ni ruptura con el pasado histórico cristiano, ni rectificación de la labor desarrollada, ni restauracionismo, ni obligado retorno a un tiempo de cristiandad. No se trata de un proyecto de pasado y retaguardia, sino de una perspectiva con futuro abierto y cargado de esperanza.

El objetivo de esta nueva evangelización no es otro que el de la verdadera conversión del hombre al reinado de Dios, renovándolo todo a la luz del misterio de Cristo. Llegar hasta los hombres, meterse en su propia cultura. Renovar desde dentro con la fuerza del Evangelio, y hacer que los sentimientos y los gestos lleven la eficacia de la solidaridad, para construir esa nueva y deseada civilización rejuvenecida por el amor fraterno. Ahondar en las raíces de la fe, vivir en espíritu fraterno y solidario, llevar el Evangelio al diálogo con la cultura de los hombres, ofrecer al mundo, y con renovado entusiasmo, el ejemplo, la palabra y la gracia de Cristo. Éstos son los grandes objetivos de la nueva evangelización. Se pretende realizar ese permanente deseo de interculturalidad, de llevar el Evangelio allí donde se encuentren los hombres en su propia cultura, en su propio espacio. Sin embargo, es un error pretender, ante la dificultad que ofrece el espacio en el que viven los hombres como lugar histórico del reino de Dios que ha comenzado, renunciar al anuncio íntegro de la revelación, ofreciendo nada más que aproximaciones al Evangelio. Vagos conceptos que a nada comprometen de unas diluidas creencias basadas más en una idea sociológica que teológica, más culturalista que religiosa, más humanística que revelada. La historia hay que leerla desde la fe, pero no pretender cambiar la fe para que se adapte a la historia de los hombres. Es historia de salvación. Quien salva es Dios.

Empeñados en una nueva evangelización para los que recibieron el bautismo y se olvidaron de las responsabilidades que ello significa; ofrecer a todos los pueblos el mensaje de Jesucristo. Pero esta nueva evangelización también quiere llevar siempre con ella la credibilidad del mandamiento del amor fraterno: en esto se conocerá que sois cristianos, discípulos de Jesucristo, hombres y mujeres de buena voluntad para los que se anuncia la llegada de un mundo nuevo, en el que la justicia, el amor y la paz resplandecerán en una convivencia universal verdaderamente fraterna.

La nueva evangelización no es programa para grandes celebraciones y actos puntuales y diversos, sino para poner en la vida diaria una levadura completamente nueva de renovación personal, familiar, social. Esta llamada, que podríamos llamar interna, no puede soslayar el imperativo de llegar a todas las gentes, hasta aquellos que no conocen a Cristo, y ofrecerles la luz del Evangelio. «El lenguaje del amor y la verdad no conoce barreras culturales, sociales, políticas, religiosas. Es comprensible a todos los hombres de buena voluntad y los acerca a Jesucristo, fuente inagotable de vida nueva» (*Benedicto XVI, Homilía, 7-10-2012*).

Sería un enorme engaño pensar que esta novedad

evangelizadora supone olvidar tradición y magisterio de siglos anteriores y cortar raíces y fundamentos de las fuentes de nuestra fe. El misterio de la Encarnación del Verbo sigue su camino hacia adelante, sin estancamiento ni retrocesos. Otra cosa distinta es el grado de fidelidad y de entusiasmo de aquellos que recibieron la luz y la pusieron debajo del celemín. Llegarán los agoreros intentando convencer de que se ha trabajado mucho durante toda la noche y que nada se ha conseguido. Que métodos y programas han fracasado. Que las mejores intenciones quedaron en utopías irrealizables. La causa es sabida: Cristo no se encontraba allí. También puede ser que se esperaran unos frutos que no son aquellos que el Señor había profetizado que daría el árbol bueno. Se buscaron soluciones sin tener en cuenta que el sarmiento tiene que estar unido a la vid. Solamente se puede pensar en una nueva evangelización viviendo en una fidelidad incondicional al Evangelio.

Si se emprende esta obra apostólica de la nueva evangelización, no es con actitud de cruzada e imposición forzosa, sino de proclamación de la libertad personal, del poder elegir y confirmarse la fe recibida. Ni la Iglesia a lo largo del tiempo ha cumplido mal su papel, ni quiere cambiar el Evangelio, con el equivocado pretexto de que haciéndolo más benevolente y fácil se pudieran captar nuevos adeptos. Si la Iglesia quiere renovarse, lo hace en la continuidad de la verdad.

Los obispos piden que, a la hora de hablar de nueva evangelización en la transmisión de la fe, se tuviera en cuenta la especial situación del continente en el que se vive. La imprescindible y urgente preparación de los agentes de pastoral, la formación de cuadros de auténticos militantes cristianos; el fortalecimiento de la Iglesia local; la formación de pequeñas comunidades, con una fe inconfundible, animadas y cordiales; la necesidad del diálogo multirreligioso, con buenos y prudentes criterios con respecto a otras tradiciones religiosas; el tener en cuenta a los santos padres en la tradición de la Iglesia; la predicación del kerigma; la necesidad de traducir la Biblia y el Catecismo de la Iglesia católica a distintas lenguas; la reorganización pastoral diocesana y parroquial...

El fenómeno de la globalización llegó también a la Asamblea General del Sínodo de los Obispos, que se reunía para tratar de la nueva evangelización en la transmisión de la fe. En asambleas sinodales anteriores, se observaba mayor diferencia en las cuestiones presentadas por los obispos de los distintos continentes y regiones. Ahora se repetían los asuntos que preocupaban en uno y otro lugar. Aunque, como era lógico y esperado, siempre había enfoques y perspectivas distintos. El Santo Padre aceptó de buen grado la solicitud de los padres sinodales con el ruego de que redactara una Exhortación. El Papa Francisco recoge las propuestas sinodales y publica la Exhortación apostólica *Evangelii gaudium*.

En este proyecto de nueva evangelización se hace imprescindible utilizar también «las posibilidades ofrecidas por la comunicación digital, la más importante se refiere al anuncio del Evangelio. Cierto, no es suficiente adquirir competencias tecnológicas, incluso importantes. Se trata, ante todo, de encontrar hombres y mujeres reales, a menudo heridos o extraviados, para ofrecerles auténticas razones de esperanza. El anuncio requiere relaciones humanas auténticas y directas para desembocar en un encuentro personal con el Señor. Por lo tanto, Internet no es suficiente, la tecnología no es suficiente. Sin embargo, esto no quiere decir que la presencia de la Iglesia en la red sea inútil; al contrario, es indispensable estar presentes, siempre con estilo evangélico, en aquello que para muchos, especialmente los jóvenes, se ha convertido en una especie de ambiente de vida, para despertar las preguntas irreprimibles del corazón sobre el sentido de la existencia, e indicar el camino que conduce a Aquel que es la respuesta, la Misericordia divina hecha carne, el Señor Jesús» *(Al Consejo Pontificio para los laicos, 7-12-2013).*

Universal y misionera

La elección de un Papa que proviene del continente americano puede ser un signo no sólo de la universalidad de la Iglesia, sino también de que Europa ha dejado de tener la primacía en la dirección del dinamismo evangelizador. Hasta hace poco tiempo era frecuente escuchar la queja sobre la europeización de la Iglesia. Parece ser, a juzgar por las últimas intervenciones, que el problema ha dejado de existir o ha tomado un cariz distinto. Europa, más que modelo, ha pasado a ser referencia de exportación de actitudes secularizantes, relativistas y agnósticas.

Se ha perdido la memoria cristiana y la población ha envejecido a causa del descenso demográfico. Secularización de las costumbres, descristianización, pérdida, en fin, de la identidad cultural y religiosa de Europa. Lo católico cuenta cada vez menos, mientras se van asentando otras tradiciones religiosas, particularmente el islam. La crisis cultural, aparte de la económica y financiera, es evidente.

Las raíces cristianas de Europa han quedado, si no extirpadas, anestesiadas por el relativismo. Los problemas que preocupan a los ciudadanos de este continente ya no son precisamente los religiosos, pues una cultura mediática se encarga de desacreditar todo cuanto pueda referirse a la religión, particularmente a la católica. El comunismo ha desaparecido, pero ha dejado todo un pesado lastre de materialismo. Si ha quedado algún rescoldo, hará falta un soplo fuerte del Espíritu para reavivar el fuego. El bautizado ha dejado de ser creyente aunque continúe siendo practicante ritualista.

Europa requiere ser evangelizada y con urgencia. Se necesitan profetas que hablen de Dios. Testigos veraces y creíbles del Evangelio que prediquen con su ejemplo la sabiduría de la cruz. Se quiere una Iglesia sencilla, acogedora y testimonial, más preocupada por la fidelidad de Cristo que por el aplauso a las obras que pueda realizar, pues el objetivo de la evangelización no es la misma Iglesia, sino el encuentro de los hombres y mujeres con Dios. Aunque también es necesaria la visibilidad de la participación del cristiano en la vida de la Iglesia.

El puesto de la mujer en la vida y misión de la Iglesia, el acercamiento a los jóvenes, la atención a los emigrantes, el apoyo a la familia y la presencia de las instituciones sociales y educativas son tareas imprescindibles, pero teniendo en cuenta la complementariedad de las distintas vocaciones y ministerios dentro de la comunión de la Iglesia. Ni puede olvidarse esa nueva situación y cultura de Europa, ni replegarse a los cómodos cuarteles de las sacristías. Ciertamente la Iglesia no quiere ser una institución poderosa, pero tampoco olvidar el espíritu misionero que es esencial en lo cristiano.

La voz de San Benito, padre y patrono de Europa, actualizada y repetida, resuena constantemente como principio para la nueva evangelización: no anteponer nada a Cristo, pues no se trata de presentar una nueva Iglesia, sino la que es sacramento y señal de la presencia de Cristo en el mundo. La primacía de Cristo será lo que haga retornar a las fuentes de la fe para encontrar allí las verdaderas raíces de Europa. El cristianismo no es simplemente una religión, sino la incondicional adhesión a una persona, Jesucristo, y exige vivir conforme a las responsabilidades marcadas en el Evangelio.

Las situaciones en las que se encuentran las distintas comunidades del mundo y los contextos diferentes en los que tienen que vivir son realidades a tener en cuenta. Si se trata de África, no habrá que perder de vista los estragos que hacen las guerras, con la destrucción de la vida social, familiar, económica y las consecuencias de una desorientación y angustia que minan la esperanza de las personas. El presidente de la Conferencia Episcopal del Congo decía en el aula del Sínodo que necesitaban una evangelización en profundidad, que asuma la realidad cultural y social de África, que no caiga en la tentación de fáciles soluciones, sino que se busque la experiencia viva de la fe en unas comunidades auténticamente cristianas.

En África, las tensiones y sufrimientos de las guerras, la violencia, los acosos e incluso la persecución a la Iglesia católica, a la que se quiere marginar, provoca una situación de angustia, de perplejidad y desorientación y, como consecuencia, la pretensión de solucionar estas situaciones con el fácil recurso a lo esotérico. Juan Pablo II decía a los obispos y fieles de África: «Sed misioneros de vosotros mismos.» Y se puede decir que no solamente se ha cumplido ese encargo, sino que desde África han salido evangelizadores a Iglesias de otros continentes. Son grupos cristianos africanos que actualmente viven en Europa. Entre ellos, y no pocos, sacerdotes, religiosos y religiosas que ayudan en las Iglesias locales en distintas acciones pastorales y evangelizadoras.

El cristianismo no tiene un único modo cultural. Permanece fiel al anuncio evangélico y la tradición eclesial, pero llevará consigo el rostro de tantas culturas en las que ha sido acogido y en ellas ha arraigado *(Evangelii gaudium, 116)*.

Los católicos africanos quieren ser fieles al Evangelio, pero sin renunciar a su propia cultura. Si se hace necesaria la purificación de costumbres y modos de hacer, eso no ha de impedir la lealtad a sus propias tradiciones. Además, esa referencia a lo propio puede servir de ayuda en unos momentos en los que algunas formas de vivir venidas de fuera ponen en cuestión instituciones tan importantes como pueden ser la del matrimonio y la familia. Es necesario que en la liturgia se incorporen signos propios de la cultura africana, sin por ello menoscabar la fidelidad a la tradición católica.

La situación de pobreza, enfermedades, conflictos, corrupción y falta de sentido moral hacen que se pierdan tradiciones africanas muy positivas, como puede ser todo lo referido a la familia, a la hospitalidad, al compartir. Más que África, quien llama es Dios. Él hace resonar su voz en los acontecimientos en los que están inmersos los hombres. Esas circunstancias son como un grito que pide ayuda y una respuesta generosa. La llamada siempre viene de Dios a través de las más diversas circunstancias. Porque en el fondo, Dios tiene sus razones que no siempre aciertan a saber los hombres. Todo lo que está sucediendo en África es una señal que se ofrece y que está invitando a emprender esa peregrinación, desde la urgencia de la fe cristiana hasta esa misión especialmente comprometida y fascinante de la evangelización. Momento providencial con el que cuenta la Iglesia africana para ofrecer caminos de justicia y reconocimiento de los derechos que asisten a las personas.

Cuando Juan Pablo II puso en las manos de la Iglesia que está en África la exhortación de la asamblea especial para ese continente, lo anunciaba como un nuevo Pentecostés. Es el Espíritu quien actúa en el corazón de los hombres. Hablar de África y del Evangelio es tener presente todo lo que significa la interculturalidad, con tantos vínculos con el misterio de Pentecostés, el Espíritu que une a todos los pueblos de la tierra y, en su propia cultura y lengua, proclaman las maravillas que el Señor ha realizado en ellos.

Benedicto XVI diría en la exhortación *Verbum Domini*, sobre la palabra de Dios en la vida y misión de una Iglesia, que habla en muchas lenguas y se hace presente en las diversas culturas. «La Palabra divina es capaz de penetrar y de expresarse en culturas y lenguas diferentes, pero la misma Palabra transfigura los límites de cada cultura, creando comunión entre pueblos diferentes. [...] Es salir de los límites de cada cultura para entrar en la universalidad que nos relaciona a todos, que une a todos, que nos hace a todos hermanos».

Algunas regiones de África se encuentran en una situación de carencia que llega a límites totalmente injustos y humanamente desesperados. El hambre, y todo lo que ella lleva consigo, está causando auténticos estragos en las personas y los pueblos, en la familia y en los individuos. El pan de la palabra y de la eucaristía son inseparables del pan de la justicia, el alimento de la caridad y el acudir con los recursos necesarios para que las gentes puedan simplemente vivir.

En el continente africano surgen nuevas comunidades cristianas que se unen a las más antiguas. La novedad no está en el tiempo de existencia, sino en la profundidad de las raíces que, con vitalidad siempre nueva, retoñan y florecen en unos hombres y unas mujeres que buscan sinceramente a Dios, y se unen a sus hermanos para practicar el mandamiento intemporal del amor fraterno. África es un continente muy grande, diverso y rico en culturas y tradiciones, que ayer fuera tierra de misión para sembrar la buena noticia y que hoy, sin abandonar esa incuestionable tarea, sale al mundo entero y pone, en esta sociedad plural y globalizada, lo que han visto y oído en su casa y en su tierra.

En alguna manera, África trata de devolver la generosidad evangelizadora que con ella se ha tenido. Sacerdotes, religiosos y religiosas y laicos han llegado a Europa y nos traen la fortaleza de una fe arraigada y sostenida por la gracia del Espíritu. La fe se fortalece dándola y quizá sea éste el momento en el que se necesite en estas regiones, de antigua tradición cristiana, la vitalidad de esos misioneros y misioneras africanos que llegan a vivir en Europa. Ellos refuerzan su fe ofreciendo el testimonio de una perseverancia activa y misionera. Se decía que África era la perla de las misiones, por el empuje y vitalidad de los evangelizadores y evangelizadoras que hasta allí llegaban. Hoy puede ser que haya que decir lo mismo, pues de ese continente puede venir un gran impulso de esperanza. Son comunidades jóvenes, pero no solamente por la edad, sino por la ilusión que transmiten.

El tsunami, el gran maremoto que asoló las costas de diversos países de la costa asiática del Pacífico. El accidente de la central nuclear de Fukushima y el alto nivel de radiactividad que se extendió por Japón. La primavera árabe, en distintos países del Oriente Medio; los conflictos y enfrentamientos que no acaban de cesar; los desentendimientos entre pueblos vecinos... Todos estos son acontecimientos que atrajeron la atención universal. También, y por cuestiones distintas, se mira con mucho interés lo que ocurre en China y en la India y su presencia en muchos campos de la economía y de las finanzas. En Asia vive el 60 por ciento de la población mundial. Allí conviven etnias y culturas muy diversas y bien desarrolladas. Este continente fue cuna de numerosas religiones. Pero hoy no son pocos los conflictos que se atribuyen a la presencia de esas mismas tradiciones religiosas, cuando en realidad son cuestiones más políticas e ideológicas que religiosas.

La historia de Asia está jalonada de grandes y gloriosos capítulos de una fecunda producción filosófica y de realizaciones artísticas espléndidas, pero también de increíbles sufrimientos humanos. Desde las grandes dinastías hasta las pequeñas tribus, desde exuberantes riquezas a situaciones que rayan en la miseria. Algunos son episodios de una historia terminada. Otros están vivos y actuales. Desde el punto de vista católico, en unas ocasiones, y como consecuencia del desmoronamiento del bloque comunista, surgen nuevas naciones que gozan de una mayor libertad religiosa. En algunos países ha crecido el número de católicos y se hace notar la presencia de la Iglesia en la vida pública, particularmente en la enseñanza y en los centros de asistencia social, sin que se haya logrado todavía una verdadera carta de ciudadanía para lo católico.

En medio de una población mayoritariamente joven, conviven el desarrollo y la pobreza, el progreso económico y la degradación moral. La globalización, como fenómeno cultural, ha llegado a los más remotos rincones de Asia. El hombre asiático de fe cristiana no ha renunciado a su propia cultura y la vive en unas actitudes y signos muy propios. Tiene un gran sentido de Dios, de su presencia e inmensidad. Una fe profunda, unida a la necesidad de la ética personal para vivir el sentido y la mística de la pobreza. Las relaciones humanas son estrechas y hondas. Dios está más allá del santuario. La tradición tiene un valor muy grande en la cultura. También en la profesión de la fe cristiana. Ni la revelación es una teoría, ni el Evangelio un simple libro religioso, sino algo que llega al corazón, que lo transforma, que lo llena de paz y de armonía, sin que por ello se excluya, más bien lo exige, el testimonio público y sobre todo la caridad fraterna.

En noviembre de 2013 tenía lugar en el Vaticano un singular encuentro entre las más altas jerarquías de la Iglesia oriental, particularmente de Siria, Irak y Oriente Medio. El Papa Francisco pudo decir: «Para que nuestro testimonio sea creíble, estamos llamados a buscar siempre la justicia, la piedad, la fe, la caridad, la paciencia y la mansedumbre a un estilo de vida sobrio a imagen de Cristo, que se despojó para enriquecernos con su pobreza; al celo incansable y a la caridad, fraterna y paterna juntas, que los obispos, los presbíteros y los fieles esperan de nosotros, especialmente si viven solos y marginados.»

La Iglesia en Asia tiene un gran sentido de unidad, que se expresa, sobre todo, en la comunidad parroquial. Humilde, pero hospitalaria; comprometida, pero alegre; acogedora con el que llega como diferente, pero manteniendo firmemente su identidad cristiana; con sentido de comunión entre obispos, clérigos, religiosos y laicos, pero sabiendo que cada uno debe ofrecer la propia riqueza de su carisma en favor de una misma y única Iglesia.

Asia es un continente inmenso. Será necesario, por tanto, el establecimiento de circunscripciones eclesiásticas de dimensión humana. La Iglesia tiene que ser evangelizadora en Asia, pero teniendo en cuenta las condiciones en las que viven los hombres y mujeres de estas Iglesias de Oriente. Y, como trabajo primordial, la oración. También con el estilo propio de los hombres y mujeres acostumbrados a hablar con lo trascendente y tener el corazón abierto a las inspiraciones y luces que llegan de lo más alto. En el caso del cristiano, disposición para acoger el Verbo, la Palabra viva de Dios.

En nombre de las Conferencias Episcopales de América Latina y el Caribe, la presidencia envió un mensaje de felicitación al nuevo Papa, expresando la gran alegría y dando gracias a Dios por lo que esto representa para la Iglesia universal, y de una manera particular para las Iglesias latinoamericanas y del Caribe. No se podía olvidar tampoco la extraordinaria labor realizada por el cardenal Bergoglio, sobre todo en la asamblea de Aparecida.

Un continente grande, en tantos y tantos aspectos diferentes. Que Dios bendiga, salve a América, fue un grito de resignación ante una situación de dificultad. El protagonista: Estados Unidos. Pero las repercusiones de todo aquello llegaron pronto al continente entero. Hoy, en una situación distinta, se habla de América, pero con acentos y situaciones muy diversas. Pero más allá de las diferencias regionales, hay unos puntos de convergencia para la reflexión y también para la esperanza. Sin prescindir de la historia, la Iglesia podía presentarse como ejemplo en la relación con las distintas culturas. La secularización estaba haciendo mella en ambientes mayoritariamente cristianos, y parece como si la fe estuviera a la deriva. La pobreza crece al mismo tiempo que la desigualdad social continúa avanzando. Los escándalos provocados por la conducta de clérigos y religiosos abrían brechas de credibilidad y alejamiento. Los que otrora fueron militantes cristianos se olvidan de sus principios religiosos al convertirse en líderes políticos. Y la familia, siempre el mejor apoyo del edificio social y la transmisión de la fe cristiana, se tambaleaba.

En medio de situaciones de tanta dificultad para el ofrecimiento de la fe, resonaba constantemente un pregón de esperanza nacido en Aparecida, en la Asamblea del Episcopado Latinoamericano y del Caribe, llamando a una misión continental que ayudará a salir de un gris pragmatismo. Cristo y María son el ejemplo y la ayuda para orientar la vida según la llamada de Dios. Del individualismo había de pasarse a la comunión y a la fidelidad al magisterio; de un distanciamiento social, a una Iglesia dialogante; de un secularismo imperante, a una nueva apologética con el rostro más humilde de la Iglesia; de una imposición racionalista, al anuncio cálido de la fe de Jesucristo; de una parroquia metida en sí misma, a unas comunidades misioneras y abiertas a todos; de una insuficiente conversión personal, a una comunión de vida y de misión. En seguida se puede pensar en la relación de todo esto con los gestos y acciones del Papa Francisco. No en vano el cardenal Bergoglio fue uno de los principales artífices del documento de Aparecida.

Es imprescindible una conversión pastoral, con un profundo cambio de mentalidad en el clero y en la responsabilidad de los laicos, a los que corresponde asumir el protagonismo de la nueva evangelización, para relanzar con fidelidad y audacia la misión de la Iglesia. Nuevos evangelizadores para la transmisión del Evangelio en la propia cultura. Acción misionera que arranca desde esas pequeñas comunidades parroquiales, en las que la vida sacramental y el ejercicio de la caridad deben ser referentes esenciales para que la misión tenga credibilidad y eficacia.

Si de conversión se trata, el sacramento de la penitencia tiene que ocupar el lugar de preferencia que le corresponde. Si como cristianos se ha de estar presente en las realidades del mundo, la santidad de vida es garantía de fidelidad y aval de libertad para el anuncio de una identificación con Cristo que compromete toda la vida. Una Iglesia, en el continente americano, entre culturas y situaciones tan diferentes, que quiere proclamar el único Evangelio de Jesucristo y hacerlo en una espiritualidad de comunión, donde todos unidos en la misma fe e iguales sacramentos sepan aportar la riqueza de los distintos carismas recibidos.

Queda un amplio camino por recorrer, pero ni se puede estar mirando hacia atrás con nostalgia del pasado, ni con actitudes de recelo ante el futuro. Si América fue llamada el continente de la esperanza, sin abandonar valor tan importante e imprescindible, hoy quiere ser la Iglesia de la nueva evangelización, pues fue precisamente en este continente donde se acuñara el término de «nueva evangelización».

Para todo ello será necesario tomar en la mano la Sagrada Escritura, la tradición de la Iglesia, el Catecismo de la Iglesia católica, los textos del concilio Vaticano II, el magisterio pontificio, la doctrina social de la Iglesia y los documentos de Aparecida. Se requieren agentes pastorales, tanto clérigos y religiosos como laicos, debidamente formados y llenos de entusiasmo. El don de la vida y la familia son valores que guardar, proteger y acompañar. La presencia de la Iglesia en universidades, escuelas y distintos centros de formación es imprescindible. Y una atención particular ha de prestarse a la piedad popular, donde confluyen la fe y la cultura, la tradición y la familia, lo individual y lo colectivo. En fin, discípulos y misioneros según el espíritu y las orientaciones pastorales de los mensajes y documentos de Aparecida. Las asambleas del CELAM han marcado las líneas pastorales de las iglesias de América Latina y del Caribe en las últimas décadas. En estos momentos, y en muchos aspectos, pueden ser una avanzadilla de la nueva evangelización.

El Papa Juan Pablo II recogió las propuestas de la

asamblea especial del Sínodo de los Obispos dedicada a Oceanía, y publicó la exhortación postsinodal *Ecclesia in Oceania*. Este documento estaría de continuo presente en la mente y las palabras de los obispos de ese continente. Si Oceanía es un continente particular por estar formado por muchas islas, también se puede decir que lo es por habitar en ellas culturas muy diferentes y variadas, por la amplia presencia de religiones, por las peculiares estructuras políticas, por el encuentro de lo oriental y de lo occidental, con virtudes apreciables y también con los defectos y problemas comunes en amplias regiones del universo.

Se le atribuyen a Oceanía unas señas de identidad en las que se manifiesta lo mejor de lo que se conoce como humanidad, en el sentido de bondad, acogida, generosidad y bonhomía de sus gentes. Así lo demuestra el sentido de hospitalidad, en medio de esa gran diversidad de etnias y grupos sociales. Una amplia región del mundo que está sufriendo las consecuencias de la inestabilidad política y del cambio climático, que obliga a la emigración y a formar parte de ese grupo que se ha dado en llamar los refugiados ambientales.

Desde el punto de vista religioso, también ha llegado el secularismo agresivo, propio de Occidente, que ahoga el horizonte de lo trascendente para recluirse en lo materialista e inmediato. Uno de los documentos citados por los padres sinodales de las Iglesias de Oceanía era la constitución *Gaudium et spes*, del concilio Vaticano II, sobre la Iglesia en el mundo actual. Una Iglesia contemporánea, esta de Oceanía, que tiene que afrontar una situación muy peculiar y unos profundos contrastes entre la espiritualidad de los valores culturales tradicionales y la irrupción del relativismo, del materialismo y de la secularización de Occidente.

El deseo del encuentro con Dios ha hecho que sean muchos los caminos que se ofrecen, pero en algunas regiones de Oceanía todavía no se conoce el mensaje evangélico y, por tanto, hay una exigencia de proclamación inicial. Junto a la práctica del mandamiento nuevo del amor fraterno, tiene que ofrecerse la diaconía de la verdad en una sociedad secularizada. Lo que requiere una sólida formación teológica e intercultural por parte de los agentes de la nueva evangelización.

Desde la Jornada Mundial de la Juventud de 2008 en Australia, se percibe una mayor presencia y compromiso de los jóvenes con la Iglesia. Han aumentado las vocaciones sacerdotales y religiosas. Hay un mayor sentido de pertenencia al pueblo de Dios y se toma cada vez mayor conciencia de la inculturación práctica del Evangelio. Signos y gestos, música y expresiones muy peculiares enriquecen la liturgia y la enmarcan dentro de aquello que se entiende como la idiosincrasia de un pueblo.

Aunque cada vez resulta más difícil hablar de identidades regionales, y mucho más continentales, todavía puede haber una referencia identificadora, por lo menos aproximada, de la personalidad europea, americana, africana o asiática. En el caso de Oceanía resulta mucho más difícil. Se puede pensar en todas esas islas situadas en el Pacífico: Australia, Nueva Guinea, Nueva Zelanda y los archipiélagos de Melanesia, Micronesia y Polinesia. A todo ello hay que unir el fenómeno migratorio, en el doble sentido de la emigración y de la inmigración.

No cabe duda de que, desde el punto de vista evangelizador y pastoral, casi no puede hablarse de una acción común, sino de distintas maneras de llevar el mismo Evangelio en unos ámbitos culturales especialmente distintos. El anuncio de la palabra de Dios, la celebración de los sacramentos y de la eucaristía, la práctica de la caridad y el testimonio cristiano son elementos sustanciales. Es imprescindible hablar y vivir lo que Jesucristo quiere para toda la Iglesia, pero ese Evangelio habrá que insertarlo en el tronco añejo, pero vivo, de unos hombres y mujeres que perderían su propia identidad si no se respetara su cultura y sus tradiciones. El Evangelio no destruye la cultura de un pueblo, sino que se mete en ella como levadura transformadora.

En Oceanía confluyen los grandes valores de Oriente y de Occidente, pero también las preocupaciones actuales y comunes en la mayor parte de las Iglesias locales de todo el mundo. No puede, sin embargo, soslayarse la importancia y riqueza cultural de cada pueblo, pues el Evangelio será mejor escuchado cuando se habla con el lenguaje en los sentimientos de cada lugar.

Un verdadero y magnífico regalo de Dios: así es como presenta la fe el Papa Francisco. El Padre quiere que sus hijos sean felices conociéndolo y amándolo. Una fe que necesita ser acogida, que requiere una respuesta personal. Algo tan admirable y necesario no puede ser patrimonio de unos pocos, sino que todos los hombres y mujeres del mundo están llamados a recibir y a acoger la bendición de Dios, en Jesucristo, y poder dar razón de su existencia y llenar de gozo la vida.

Así se expresa el Papa Francisco en el mensaje para la Jornada Mundial de las Misiones de 2013. La fe es algo tan valioso que no se puede guardar para uno mismo, pues el cristiano quedaría aislado, estéril y enfermo si no lo compartiera con los demás. Pues una comunidad cristiana es adulta, como dice el Papa, cuando profesa la fe, la celebra con alegría en la liturgia, vive la caridad y proclama la palabra de Dios sin descanso. La fuerza de la fe se mide por la «capacidad de comunicarla a los demás, de difundirla, de vivirla en la caridad, de dar testimonio ante las personas que encontramos y que comparten con nosotros el camino de la vida». La acción misionera no es un capítulo más en el programa de la acción pastoral de la Iglesia, sino algo que empapa todas las dimensiones de la vida cristiana.

Llegará en seguida la crítica que quiere incidir en lo que puede suponer la acción misionera de la Iglesia como acoso a la libertad de la persona. En primer lugar, no se trata de una imposición, sino de un ofrecimiento. Por otra parte, es un «homenaje a la libertad», pues en ese ofrecimiento de la propia fe no sólo cabe la libre expresión de lo que uno siente y cree, sino la pretensión de compartir aquello que se considera como un bien que no se puede guardar uno de forma egoísta, sino que hay que ofrecerlo como un verdadero acto de caridad y amor al prójimo.

Si el Evangelio de Cristo es anuncio de esperanza, reconciliación, misericordia y camino para encontrar la luz que la humanidad necesita, sería una gran irresponsabilidad olvidar el mandato misionero de ir caminando por el mundo para anunciar a todos los pueblos lo que de Dios se ha recibido. Un homenaje de reconocimiento a los valores más fundamentales de la vida humana, como es el derecho a la libertad y el conocimiento de la verdad. En nuestra condición de cristianos todo ello tiene un nombre: caridad. Si se habla de la caridad política también es obligado proclamar la caridad misionera. Quien ha conocido a Jesucristo tiene que comunicárselo a sus hermanos. En esta misión resplandecerá el amor sin fronteras del cristiano.

La actividad misionera de la Iglesia será actual mientras haya pueblos que todavía no han conocido y encontrado a Cristo. «Es urgente —dice el Papa Francisco— encontrar nuevas formas y nuevos caminos para que la gracia de Dios pueda tocar el corazón de cada hombre y de cada mujer y llevarlos a Él. De esto todos nosotros somos instrumentos sencillos, pero importantes; hemos recibido el don de la fe no para tenerla escondida, sino para difundirla, para que pueda iluminar el camino de muchos hermanos.» No es un ministerio facultativo, sino esencial *(A la Asamblea General de las obras misionales pontificias, 17-5-2013).*

Le preguntaban a Francisco Javier la causa por la cual había dejado su casa y su familia, sus ilusiones y sus amigos. La respuesta era siempre la misma: por amor. Por amor a Dios, que había puesto ese fuego misionero en su corazón. En seguida viene esa mezquina tentación que trata de disuadir pretextando: ¿para qué ir tan lejos, si a la puerta de la propia casa hay tantas personas necesitadas de pan y de fe? ¿Para qué vamos a destinar la ayuda a esos hambrientos de África, cuando en nuestro pueblo hay mucha gente que está pasando hambre? Con frecuencia, estas palabras lo que indican es una gran tacañería y buscar explicación a la falta de generosidad. Porque, de ordinario, del que no está dispuesto a echar una mano a los que están lejos, tampoco cabe esperar que ayude a los que están cerca. Ni el corazón ni la fe cristiana saben de esas distinciones. Iremos donde nos necesiten. Ahora bien, dentro de los indigentes existen unos privilegiados a los que se debe acudir cuanto antes: los que en mayor situación de precariedad se encuentren.

El reino de Dios no tiene fronteras. Son todos los pueblos y naciones del mundo: los que existen y hasta en los que se pueda pensar. Donde se puso la mano creadora de Dios, allí está el espacio al que han de llegar los discípulos de Jesucristo. Es ésta una vocación a la que no se puede responder si no es con una actitud incuestionablemente evangélica. No se trata de realizar proselitismo injusto alguno, sino de ofrecer aquello que se tiene. No te puedo prometer y dar sino aquello que tengo: el amor de Cristo, muerto por nuestros pecados y resucitado para nuestra salvación.

Son el mundo y los hombres quienes exigen una continua actualización evangelizadora. No en cuanto al contenido del mensaje, pero sí en la forma de comunicarlo. Cada época tiene sus problemas, sus desafíos al hombre de fe. Y se necesita una respuesta del Evangelio que llegue a la cultura en la que vive el hombre. Que la salvación se exprese en formas y palabras inteligiblemente adecuadas y comprensibles para los días de esta historia que está escribiendo el hombre del siglo XXI.

Nuevo y más fuerte tiene que ser el entusiasmo misionero, nuevas las expresiones en que se anuncie la forma de vivir en cristiano, nuevos los métodos a través de los cuales los hombres lleguen al conocimiento de Cristo. Esa nueva evangelización se dirige a los hombres que viven en una cultura nueva. Cultura como forma de vivir, como valores que se aceptan, como estilo de comportamiento. Una cultura que ha venido a relacionarse con la posmodernidad. Y en la que se distinguen no pocas de las llamadas subculturas y contraculturas, según sean aceptadas o no como formas de vivir y de expresarse las colectividades humanas.

A la hora de ofrecer y de anunciar el Evangelio, nadie puede quedar excluido, pues para todos ha venido el Señor y a todos ha de llegar el Evangelio. Si la Iglesia se encerrara en sí misma perdería su propia identidad, que no puede por menos que ser misionera. La Iglesia no existe para sí misma, sino para servir a todos los hombres y mujeres del mundo.

La evangelización ni es cosa para unos años, ni para un determinado territorio, ni en unas circunstancias determinadas. Es trabajo de todos los días y en todas las situaciones, pero puede haber lugares y personas a los que haya que ayudar con mayor urgencia. La acción misionera de la Iglesia no es un capítulo, ciertamente admirable y fecundo, relegado a la memoria del tiempo pasado. La misión es actualidad y presencia. Pueden cambiar los métodos y las circunstancias, pero la fidelidad al Evangelio no conoce barrera que no se pueda saltar. Muy lejos de cualquier afán proselitista, la Iglesia no busca tanto engrosar sus filas de unos militantes y exponer eso como éxito de su trabajo apostólico, sino hacer realidad una misión que consiste en lograr que todos los pueblos conozcan y sigan la voluntad del Dios presente y vivo en Jesucristo.

En la Iglesia nadie es extranjero y, de una manera recíproca y generosa, unos y otros se ayudan mutuamente a permanecer fieles al anuncio del Evangelio. Ninguno puede quedar excluido de participar en aquello que tiene la comunidad. Nada puede hacer desistir de aquello que constituye la identidad más gozosa. El calendario de la acción misionera de la Iglesia no tiene ni meses ni años, siempre es un día pleno de actualidad. Puede cambiar la forma y el modo de hacer la sementera, pero el grano de trigo tendrá que seguir cayendo en la tierra y romperse, y hasta algunos pueden pensar que ha desaparecido, pero la levadura, aunque no se vea, realiza esa maravillosa fecundidad de transformarlo todo en un pan nuevo, el de la vida según el Evangelio de Jesucristo.

«¿Cuál es la misión de la Iglesia? Difundir en el mundo la llama de la fe, que Jesús ha encendido en el mundo: la fe en Dios que es Padre, Amor, Misericordia. El método de la misión cristiana no es el proselitismo, sino el de la llama compartida que calienta al alma» *(Ángelus, 20-10-2013).*

10

Con identidad cristiana

Un texto «revolucionario». Así hablaba el Papa Francisco a los participantes en la asamblea diocesana de Roma: «El Bautismo, este pasar de "bajo la ley" a "bajo la gracia", es una revolución. Son muchos los revolucionarios en la historia, han sido muchos. Pero ninguno ha tenido la fuerza de esta revolución que nos trajo Jesús: una revolución para transformar la historia, una revolución que cambia en profundidad el corazón del hombre. Las revoluciones de la historia han cambiado los sistemas políticos, económicos, pero ninguna de ellas ha modificado verdaderamente el corazón del hombre. La verdadera revolución, la que transforma radicalmente la vida, la realizó Jesucristo a través de su Resurrección: la Cruz y la Resurrección. Y Benedicto XVI decía, de esta revolución, que "es la mutación más grande de la historia de la humanidad". Pensemos en esto: es la mayor mutación de la historia de la humanidad, es una verdadera revolución y nosotros somos revolucionarias y revolucionarios de esta revolución, porque nosotros vamos por este camino de la mayor mutación de la historia de la humanidad. Un cristiano, si no es revolucionario, en este tiempo, ¡no es cristiano! ¡Debe ser revolucionario por la gracia! Precisamente la gracia que el Padre nos da a través de Jesucristo crucificado, muerto y resucitado, hace de nosotros revolucionarios, pues —cito de nuevo a Benedicto— "es la mutación más grande de la historia de la humanidad"» *(17-6-2013)*.

A los voluntarios de la Jornada Mundial de la Juventud, el Papa Francisco les pidió que fueran «revolucionarios»: «En la cultura de lo provisional, de lo relativo, muchos predican que lo importante es "disfrutar" el momento, que no vale la pena comprometerse para toda la vida, hacer opciones definitivas, "para siempre", porque no se sabe lo que pasará mañana. Yo, en cambio, les pido que sean revolucionarios, les pido que vayan contracorriente; sí, en esto les pido que se rebelen contra esta cultura de lo provisional, que, en el fondo, cree que ustedes no son capaces de asumir responsabilidades, cree que ustedes no son capaces de amar verdaderamente. Yo tengo confianza en ustedes, jóvenes, y pido por ustedes. Atrévanse a "ir contracorriente". Y atrévanse también a ser felices» *(Río de Janeiro, 28-7-2013)*.

El gran desafío pastoral de la Iglesia es anunciar a Jesucristo, y hacer sentir la alegría de vivirlo y de ser testigos de esperanza. Pero se observa que disminuye la práctica religiosa, el estancamiento de las vocaciones al sacerdocio, el aumento del escepticismo y de la incredulidad... Lo cual puede hacer pensar, y no falta quien lo hace, en una recesión de la fe.

Los caminos de Dios, con la presencia de su Verbo entre los hombres, tienen unas dimensiones muy peculiares. Sus valores son los de la gracia del Espíritu que se le ha dado a la Iglesia, particularmente el de la misma palabra de Dios. Toda la economía de la salvación descansa en esa manifestación de Dios, que llega al hombre, lo transforma y convierte su corazón. El misterio del Verbo de Dios encarnado no sabe de recesión. Habrá momentos en los que no se notan los frutos, pero la levadura sigue transformándolo todo sin que se note su presencia, y la semilla tarda en salir de la tierra, pero no porque a la palabra de Dios le falte eficacia, sino debido a que el corazón del hombre se ha endurecido por el pecado, revestido de actitudes de egoísmo, de claudicación de la propia dignidad, de extorsión del débil y de todas las injusticias que se puedan imaginar.

Se anuncian, más que tiempos recios a lo teresiano, días de catástrofes en todos los aspectos. Como Dios es eterno, providente y de lo más estable, en lo que se refiere a Él no hay que hacer muchos análisis de prospectiva para estar completamente seguros de que estará en la Iglesia, y, si por fatigas y disgustos hay que pasar, no ha de faltar nunca su apoyo providente para tener la fortaleza necesaria y afrontar esos días difíciles.

Dios lo primero, naturalmente. Pero tampoco hay que olvidar que son muchas las gentes, tanto las que trabajan en las instituciones que procuran el bien común como las personas que hay en nuestro entorno, más o menos inmediato, que no dejarán de echarnos una mano. Pensar que este mundo está poblado exclusivamente por hombres y mujeres egoístas y malvados, aparte de ser una mayúscula insensatez, no deja de ser una flagrante injusticia. Entre estas instituciones, y en el sentido de comunidad y de madre, está la Iglesia. Ella ofrece la luz de la palabra de Dios para alumbrar bien el camino, el alimento de los sacramentos para fortalecerse con la gracia del Señor, la reparación de las debilidades con el perdón y la penitencia, y sin olvidar nunca el constante requerimiento a vivir conforme al mandamiento nuevo del Señor. Para vivir de este modo se necesitará la ayuda de unos acompañantes que realizarán su cometido y ministerio con discreción, con humildad, en silencio, con una presencia cercana y una fidelidad total.

Condición de cristiano

El cristiano no puede nunca claudicar de unos comportamientos esenciales y adecuados a su condición de seguidor de Cristo. Entre ellos el de ser fiel y el de ser libre. Lo primero, porque la gracia del bautismo permanece más allá de cualquier circunstancia. Y la libertad, como virtud que impide caer en cualquier tipo de derrotismo, sabiendo muy bien que nadie puede quitarle al hombre su capacidad de poder amar y de vencer el mal a fuerza de bien. Decía Benedicto XVI que «debemos permanecer siempre abiertos a la esperanza y firmes en la fe en Dios. Nuestra historia, aunque con frecuencia está marcada por el dolor, por las incertidumbres, a veces por las crisis, es una historia de salvación y de "restablecimiento de la situación anterior". En Jesús acaban todos nuestros exilios, y toda lágrima se enjuga en el misterio de su cruz, de la muerte transformada en vida, como el grano de trigo que se parte en la tierra y se convierte en espiga» *(Audiencia, 12-10-2011)*.

En el encuentro con las cofradías y las asociaciones de piedad popular, el Papa Francisco recordaba que la vida cristiana está toda ella centrada en la Santísima Trinidad y que todo debe conducir a amar a Dios y ser un discípulo de Jesucristo. Habrá que tener en cuenta tres palabras: autenticidad evangélica, especialidad y ardor misionero, a fin de que la vida cristiana sea un luminoso testimonio de la misericordia de Dios *(5-5-2013)*. Poner a Cristo como centro del cosmos y de la historia, pues es Él mismo quien inicia y completa la fe; reavivar en toda la Iglesia el deseo de anunciar a Cristo al hombre contemporáneo; sin nostalgias anacrónicas ni huidas hacia adelante; acoger la novedad en la continuidad; dialogar con el mundo y presentar la fe de un modo eficaz. Si ha aumentado la desertificación espiritual, se ha de descubrir de nuevo la alegría de creer. Y hacer que la persona de fe vaya, con su propia vida, indicando el camino de Dios.

Esta calidad de vida evangélica requiere el compromiso de asentarlo todo en el conocimiento y amor de Jesucristo, bebiendo las mejores fuentes de la revelación, de la tradición cristiana y del magisterio de la Iglesia. Para llegar a ese estado de bienestar espiritual es necesario superar con éxito un capítulo imprescindible y previo: la reconciliación, que es noble postura para el encuentro entre aquellos que se habían alejado. Será la reconciliación con uno mismo, reconociendo errores y pecados; con aquellos a los que se tiene cerca y a los que puso lejos la soberbia y la intolerancia, con la justicia y el derecho, con la sociedad y con la cultura.

Quiere el Papa Francisco que se vuelva a las raíces más profundas de la fe. No se trata de levantar barricadas de autodefensa ante los muchos problemas y amenazas que acechan a una Iglesia acosada y sin libertad. Este gran proyecto de nueva evangelización quiere lograr esa calidad de vida evangélica en un estado de bienestar espiritual, que no puede ser otro que el de seguir fielmente a Cristo. Y, desde luego, con la misma cruz del maestro a cuestas, que es condición para vivir en la esperanza de que, más allá de cualquier dificultad, está la ayuda que la fe presta al verdadero creyente.

La conversión llega siempre por el camino de la reconciliación, que es algo así como aceptar la mano tendida de Dios al hombre pecador. San Pablo dice que hay que dejarse reconciliar por Dios, hacer las paces con Él. Medidas para esta reconciliación son la humildad y el acatamiento de la sabiduría que Dios ha dado en su palabra. Después, conformar la vida con aquello que se ha recibido en la palabra viva que es Jesucristo. Hará falta la oración, para no desfallecer, y los sacramentos, que son alimento imprescindible para tener auténtica vitalidad cristiana. La vida del cristiano es un estado de conversión permanente. Es decir, siempre mirando a Jesucristo para aprender a modelar la propia vida conforme al ejemplo que Él mismo ofrece. «La Iglesia es quien me trae a Cristo y me lleva a Cristo; los caminos paralelos son muy peligrosos» *(19-5-2013)*.

Familia cristiana

Se alegraba el Papa de la decisión de dedicar un año a la familia rural. Pues «la familia es el lugar principal del crecimiento de cada uno, pues a través de ella el ser humano se abre a la vida y a esa exigencia natural de relacionarse con los otros. Podemos constatar tantas veces cómo los lazos familiares son esenciales para la estabilidad de las relaciones sociales, para la función educativa y para un desarrollo integral, puesto que están animados por el amor, la solidaridad responsable entre generaciones y la confianza recíproca. Éstos son los elementos capaces de hacer menos gravosas hasta las situaciones más negativas, y llevar a una verdadera fraternidad a toda la humanidad, haciendo que se sienta una sola familia, en la que la mayor atención se pone en los más débiles» *(A la 38º Conferencia de la FAO, 20-6-2013)*.

El Papa Francisco, en un encuentro de oración y fiesta con familias provenientes de 75 países, denunció la «cultura de la provisionalidad, que nos hace trizas la vida». Hay que asumir la responsabilidad de formar una familia. El matrimonio tiene que hacer un largo viaje que dura toda la vida. Es muy importante cuidar la alegría de la familia, que ha de apoyarse en la armonía entre las personas, la belleza de estar juntos y de sostenerse mutuamente.

La familia atraviesa una crisis profunda. Los vínculos matrimoniales son frágiles, pues se tiende a ver el matrimonio como algo modificable según la sensibilidad de cada uno, sin aceptar el compromiso de una unión de vida total. El individualismo posmoderno debilita el desarrollo y la estabilidad de los vínculos familiares *(Evangelii gaudium, 66)*.

En lo que respecta al valor de la persona humana, «no debe esperarse que la Iglesia cambie su postura sobre esta cuestión... No es progresista pretender resolver los problemas eliminando la vida humana. Pero también es verdad que hemos hecho poco para acompañar adecuadamente a las mujeres que se encuentran en situaciones muy duras, donde el aborto se les presenta como una rápida solución a sus profundas angustias, particularmente cuando la vida que crece en ellas ha surgido como producto de una violación o en un contexto de extrema pobreza» *(Evangelii gaudium, 214)*.

Se puede pensar que esa comunidad de vida y de amor ha desaparecido, para dar lugar, como frágil sucedáneo, a un grupo de personas sin fidelidad ni principios. Cada uno anda a su aire, y la moralidad de todos, por el suelo. Se presentan uniones para todos los gustos y colores, y si aparece la familia católica con sus convencimientos religiosos, se hará de ella ridículo y mofa: trasnochada, intransigente y, si se tercia —y ocurre con frecuencia—, con una doble vida nada edificante de cada uno de los miembros. Una caricatura inadmisible y esperpéntica con unos personajes de trapo en los que los sentimientos, más que frágiles, son perversos o estúpidos. La finalidad simplemente divertida no justifica en absoluto que se tome una institución tan importante como si se tratara de una farsa de farándula cómica.

La familia es una comunidad de vida con autonomía propia, es una comunidad de personas, pero no simplemente la suma de las personas. Es el centro natural de la vida humana, donde se aprende a amar, a dialogar, a sacrificarse por los demás, a defender la vida. Es el lugar donde se recibe el nombre, se expresan los afectos, el espacio de la intimidad, donde se aprende el arte de la comunicación entre las personas, donde la persona toma conciencia de su dignidad y de la necesidad de la educación cristiana.

Que dentro de la vida familiar hay muchos problemas, dificultades sin número, tensiones afectivas, violencias de género, distanciamientos intergeneracionales, infidelidades, disgustos y malestares, está más que probado. Pero ello no quiere decir que la mayor parte de las gentes que han formado una familia no sean felices, aun dentro de muchas insatisfacciones por no lograr plenamente los objetivos en los que se había soñado.

La familia está reclamando el reconocimiento de sus derechos. Es el motor de la vida, de la historia. Una sociedad que abandona a los niños y que olvida a los ancianos ha cortado sus raíces y no tiene futuro. «Cada vez que un niño es abandonado y un anciano marginado, se realiza no sólo un acto de injusticia, sino que se ratifica también el fracaso de esa sociedad» *(Al Consejo Pontificio para la familia, 25-10-2013)*.

También la familia necesita una buena operación de rescate, ser ayudada con todos los medios posibles, legales, educativos y económicos para que pueda ser ese modelo de relaciones personales auténticas y sinceras, del sacrificio recíproco, del amor mantenido y constante a prueba de contratiempos y dificultades. Lo recordaba el

234

Papa Francisco: «Qué importantes son en la vida de la familia para comunicar ese patrimonio de humanidad y de fe que es esencial para toda sociedad. Y qué importante es el encuentro y el diálogo intergeneracional, sobre todo dentro de la familia [...]. Niños y ancianos construyen el futuro de los pueblos. Los niños porque llevarán adelante la historia, los ancianos porque transmiten la experiencia y la sabiduría de su vida. Esta relación, este diálogo entre las generaciones, es un tesoro que tenemos que preservar y alimentar» *(Ángelus, 26-7-2013).*

Lo había dicho en la visita oficial al presidente de la República italiana: la familia es el primer lugar donde se forma y crece la persona, donde se aprenden los valores y los más creíbles ejemplos. Por eso la familia necesita estabilidad, apoyo y reconocimiento de la sociedad, que debe apreciarla, valorarla y tutelarla.

El tema de la familia es una de las grandes preocupaciones del Papa Francisco. Ha convocado una asamblea general extraordinaria del Sínodo de los Obispos en 2014, y será también objeto de reflexión en la asamblea general ordinaria del año 2015. Se ha enviado a las Conferencias Episcopales un documento preparatorio para esas reuniones sinodales sobre *Los desafíos pastorales sobre la familia en el contexto de la evangelización.* Se ofrece un cuestionario en el que se desea que participen las Iglesias particulares. Se ha despertado un lógico interés acerca de la manera en que se han de afrontar situaciones especiales respecto al matrimonio, algunas formas de convivencia y la situación canónica de separados y divorciados, así como el tratamiento sacramental y pastoral de estos fieles...

Hay que ser prudentes y audaces, dijo el Papa refiriéndose a los sacramentos del bautismo y de la comunión, que se deben considerar como un remedio y no como un premio. «Algunos pensaron inmediatamente en los sacramentos para los divorciados que se han vuelto a casar, pero yo nunca hablo de casos particulares: sólo quería indicar un principio. Debemos tratar de facilitar la fe de las personas más que controlarla» *(Entrevista de Andrea Tornielli al Papa, 10-12-2013)*. Se está preparando el encuentro mundial de las familias que se celebrará en Filadelfia en el año 2015.

En la entrevista concedida al director del diario *La Stampa*, el Papa anunciaba que en las reuniones del Consistorio se hablaría del matrimonio en su conjunto.

La ventana del futuro

Se avecinaba la Jornada Mundial de la Juventud. En la plaza de San Pedro, el Papa Francisco dice a los jóvenes que vivan la alegría de la fe, que con Cristo el corazón nunca envejece, que la alegría consiste en salir de uno mismo e incluso caminar contracorriente, pues eso hace bien al corazón. Hay que ser valientes para ir contracorriente. Jesús ofrece esa valentía para superar dificultades, tribulaciones incomprensiones, no tener miedo al compromiso y al sacrificio, y mirar al futuro con esperanza porque siempre hay una luz en el horizonte *(Audiencia, 1-5-2013)*.

¿Se han automarginado los jóvenes? ¿No les gusta esta sociedad o la sociedad se encuentra a disgusto con ellos? ¿Prefieren sus noches y sus movidas, porque son suyas? ¿Huyen porque no pueden competir? ¿En esta comedia de la vida no aceptan ser comparsa, porque se creen los únicos protagonistas? ¿No quieren ser minutantes, sino llegar a ser cuanto antes jefes de despacho? ¿Se creen ser libres y no son conscientes de que están siendo llevados y traídos, no precisamente por gente joven? Las generalizaciones son tan equivocadas como injustas. Pero ahí están esos millones de jóvenes parados. Algo tendrá que decir y hacer la sociedad ante un asunto tan importante, del presente y de cara al futuro. Se ha adueñado de muchos jóvenes el triste convencimiento de que, antes de trabajar, ya perteneces a una clase pasiva necesitada de ayudas sociales.

Benedicto XVI hacía el perfil de ese joven que tenía que ser el promotor de una nueva civilización del amor: oyente verdadero de las palabras del Señor, hambriento de justicia, misericordioso, limpio de corazón, amante de la paz, protagonista de la búsqueda de la verdad y del bien, responsable de las propias acciones y no mero ejecutor ciego, colaborador creativo en la tarea de cultivar y embellecer la obra de la creación, dispuesto a dialogar con Dios, arraigado en Cristo y ofreciéndole la propia libertad.

En lo religioso no estamos para aplausos, si hacemos caso de cifras, sondeos y estados de opinión. Alto porcentaje de los que se declaran católicos y no practicantes, poca valoración de lo religioso, alejamiento de la Iglesia... Aquí, el paro juvenil no es por falta de trabajo y oportunidades, sino por esa miopía aguda que impide ver más allá de lo limitado de las cosas que gustan y que exige muy poco de superación y esfuerzo personal. Esa falta de visión tiene la triste eficacia de poner la línea del horizonte a tres cuartos de la propia nariz. Así no hay ni futuro, ni esperanza, ni vida. Sin embargo, en las campañas emprendidas por la Iglesia para la ayuda social, la participación de los jóvenes es generosa y entusiasta. Los grupos de voluntarios están fundamentalmente constituidos por jóvenes.

Fueron muy expresivas, y muy propias de cierta cultura latinoamericana, las palabras del Papa Francisco en la fiesta de acogida de los jóvenes en la Jornada Mundial de la Juventud en Río de Janeiro *(23-7-13)*: «"Poné fe" y tu vida tendrá un sabor nuevo, la vida tendrá una brújula que te indicará la dirección; "Poné esperanza" y cada día de tu vida estará iluminado y tu horizonte no será ya oscuro, sino luminoso; "poné amor" y tu existencia será como una casa construida sobre la roca, tu camino será gozoso, porque encontrarás tantos amigos que caminan contigo. ¡Poné fe, poné esperanza, poné! Todos juntos: "Bote fé", "bote esperanza", "bote amor".»

El seguimiento de Cristo es la respuesta a la fe, pero sabiendo bien que no se trata simplemente de la aceptación de unas determinadas verdades abstractas, sino de una relación personal e íntima con Cristo que conduce a tener un comportamiento leal con Aquel en el que se cree. Un Cristo que no puede separarse de la Iglesia, pues este nuevo pueblo de Dios es el que ha venido a fundar Cristo. Ni Cristo sin Iglesia ni Iglesia sin Cristo. Cristo sí e Iglesia también, pues sin la Iglesia no se conocería a Cristo ni se recibiría la gracia los sacramentos. El objetivo por conseguir es que los jóvenes se sientan fascinados por la figura de Jesucristo y que quieran seguirlo con todas las consecuencias. Por eso, la presentación de Jesucristo por el Papa es muy sincera, sin obviar los compromisos que supone el seguimiento fiel conforme al Evangelio. Tampoco hay que olvidarse de ofrecer una comunidad en la que se viva sinceramente en cristiano.

Se tiene miedo a la esperanza. Mejor, a pronunciar palabras que suenen a un optimismo hueco y hasta presuntuoso. No se trata de una valoración acerca de la situación social, sino de la posibilidad de que mañana las cosas vayan un poco mejor. No es una cuestión opinable. Siempre que se trata del honor de Dios y del bien de las gentes, lo posible es siempre obligatorio. No son pocos los obstáculos con los que los jóvenes se van a encontrar.

Aparecerá esa sutil tentación de pensar que no se requieren más luces y orientaciones que las que pueden salir de uno mismo, del propio subjetivismo. No se necesita ni otro horizonte ni otro Dios, sino la libertad de hacer lo que la propia voluntad o el capricho de cada uno pueda pedir en cada momento. Extraña muralla es la de esas ideologías que encierran y encadenan todo pensamiento racional para quedar engullido en el utilitarismo.

Que la situación, desde el punto de vista laboral, social y económico, sea grave no hace falta esforzarse mucho para comprenderlo. Pero a ello hay que añadir el estado personal del joven sin trabajo, las frustraciones de todo tipo que ello supone, las presiones familiares, la falta de recursos para organizar libremente su vida, formar una familia y vivir con algo de dignidad... Lo peor que podía hacer un joven es asumir un papel que no corresponde a su condición juvenil. Es decir, que no puede estar en la Iglesia con actitudes entristecidas, desilusionadas... como si hubiere perdido la batalla casi antes de comenzarla. Suele decirse que muchos jóvenes han abandonado la Iglesia. ¿Han estado y vivido de verdad en ella? ¿Han participado en las distintas acciones evangelizadoras? ¿Se han contentado simplemente con una asistencia pasiva a diversos actos religiosos? Lo mejor que pueden aportar los jóvenes a la Iglesia es su propia condición de jóvenes que quieren ser fieles a Cristo. Hacer en ella todos los días una objeción de conciencia contra la desesperanza, el descenso del nivel del compromiso y la negación con las obras de la condición de cristianos... ¿Los jóvenes no tienen su lugar propio o es que no quieren ocuparlo? Y también ser consciente de que esos «espacios» hay que ganárselos con una generosa actitud de servicio.

El Papa Francisco dijo, en Río de Janeiro, que la juventud es la ventana por la que entra el futuro. Esto supone el reto de ofrecer un espacio adecuado, material y espiritualmente, para su pleno desarrollo, para que pueda construir su vida, garantizarle seguridad y educación, transmitirle valores duraderos, asegurarle un horizonte trascendente, despertar en él las mejores potencialidades para ser protagonista de su propio porvenir *(Ceremonia de bienvenida, 22-7-2013).*

El atractivo de la Iglesia proviene de la figura de Jesucristo. No se llega a la Iglesia para encontrar entretenimiento, sino para vivir el Evangelio. Es verdad que se necesita cambiar muchos lenguajes, actitudes y formas de actuar, pues los que ofrecemos no son siempre un reclamo ni para los jóvenes ni para los mayores. Pero no siempre son personas de poca edad quienes conectan mejor con los jóvenes. No se trata de años sino de actitud, acogida, autenticidad, coherencia y testimonio. Esto es lo que seduce a los jóvenes, no los años, sino la vida. Y ejemplos hay para todo. Gentes de edad que conectan perfectamente con los jóvenes, y jóvenes que solamente tienen pocos años pero arrastran prematuramente una mentalidad envejecida.

Son imprescindibles unas figuras modélicas y ejemplares de unos hombres y mujeres en los que poder verificar la lealtad entre la doctrina en la que se cree y se predica y el comportamiento social. Los jóvenes son un tanto perfeccionistas a la hora de mirar el modelo que se les ofrece. Por ello, en seguida van a presentar una serie de rasguños en la misma cara de la Iglesia y de aquellos a los que consideran sus representantes. Y no es que inventen esos desconchones y manchas en el edificio de la Iglesia. Pero ésta es la Iglesia que fundara Jesucristo. Así, con hombres débiles. Lo cual será mayor motivo para ver la grandeza de una vida centrada en el Evangelio, con maravillosas exigencias de entrega heroica a Dios y a los hombres, y teniendo que enderezarse todos los días ante el peso que la flaqueza pone sobre las espaldas de las personas.

Los jóvenes necesitan ayuda, acompañamiento. Ofrecérselo con generosidad y alegría, ayudándoles a comprometerse activamente con la Iglesia —«no balconeen la vida, métanse en ella»—. Después, el Papa Francisco propuso tres campos de trabajo para los jóvenes, dentro de la misión de la Iglesia: el campo de la fe, que es donde se siembra la palabra; el campo como lugar de entrenamiento de la oración, los sacramentos y la ayuda a los demás; el campo como obras de construcción, trabajando con intensidad y constancia para que la Iglesia pueda ser la casa grande donde se pueda alojar toda la humanidad *(Vigilia de oración con los jóvenes. Río de Janeiro, 27-7-2013).*

«¿Los jóvenes han cambiado?», le preguntó un periodista al Papa Francisco en el regreso desde Río de Janeiro. «Usted no ha hablado sobre el aborto ni del matrimonio entre personas del mismo sexo.» El Papa contestó: «La Iglesia se ha expresado ya perfectamente sobre eso, no era necesario volver sobre eso, como tampoco hablé sobre la estafa, la mentira u otras cosas sobre las cuales la Iglesia tiene una doctrina clara. No era necesario hablar de eso, sino de las cosas positivas que abren camino a los chicos. Además los jóvenes saben perfectamente cuál es la postura de la Iglesia.»

En América. Y con el mundo entero. Pues así es la Jornada Mundial de la Juventud: un inmenso foro en el que resuenan las voces de miles y miles de jóvenes, los que estaban en Río de Janeiro o en Aparecida, y los que se reunían, en tantos foros y encuentros diferentes, para unirse con el Papa. Entre todos han compuesto y cantado la sinfonía de un mundo nuevo, no con los sonidos de

Dvorak, sino con las letras que han aprendido en las lecciones salidas de los labios del Papa Francisco.

Una jornada para la juventud y para todos cuantos componen la Iglesia de Cristo. Pues las palabras, el mensaje y los gestos que realizaba el Papa Francisco llegaban a esas personas jóvenes que estaban cerca, pero también a todos los hombres y mujeres, sin limitación alguna de edad. El Papa ha puesto ante los jóvenes las luces más esplendentes de la fe en Jesucristo, Salvador de la humanidad. Pero también les ha hecho ver las heridas abiertas por la injusticia, la pobreza y la marginación, y ha urgido la responsabilidad de poner sobre ellas los bálsamos de la justicia, del reconocimiento del derecho de las personas a vivir con dignidad.

En una Iglesia particular, como puede ser la de Brasil, el Obispo de Roma ha ejercido su oficio de pastor universal. En ese inmenso espacio latinoamericano estaba presente, en esos días de la Jornada Mundial de la Juventud, la Iglesia que camina en todos y cada uno de los lugares de este mundo. Se ha escuchado la voz del Papa Francisco hablando de mantener la esperanza, dejarse sorprender por Dios y vivir la alegría, pero también ha resonado con fuerza su mensaje en las periferias existenciales, y allí, donde poco espacio queda para la esperanza, el Papa ha dicho: nadie puede permanecer indiferente ante las desigualdades que existen en el mundo.

Desde Brasil y para los jóvenes, pero también para que lo escuche la humanidad entera y todos los hombres y mujeres de cualquier edad y condición. Porque la justicia y el derecho, la esperanza y la alegría, la confianza en Dios y en la ayuda solidaria y fraterna de los demás, no son patrimonio de grupo alguno, sino del querer de Dios para todos sus hijos. Esta presencia del Papa en Brasil ha estado cargada de gestos tan significativos y de palabras de Dios. Se reafirma el camino emprendido por el nuevo Papa de acercamiento a todos, ofreciéndose como servidor y subrayando, con humilde veracidad, que él no tiene soluciones técnicas, ni oro ni plata, pero que desea compartir con todos el conocimiento y el amor de Jesucristo.

La palabra la ha puesto Jesucristo; la voz, el Papa Francisco; el acento, Brasil. Esa Iglesia latinoamericana ha sido, por unos días, parroquia y catedral de una comunidad universal, llena de jóvenes cristianos, pero abierta a todos los hombres y mujeres del mundo que buscan sinceramente el bien y la paz para todos. Palabras, voz y acento que hablan de Cristo. Si Cristo no está en el centro estarán otras cosas. Sin tener miedo a cruzar la puerta de la fe con Jesús, dejarle entrar en la propia vida y salgan egoísmos e indiferencias hacia los demás. (*Ángelus, 25-8-2013*).

Aclamado por tantos y tantos jóvenes, el Papa Francisco tuvo que decir: «Los jóvenes no siguen al Papa sino a Jesucristo cargado con su cruz» (*Ángelus, 11-8-2013*). Pocos días después ofrecería a los jóvenes un texto ilusionante: «¿Por qué me gusta estar con los jóvenes? Porque tenéis dentro de vuestro corazón una promesa de esperanza. Vosotros sois portadores de esperanza. Vosotros, es verdad, vivís en el presente, pero mirando el futuro... Vosotros sois artífices del futuro, artesanos del futuro. Además —y ésta es vuestra alegría— es algo bello ir hacia el futuro, con las ilusiones, con tantas cosas hermosas —y es también vuestra responsabilidad—. Convertirse en artesanos del futuro. Cuando me dicen: "Pero, padre, qué malos tiempos éstos... Mira, no hay nada que hacer." ¿Cómo no se puede hacer nada? ¡Y explico que se puede hacer mucho! Pero cuando un joven me dice: "Qué malos tiempos éstos, padre, no se puede hacer nada."

¡Bah! Le mando al psiquiatra. Porque, es verdad, no se entiende. No se entiende a un joven, un chico, una chica, que no quiera hacer algo grande, apostar por ideales grandes, grandes para el futuro. Después harán lo que puedan, pero la apuesta es por las cosas grandes y bellas. Y vosotros sois artesanos del futuro. ¿Por qué? Porque dentro de vosotros tenéis tres deseos: el deseo de la belleza. A vosotros os gusta la belleza, y cuando hacéis música, hacéis teatro, hacéis pintura —cosas de belleza—, estáis buscando esa belleza, sois buscadores de belleza. Segundo: vosotros sois profetas de bondad. Os gusta la bondad, ser buenos. Y esta bondad es contagiosa, ayuda a todos los demás. Y también —tercero— vosotros tenéis sed de verdad: buscar la verdad. "Pero, padre, yo tengo la verdad." En cambio te equivocas, porque la verdad no se tiene, no la llevamos, se encuentra. Es un encuentro con la verdad, que es Dios, pero hay que buscarla. Y estos tres deseos que tenéis en el corazón debéis llevarlos adelante, al futuro, y construir el futuro con la belleza, con la bondad y con la verdad. ¿Habéis entendido? Éste es el desafío: vuestro desafío. Pero si sois perezosos, si sois tristes —qué feo, un joven triste—, si estáis tristes... ¡bah! Esa belleza no será belleza, esa bondad no será bondad y esa verdad será algo... Pensad bien en esto: apostad por un gran ideal, el ideal de hacer un mundo de bondad, belleza y verdad. Esto podéis hacerlo, vosotros tenéis el poder de hacerlo. Si vosotros no lo hacéis, es por pereza. Esto quería deciros, esto deseaba deciros» (*A una peregrinación de jóvenes de Piacenza-Bobbio, 28-8-2013*).

En el encuentro con los jóvenes en la visita a Cagliari, el Papa Francisco les recordó que sin esperanza no se es joven, porque la esperanza forma parte de la juventud. Las dificultades no deben asustar, sino que hay que asumirlas con un impulso para ir más adelante. Sin caer en la adoración de la «diosa lamentación», que es un gran engaño, llena de tristeza el presente y anula dimensiones de esperanza para el futuro.

Los jóvenes miraban al nuevo Papa. El Pontífice ha sido elegido para servir como Vicario de Cristo y sucesor del apóstol Pedro. Pero Cristo es el centro, no el sucesor de Pedro. Ser cristianos no se reduce a seguir los mandamientos, sino dejar que Cristo tome posesión de nuestra vida y la transforme *(Twitter, 7-4-13)*.

La mujer en la Iglesia

Lo había anunciado en el primer saludo desde el balcón de la basílica de San Pedro: quería rezar ante la Virgen, pidiéndole que proteja a toda Roma. A la mañana siguiente visitaría, como un peregrino más, la basílica de Santa María la Mayor. Nada había de extraño en esta devoción a la madre de Dios. En su mismo escudo papal figuraba la estrella, igual que lo había hecho en el que tenía como arzobispo, y que simboliza la Virgen María. En una de sus primeras salidas a los jardines del Vaticano se acercó a la gruta de Nuestra Señora de Lourdes. Poco después les diría a los cardenales que, bajo la maternal intercesión de María, Madre de la Iglesia, caminaran alegres y con docilidad a Jesucristo fuertes en la unidad, perseverando en la oración y dando continuo testimonio de la presencia del Señor.

Dios nos sorprende siempre, nos pide fidelidad y se ofrece como nuestra fortaleza. Nos sorprende en la pobreza, en la debilidad, en la humildad. La memoria de Cristo es lo que hace perseverar en la fe. Dios es nuestra fuerza *(Jornada Mariana, 13-10-2013)*.

Algunas cuestiones relacionadas con la misión de la mujer en la Iglesia habían suscitado el interés de algunos periodistas. En cuanto a la ordenación de las mujeres, la

Iglesia ha hablado y ha dicho no y con una formulación definitiva. El Papa Francisco dijo que la Virgen María era más importante que los apóstoles y que los obispos. La mujer en la Iglesia es más importante que los obispos y los curas, pero esto debemos tratar de explicarlo mejor... Las mujeres tienen un papel fundamental en la transmisión de la fe y constituyen esa fuerza que lleva adelante la sociedad y la renueva. No hay que reducir el compromiso de las mujeres en la Iglesia sino promover su participación activa. «Si la Iglesia pierde a las mujeres en su total y real dimensión, la Iglesia se expone a la esterilidad.» «El rol de la mujer en la Iglesia no es sólo la maternidad, la madre de familia, sino que es más fuerte, es el icono de la Virgen que ayuda a crecer la Iglesia...» «Hay que hacer una profunda teología de la mujer.»

«Las mujeres en la Iglesia deben ser valorizadas, no "clericalizadas". Los que piensan en las mujeres cardenales sufren un poco de clericalismo» *(Entrevista de Andrea Tornielli al Papa, 10-12-2013).*

«Es necesario —decía el Papa Francisco— ampliar los espacios para una presencia femenina más incisiva en la Iglesia. Temo la solución del machismo con faldas, porque la mujer tiene una estructura diferente del varón. Pero los discursos que oigo sobre el rol de la mujer a menudo se inspiran en una ideología machista. Las mujeres están formulando cuestiones profundas que debemos afrontar. La Iglesia no puede ser ella misma sin la mujer y el papel que ésta desempeña. La mujer es imprescindible para la Iglesia. María, una mujer, es más importante que los obispos. Digo esto porque no hay que confundir la función con la dignidad. Es preciso, por tanto, profundizar más en la figura de la mujer en la Iglesia. Hay que trabajar más hasta elaborar una teología profunda de la mujer. Sólo tras haberlo hecho podremos reflexionar mejor sobre su función dentro de la Iglesia. En los lugares donde se toman las decisiones importantes es necesario el genio femenino. Afrontamos hoy este desafío: reflexionar sobre el puesto específico de la mujer incluso allí donde se ejercita la autoridad en los varios ámbitos de la Iglesia» *(Al director de* La Civiltà Cattolica, *agosto de 2013).*

Obispos y pastores

Es San Agustín quien dice que sin una buena preparación doctrinal la vida resulta inútil y, por otro lado, que con mucha doctrina y sin un comportamiento honesto y adecuado el hombre se vuelve fatuo y presumido. No sé si será oportuno traer aquí también a colación lo que decía el viejo profesor a sus alumnos: cuando aquí hubo sabios, también hubo santos; y cuando se despreció la sabiduría la tierra quedó en barbecho. En la exhortación postsinodal *Pastores dabo vobis*, de Juan Pablo II, sobre la formación de los candidatos al sacerdocio, se insiste en la unidad entre lo humano, lo espiritual, lo intelectual y lo pastoral. A la persona no se le puede cuartear, sobre todo en educación, pues el resultado sería un monstruo desproporcionado, que puede saber mucho de una cosa y ser un perfecto ignorante respecto a lecciones fundamentales, como pueden ser las de tener a Dios en la cima de toda importancia y valor, y el respeto y ayuda a los demás. No es que esto se dé por descontado: también el amor más grande, en efecto, cuando no se alimenta continuamente, se debilita y se apaga. No sin motivo el apóstol Pablo pone en guardia: «Tened cuidado de vosotros y de todo el rebaño sobre el que el Espíritu Santo os ha puesto como guardianes» *(Homilía Conferencia Episcopal italiana, 23-5-2013).*

Algunas conductas deplorables de obispos, sacerdotes y consagrados han causado un verdadero escándalo.

El Papa Francisco, con firmeza y actitud paternal ha ido trazando el perfil que desea para los sacerdotes y los consagrados. Quiere pastores vigilantes. «La falta de vigilancia —lo sabemos— hace tibio al Pastor; le hace distraído, olvidadizo y hasta intolerante; le seduce con la perspectiva de la carrera, la adulación del dinero y las componendas con el espíritu del mundo; le vuelve perezoso, transformándole en un funcionario, un clérigo preocupado más de sí mismo, de la organización y de las estructuras que del verdadero bien del pueblo de Dios. Se corre el riesgo, entonces, como el apóstol Pedro, de negar al Señor, incluso si formalmente se presenta y se habla en su nombre; se ofusca la santidad de la Madre Iglesia jerárquica, haciéndola menos fecunda» *(Homilía Conferencia Episcopal italiana, 23-5-2013)*.

Desea unos pastores cercanos a la gente. «Es un gran teólogo, una gran cabeza: ¡que vaya a la universidad, donde hará mucho bien! ¡Pastores! ¡Los necesitamos! Que sean padres y hermanos, que sean mansos, pacientes y misericordiosos; que amen la pobreza, interior como libertad para el Señor, y también exterior como sencillez y austeridad de vida; que no tengan una psicología de "príncipes"» *(A los representantes pontificios 21-6-2013)*.

Servidores con espíritu pastoral. «En verdad, siempre consideré que para un eclesiástico la diplomacia *así llamada* siempre debe estar permeada de espíritu pastoral; de otro modo nada cuenta, y pone en ridículo una misión santa.» Esto es importante. Escuchad bien: «cuando en la nunciatura hay un secretario o un nuncio que no va por el camino de la santidad y se deja involucrar en las muchas formas, en las numerosas maneras de mundanidad espiritual, hace el ridículo y todos se ríen de él. Por favor, no hagáis el ridículo: o santos o volved a la diócesis como párrocos; pero no seáis ridículos en la vida diplomática, donde para un sacerdote existen tantos peligros para la vida espiritual» *(A la academia eclesiástica pontificia, 6-6-2013).*

Hombres fieles a su ministerio. Existe siempre el peligro de caer en la «mundanidad espiritual», que es ceder al espíritu del mundo, buscando más la propia realización que el honor de Dios. Una «burguesía del espíritu y de la vida» que se trata de acomodarse a una vida tranquila y llena de comodidades. Hay que podar continuamente la hojarasca inútil e ir directo a lo esencial, que es Cristo y su Evangelio. De lo contrario se corre el peligro de caer en el más absurdo de los ridículos *(A los representantes pontificios, 21-6-2013).*

Cristianos libres de ambiciones. Lo cual supone ser auténticamente libres y no dejarse esclavizar por la realización de los proyectos personales y de no siempre legítimas aspiraciones para el futuro. El carrerismo es una lepra *(A la academia eclesiástica pontificia, 6-6-2013).*

En septiembre de 2013, el Papa Francisco recibía a un grupo de obispos de nuevo nombramiento. Hizo hincapié en que habían sido llamados para ser pastores pero no de sí mismos, sino de la comunidad a la que habían sido enviados y con la que tenían que estar lo más cerca posible, acoger con magnanimidad a todos y abriendo el corazón en la casa a cualquiera que llegara. Caminar con el rebaño, como padres con capacidad de escucha, comprensión, ayuda y orientación. Presencia en la diócesis, caminando delante del pueblo de Dios, indicando el camino, fortaleciendo la unidad, para hallar nuevos caminos donde predicar el Evangelio. Una actitud de servicio que sea la de la humildad, la de la austeridad y la de la esencialidad. «Sois el esposo de vuestra comunidad, ligados profundamente a ella... Evitad el escándalo de ser obispos de aeropuerto.»

Después de casi 200 años del papado de Gregorio XVI, otro miembro de una congregación religiosa —el Papa Francisco— ocupa la cátedra de Pedro.

En la Conferencia del Episcopado Latinoamericano, y a propósito de un informe sobre la vida consagrada, se ponen de manifiesto la existencia de algunas tensiones entre obispos y religiosos. La actitud de algunas religiosas preocupaba a la Santa Sede. El Papa Francisco dijo a las religiosas: «¿Qué sería la Iglesia sin vosotras? Le faltaría la maternidad, el afecto, la ternura, la intuición de madre. [...] Pensemos en el daño que causan al pueblo de Dios los hombres y las mujeres de Iglesia con afán de hacer carrera, trepadores, que "usan" al pueblo, a la Iglesia, a los hermanos y hermanas —aquellos a quienes deberían servir— como trampolín para los propios intereses y ambiciones personales. Éstos hacen un daño grande a la Iglesia» *(A la Asamblea Plenaria de la Unión Internacional de Superioras Generales, 8-5-2013).*

No podía el Papa dejar de hablar de la eclesialidad como una de las dimensiones constitutivas de la vida consagrada, y sobre algunas opiniones que se habían vertido y eran de particular actualidad: «No es posible que una consagrada y un consagrado no "sientan" con la Iglesia. Un "sentir" con la Iglesia, que nos ha generado en el Bautismo; un "sentir" con la Iglesia que encuentra su expresión filial en la fidelidad al Magisterio, en la comunión con los Pastores y con el Sucesor de Pedro, Obispo de Roma, signo visible de la unidad. [...] Ningún evangelizador obra, como recordaba muy bien Pablo VI, por inspiración personal, sino en unión con la misión de la Iglesia y en su nombre. Es una dicotomía absurda pensar en vivir con Jesús sin la Iglesia, en seguir a Jesús sin la Iglesia, en amar a Jesús al margen de la Iglesia, en amar a Jesús sin amar a la Iglesia» *(A la Asamblea Plena-*

ria de la Unión Internacional de Superioras Generales, 8-5-2013).

Habían surgido algunos comentarios acerca de una conversación privada mantenida entre el Papa Francisco y el equipo directivo de la Confederación Latinoamericana y Caribeña de Religiosos y Religiosas (CLAR) en el Vaticano *(6-6-2013)*. El portal institucional de la CLAR publicó, el 11 de junio, un comunicado donde se expresaba que de las conversaciones no hay grabación alguna, sino sólo hubo una síntesis en base a recuerdos de los participantes. Y subraya: «No se pueden atribuir al Santo Padre, con seguridad, las expresiones singulares contenidas en el texto, sino sólo su sentido general.» No dejan claro si esa síntesis aludida es la publicada en la web chilena o si se trata de otra. En todo caso, considerando que en el Vaticano estuvieron seis personas en el encuentro con el Papa, sólo ellas (y el Papa) podrían afirmar taxativamente que lo del lobby gay es verdad, cosa que no ha sucedido. Al respecto el portavoz de la Santa Sede, padre Federico Lombardi, se limitaba a decir: «El encuentro del Santo Padre con los miembros de la Presidencia de la CLAR era un encuentro de carácter privado. En consecuencia, no tengo ninguna declaración que hacer sobre los contenidos de la conversación.»

Los religiosos y religiosas son profetas que han elegido el camino de los consejos evangélicos. Unos votos que no pueden reducirse a caricaturas. La castidad no puede convertirles en solterones infecundos. El religioso no debe jamás renunciar a la profecía, aunque cree alboroto. El carisma es levadura y la profecía anuncia el espíritu del Evangelio *(Papa Francisco al director de* La Civiltà Cattolica, *agosto de 2013)*.

En la visita al Centro Astalli para la asistencia a los refugiados, el Papa Francisco se refirió también a un tema de actualidad: el de los conventos vacíos por falta de vocaciones y que no pueden servir para transformarlos en casas para ganar dinero. «Los conventos vacíos no son vuestros, son para la carne de Cristo que son los refugiados. El Señor llama a vivir con más valor y generosidad la acogida en las comunidades, en las casas, en los conventos vacíos.»

En un encuentro con los superiores generales religiosos, el Papa Francisco anunció que el año 2015 estaría dedicado a la vida consagrada, a esos hombres y mujeres que pueden despertar al mundo, saliendo y estando en las fronteras. Será necesaria una formación basada en cuatro pilares fundamentales: formación espiritual, intelectual, comunitaria y apostólica.

«La tentación del clericalismo es un obstáculo para que se desarrolle la madurez y la responsabilidad cristiana de buena parte del laicado. El clericalismo entraña una postura autorreferencial, una postura de grupo, que empobrece la proyección hacia el encuentro del Señor, que nos hace discípulos; y hacia el encuentro con los hombres que esperan el anuncio» *(Mensaje al encuentro de Guadalupe, 16-11-2013).*

11

Las llagas de los pobres

Las llagas de Jesús, visibles en el sufrimiento de los pobres y de los enfermos, tienen que ser reconocidas y escuchadas por quienes se dicen cristianos. Así se lo había dicho el Papa Francisco a los discapacitados y enfermos en el encuentro de Asís. «No podemos dormir tranquilos mientras haya niños que mueren de hambre y ancianos sin asistencia médica» *(Twitter, 17-8-2013)*. Llama la atención el contraste, verdaderamente intolerable, entre esa parte de la humanidad que disfruta de todas las ventajas del bienestar y la otra, esa tan enorme masa de hombres y de mujeres que malviven en condiciones de extrema indigencia. Dios está de la parte de estos últimos. No cabe la resignación ante algo tan inmoral. Estamos en un tiempo de acción, dice el Papa Francisco, de buscar el bien en el mundo, no de cerrarse en uno mismo, en las propias riquezas y talentos, sino de estar en disposición de atender al necesitado *(Audiencia, 24-4-2013)*.

¡Con todo lo que está haciendo la Iglesia en el campo religioso, cultural, educativo y social! Y no sólo no se le reconoce, sino que figura, en los sondeos de opinión, como una de las instituciones menos valoradas. Más que sorprendente, lo que resulta evidentemente preocupante es que, en esa lista sobre aprecios e intereses, junto a la Iglesia figuran estamentos como los políticos y hasta los jueces. Es decir, que el pueblo no tiene grandes esperanzas respecto a instituciones y organismos tan importantes para la vida de un pueblo.

El día 17 de marzo, el primer domingo del nuevo Papa, celebraba éste la eucaristía en la parroquia de Santa Ana en el Vaticano. Habló de la misericordia, que él consideraba como el mensaje más fuerte del Señor. Dios nunca se cansa de perdonar. No así el hombre que se cansa de pedir perdón. Dios es paciente y misericordioso. También hizo, en la homilía del inicio del ministerio como Papa *(19-3-2013)*, una llamada a la esperanza al inicio de su ministerio papal: «También hoy, ante tantos cúmulos de cielo gris, hemos de ver la luz de la esperanza y dar nosotros mismos esperanza. Custodiar la creación, cada hombre y cada mujer, con una mirada de ternura y de amor; es abrir un resquicio de luz en medio de tantas nubes; es llevar el calor de la esperanza. Y, para el creyente, para nosotros los cristianos, como Abraham, como San José, la esperanza que llevamos tiene el horizonte de Dios, que se nos ha abierto en Cristo, está fundada sobre la roca que es Dios.» Unos sólidos cimientos para la esperanza que el Papa Francisco recordaría frecuentemente en este primer año del pontificado, y que han de ser criterios para la acción caritativa y social de la Iglesia, la justicia, la misericordia y el perdón y la alegría cristiana.

Acción social de la Iglesia

De cuando en cuando se oyen voces, más bien indocumentadas, que claman por desbancar a la Iglesia de todos sus «privilegios». Desde otro lado, y con otros motivos, se han sacado a la luz proyectos, números y dineros empleados por la Iglesia en obras sociales, educativas y culturales. Casas para ancianos, enfermos crónicos, discapacitados, minusválidos, orfanatos y espacios para la tutela de la infancia, centros especiales de educación o reeducación, ayuda social y caritativa, defensa de la familia y de la vida, etc. Es decir, que los más pobres, los más desasistidos y los más excluidos son los privilegiados de la acción de la Iglesia. Por otra parte, la Iglesia es consciente de que su credibilidad no va a venir por los números, sino por la ejemplaridad de los cristianos, que no buscan el aplauso de ser creíbles socialmente, sino de ser fieles al Evangelio de Jesucristo.

Muchas de las prestaciones sociales que ofrece la Iglesia deberían estar suficientemente atendidas y garantizadas por las instituciones públicas. Pero la acción caritativa y social de la Iglesia no puede esperar a que se solucionen los problemas para tender la mano, y de una forma tan eficaz como respetuosa a las personas en cualquiera que sea la situación en la que se encuentren, para ofrecer el remedio inmediato ante la necesidad.

De todos modos, tampoco se ha de caer en desasosiego alguno por esa falta de reconocimiento al bien que se hace. Primero, lo del Evangelio: que no sepa tu mano derecha... Después, la intencionalidad generosa del servicio y la mirada puesta en el Señor, que sabe y premia la conducta de sus hijos. Tampoco esa queja de falta de valoración a la acción de la Iglesia es siempre justa, pues son muchas las personas y las instituciones que la aprecian y reconocen. En el viaje al Reino Unido, le preguntaron a Benedicto XVI: «¿Se puede hacer algo para que la Iglesia, como institución, sea más creíble y atractiva para todos?» La respuesta de Benedicto XVI fue la siguiente: «Diría que una Iglesia que busca sobre todo ser atractiva estaría ya en un camino equivocado, porque la Iglesia no trabaja para sí misma, no trabaja para aumentar sus cifras y así su propio poder. La Iglesia está al servicio del otro: sirve no para ella misma, para ser un cuerpo fuerte, sino que sirve para hacer accesible el anuncio de Jesucristo» *(Encuentro con los periodistas, 16-9-2010)*.

Siempre es buen consejo, y mucho más ahora que ha sido declarado doctor de la Iglesia, aquello que decía San Juan de Ávila sobre el peligro de mirarse mucho a uno mismo, pues ello puede traer desmayo. Es decir, desilusión y encogimiento. El orgullo y la presunción provocan el victimismo. La falta de reconocimiento social puede llevar a la tristeza y al avergonzamiento por ser criticados y excluidos en las listas de prestigio, y puede acarrear un sentimiento de fracaso y de apostasía interior de la propia identidad cristiana. La Iglesia existe para evangelizar, y el ejemplo de referencia no es otro que la palabra y el comportamiento de Cristo. A este criterio es al que hay que acudir a la hora de evaluar las acciones y la misma vida de la Iglesia. Que vean vuestras obras y bendigan al Dios que está en los cielos. Pero que la Iglesia no espere que le alfombren de rosas el camino por donde ha de avanzar para señalar la presencia del reino de Dios en medio de los hombres. El que quiera seguir a Cristo, que no olvide la cruz.

Se lo recordaba el Papa Francisco a los jóvenes en el vía crucis en Río de Janeiro *(26-7-2013)*: «Nadie puede tocar la cruz de Jesús sin dejar en ella algo de sí mismo y sin llevar consigo algo de la cruz de Jesús a la propia vida. [...] Jesús con su cruz, problemas y sufrimientos se une al silencio de las víctimas de la violencia, a las familias que se encuentran en dificultad, a todas las personas que sufren hambre, a tantas madres y padres que sufren al ver a sus hijos víctimas de la droga, a quienes son perseguidos por su religión, por sus ideas o por el color de su piel, a tantos jóvenes que han perdido su confianza en las instituciones políticas porque ven el egoísmo y corrupción, o que han perdido su fe en la Iglesia, e incluso en Dios, por la incoherencia de los cristianos y de los ministros del Evangelio.»

¡Y se terminó la cuestión! Que los templos se conviertan en comedores y ya no tenemos que pensar en más problemas y soluciones. Poco más o menos es lo que decía una personalidad de la vida pública interpelando a la Iglesia, si no para que dejara de rezar, sí para que los espacios de culto se dedicaran a comedores para necesitados. Es posible, y por ello disculpable, que el señor de esas opiniones no se haya paseado un poco por los entornos de las parroquias y de las casas religiosas de las grandes y de las pequeñas ciudades. En casi ninguna de ellas faltan los despachos de Cáritas, los comedores abiertos a todo aquel que tiene necesidad de comer, los roperos y economatos, la asistencia domiciliaria, los talleres de trabajo, los cursillos para promocionar empleo... Y las instituciones religiosas que no tienen físicamente cerca locales y actividades de este tipo, ayudan con generosas aportaciones a todas esas tareas de beneficencia, de caridad, de promoción humana, de amor fraterno, en definitiva.

De lo que se trata, y en lo que no hay que bajar la guardia en el empeño por conseguirlo, es que no haya necesidad de abrir los templos para instalar en ellos comedores, sino cerrar esos establecimientos que ahora existen, y que la gente pueda disfrutar de su comida en su propia casa y con su familia. Ni hacer hambrientos ni abrir comedores, sino poner en marcha todas aquellas acciones políticas y sociales que consigan, si no erradicar, al menos que los hombres y mujeres y sus familias puedan tener lo más indispensable para poder vivir, no sólo con dignidad, sino con un poco de felicidad.

Desde luego que la Iglesia no va a esperar a que se solucionen esos problemas y se consiga el bienestar deseado para dedicarse a paliar en lo posible los efectos de la pobreza, de la falta de trabajo, de la marginación en todos sus aspectos. Pero también hay que decir que esas personas necesitadas son ciudadanos de esta sociedad. La Iglesia, y es su obligación y lo hace con mucho gusto, continuará sirviendo a los indigentes, pero de una manera subsidiaria, y esperando que ya no sea necesaria su labor en este campo. La Iglesia no teme quedarse sin trabajo porque, mientras caminamos por este mundo, las injusticias seguirán dejando esos restos de miseria que solamente el trabajo por la dignidad de las personas puede remediar.

Para un cristiano, el templo y el comedor no están separados, pues sabe muy bien que aquello que celebra sobre el altar debe llevarlo, en caridad fraterna, a aquellas personas que pueden estar más necesitadas. El templo no aleja de las realidades de este mundo, sino que las pone más cerca, pues en la oración se aprende a ver las cosas con los mismos ojos de Dios, padre y servidor de todos. El criterio lo ha ofrecido el Papa Francisco: «La misericordia verdadera, la que Dios nos dona y nos enseña, pide la justicia, pide que el pobre encuentre el camino para ya no ser tal. Pide —y lo pide a nosotros, Iglesia, a nosotros, ciudad de Roma, a las instituciones— que nadie deba tener ya necesidad de un comedor, de un alojamiento de emergencia, de un servicio de asistencia legal para ver reconocido el propio derecho a vivir y a trabajar, a ser plenamente persona» *(Visita al centro Astalli, 10-9-2013)*.

A la cultura de la acogida se opone la cultura del descarte, en la que las víctimas son precisamente las personas más débiles. En el centro de la atención social y política hay que poner a las personas más desfavorecidas *(A los discapacitados y enfermos. Asís, 4-10-2013)*.

No a una economía de la exclusión y de la inequidad en la que grandes masas de la población se ven excluidas y marginadas. Es la cultura del descarte que afecta a la misma raíz de la pertenencia a la sociedad en la que se vive. Los excluidos no son explotados sino desechos, sobrantes. No a la globalización de la indiferencia, muchas veces debida a que la cultura del bienestar anestesia las conciencias *(Evangelii gaudium, 53-54)*.

La opción por los pobres no es una categoría cultural, sociológica, político-filosófica, sino teológica. Es una forma especial de primacía en el ejercicio de la caridad. «Mientras no se resuelvan radicalmente los problemas de los pobres, renunciando a la autonomía absoluta de los mercados y de la especulación financiera y atacando las causas estructurales de la inequidad, no se resolverán los problemas del mundo y en definitiva ningún problema. La inequidad es raíz de los males sociales» *(Evangelii gaudium, 198-202)*.

El amor que nos quema
Hay una presencia generosa de la Iglesia en los barrios marginales con guarderías en las que se recoge y cuida de los niños, mientras los padres y madres trabajadores tienen que buscarse el pan que su familia necesita. Comedores abiertos donde a nadie se le pide identidad alguna para ofrecerles comida. La atención domiciliaria a los ancianos que viven en la indigencia y la soledad. La ayuda a los jóvenes, ofreciéndoles una formación que les capacite para conseguir un puesto de trabajo. La enseñanza abierta a todos. La acogida de inmigrantes. Los programas de formación y cuidado de drogodependientes para que puedan recuperarse... ¿Qué ocurriría si, de la noche a la

mañana, la Iglesia abandonara esos espacios donde ejerce su acción caritativa y social? Esta comunidad fundada por Jesucristo y que vive las exigencias del Evangelio no sólo no va a dejar de atender a los pobres, sino que continuamente está muy atenta para ver dónde puedan estar aquellos que más necesitan de ayuda.

En forma alguna la Iglesia quiere lamentarse del poco reconocimiento y gratitud que le llegan de unos y de otros. Los cristianos, y sus instituciones, son conscientes de cuáles son los principios y motivaciones por los que han de llegar allí donde se necesita hacer más eficaz el cumplimiento del mandamiento nuevo del amor fraterno. No es el aplauso lo que se busca, sino la fidelidad y coherencia entre la fe que se ha recibido y la práctica de la caridad con el hermano.

¿Por qué esa falta de credibilidad de la Iglesia? ¿Qué motivos son los que oscurecen esa admirable labor? ¿Dónde está la raíz de esa falta de valoración a una obra de tanta repercusión social? Se buscan las causas en el atávico anticlericalismo, en la desenfocada imagen de tiempos pasados, en los ejemplos poco edificantes de las personas, en la contrapropaganda pública adversa a lo religioso. Los más indulgentes suelen decir que la cuestión está en el marketing, que la Iglesia no acierta a presentar sus obras. Hace falta publicidad y escaparate. Eso de que el buen paño en el arca se vende ha pasado a la historia. En fin, la Iglesia no sabe «vender» su producto. Y tampoco lo intenta. San Vicente de Paúl, siempre maestro en estos menesteres de la ayuda a los demás, solía decir que la caridad no hace ruido, y lo que hace ruido no es caridad. De los pobres no se presume, a los pobres se les sirve. La caridad no se discute, se practica.

San Francisco de Asís da una razón de por qué no comprendía la caridad y la misericordia. Es que estaba en pecado. Por eso le era muy amargo acercarse a los leprosos. El Señor le condujo hasta ellos y los trató con misericordia. Y lo que era amargo se convirtió en dulzura del alma y del cuerpo.

El buenismo es palabra empleada con frecuencia en el mundo político para señalar la vaciedad de las propuestas, consideradas como venta de humo y bobaliconas artimañas para ocultar la realidad o simplemente para ofrecer aquello que no se puede cumplir. Añádase a todo esto el diálogo sin escuchar a la gente, la tolerancia de mano fuerte, la humanidad sin tener en cuenta a la persona, el tender la mano y volver la espalda... El buenismo, entendido de esta manera, no cabe la menor duda que resulta un tanto ridículo, por no decir estúpido e incluso inmoral. No hay sinceridad sino engaño. La apariencia es tan falsa como el contenido del discurso con el que se pretende convencer a los demás. En definitiva, es una actitud huera y hasta petulante.

La bondad es otra cosa. Es reflejo de uno de los atributos esenciales de Dios. No solamente no es ajena a la justicia, sino que la tiene como asiento y base sobre la que edifica el comportamiento cotidiano. Pero, aún más allá de la justicia, la bondad alcanza dimensiones de misericordia, que es algo así como buscar lo mejor que puede haber en el corazón de cada uno y ponerlo a disposición de los demás.

Resulta obvio advertir que la bondad sin el hombre bueno, que acata y vive en la ley de Dios y del servicio a sus hermanos, quedaría nada más que en un concepto ciertamente hermoso, pero que acabaría siendo poco menos que un señuelo para el engaño. Esto sería el buenismo: una contradicción y poco menos que prostitución de la bondad. Pues ésta requiere una clara y eficaz intención de buscar el bien, la justicia y la paz.

No estaría de más hacer también un pequeño examen de conciencia acerca del testimonio de la bondad. Pues no es infrecuente que se trate de camuflar la bondad por miedo a ser tildado de pacato y débil. Tan hipócrita es presumir de lo que no se tiene como esconder los valores y virtudes que por gracia de Dios recibe cada uno, y que han de servir para ayuda de los demás. La apoteosis de la bondad, y al mismo tiempo la norma de conducta del hombre bueno, es el mandato del amor fraterno con el que Cristo ha querido distinguir a todos aquellos que quieren estar a su lado. Pues en esto se ha de saber si el que quiere practicar la bondad puede ser reconocido como discípulo de Cristo.

Criterios y columnas para el discernimiento en la práctica de la caridad son aquellos a los que apunta el Papa Francisco: oración, testimonio de la fe en el compromiso, atención a las necesidades de los más necesitados.

Caridad política y estado de bienestar

«La política, tan denigrada, es una altísima vocación, es una de las formas más preciosas de la caridad, porque busca el bien común... ¡Ruego al Señor que nos regale más políticos a quienes les duela de verdad la sociedad, el pueblo, la vida de los pobres!» *(Evangelii gaudium, 205)*.

Suele ser camino de una sola dirección: del poderoso al indigente. Ponerse al lado del sufriente y débil. Se acepta la carencia, de lo que sea, y se lleva la ayuda, la comprensión y el noble añadido de la fe, eliminando cualquier tipo de paternalismo. De esta solidaridad, sincera y recta, se hace elogio y aplauso. Y lo merece. Demuestra sensibilidad ante el padecimiento ajeno y tiende generosa la mano benefactora, más llena de cosas y dineros que de compañía y respaldo a quien cayera en desgracia.

También habrá que acercarse al que ocupa un puesto público, de servicio al bien común. Con prestigio y fama ganados a pulso de trabajo y ejecutoria del mérito. Podemos llegar a pensar que este señor nada puede necesitar de los demás. Tiene poder y dinero. Aquí sobra la solidaridad. Lo que hay que exigir es dedicación y entrega, sacrificio y atención a todos. Pues bien, aquí viene lo de la solidaridad recíproca o, si se quiere, circular, de ida y retorno continuos.

Quien cuida el bien común, sea el gobernardor político o el director de una empresa, también necesita de solidaridad, de ser tenido en cuenta, de secundar los proyectos justos, los programas pensados en el bien de todos. Una solidaridad que toma modalidades propias y distintas. Como, por ejemplo, el apoyo a la ley justa, el interés por cuestiones que afectan a todos, la crítica constructiva, la denuncia de lo injusto... Todo eso también es solidaridad. Decía Benedicto XVI que, de cara al futuro, hay una responsabilidad común para que los valores que crean justicia y política y que proceden de la religión caminen juntos en nuestro tiempo [...]. La política sustancialmente está creada para garantizar la justicia y, con la justicia, la libertad; pero la justicia es un valor moral, un valor religioso, y así la fe, el anuncio del Evangelio, en el tema de la justicia se une a la política, y aquí nacen asimismo los intereses comunes *(Encuentro con periodistas, 16-9-10)*.

Buen consejo es el que ofrece San Ignacio de Loyola al recomendar que en tiempos de turbación sea preferible no hacer mudanza. Es decir, procurar no desarreglarse ante las turbulencias del momento. Es sabido que, en situaciones especialmente apuradas, la exageración y la desmedida se disparan, olvidando la templanza y serenidad que, precisamente en situación de riesgo, son mucho más de apreciar. En los buenos tratados sobre el comportamiento social suele recomendarse mesura en el hablar, templanza en el sentir y discernimiento en el pensar. Cuando se olvidan tan prudentes consejos, vienen las destemplanzas y los excesos y el pensamiento se hace atropellado y sin discernimiento, y se mezclan emociones y deseos, resentimientos y acusaciones infundadas.

Aunque el capítulo de la templanza esté enmarcado en advertencias para tener a raya las pasiones y evitar comilonas y hartazgos, como virtud moral y actitud de comportamiento social tiene un campo mucho más amplio, como puede ser la búsqueda de la objetividad, la moderación en exponer y adornarse siempre con el esplendor de la verdad. Si se rompen los diques de la templanza, el torrente de palabrería confunde y aturde, los sentimientos se dislocan y el pensamiento pierde la más elemental de las premisas lógicas: la relación entre la idea y la verdad.

Si el momento no es bueno, no hay que añadir más dificultad. Por el contrario, el grado de prudencia debe alcanzar las mejores cotas de sensatez, pues la situación de riesgo en tantos aspectos —económico, familiar, laboral, social, religioso— es de lo más apropiada para gritar y así perder el sonido de las voces que claman por dar paso a la sensatez, al análisis objetivo de los conflictos y a poner en camino de remedio los problemas reales que afligen a las personas.

Ni desesperanza ni abatimiento, sino buscar, por todos los medios posibles y justos, en un gran pacto de solidaridad, todos aquellos instrumentos que sean necesarios para lograr ese «estado de bienestar», que va más allá de lo económico y financiero, pues solamente apoyado en la justicia social y el reconocimiento de todos aquellos valores, necesarios para una personalidad completa, puede ser legítimo y duradero. Si a todo ello se unen virtudes imprescindibles para la convivencia y la solidaridad, como pueden ser las del respeto a la dignidad de las personas y el ejercicio de la caridad fraterna entre todos, largos y seguros pasos se habrán dado por un futuro mejor. Hágase, pues, elogio de la templanza, que es muy buena consejera y sabe ofrecer el justo medio entre desmesuras extremas. Además, es eficaz ayuda para el equilibrio personal y para adentrarse en la virtud.

El amor, la caridad, la entrega en ayuda a los demás tiene un carácter de ejemplaridad admirable. Es universal, porque afecta a todos los ámbitos por los que el hombre puede moverse. Cuando se habla de caridad, en seguida ponemos delante a los indigentes, a los que pasan hambre, a los que no tienen casa, a los menesterosos. También se suele emplear la palabra «caridad» y exigir su presencia ante situaciones de incomprensión, de maltrato, de agresividad. Los últimos papas han hablado de la caridad política, que es la entrega generosa a procurar el bien de la comunidad, del pueblo, de la sociedad. De la caridad intelectual, que consiste en poner a disposición de los demás las luces de la inteligencia que cada uno ha recibido. Y la caridad económica y financiera. Lo que sabes y conoces, que sirva también para orientar a los demás. ¡Cuánto necesitamos de esta caridad! De la que busca los recursos, promueve la producción, aplica con justicia los beneficios, sirve para ayudar al sector que esté más necesitado. Una caridad empresarial, donde el trabajo se convierte en fuente de bienestar personal en todos los aspectos, donde la persona está antes que la producción, donde el cuidado del individuo es lo más importante de la empresa.

Decía Benedicto XVI que había «solicitado la reforma y la creación de ordenamientos jurídicos y políticos internacionales, proporcionados a las estructuras globales de la economía y de las finanzas, para conseguir más eficazmente el bien común de la familia humana» *(A industriales de Roma, 7-3-2010).* Como primer paso y firme cimiento, que en todo resplandezca la justicia del reino de Dios. Es lo que se busca y desea. Todo lo demás vendrá por añadidura. Para ello, hay que poner todos los medios humanos a nuestro alcance, pero en el convencimiento de que la fuerza y la gracia vienen de Dios. Cada acción podrá servir para ir convirtiendo el corazón a Dios y a los pobres, para reconocer la misericordia de Dios y saber que únicamente quien sirve a su hermano puede llamarse cristiano. Se tomará conciencia de la realidad de la pobreza y de cómo ésta incide en unas personas concretas: empobrecidos, olvidados, excluidos... Que nadie quede fuera de esa caridad fraterna, pero que los pobres y los desvalidos sean los más privilegiados y a los que con mayor prontitud y eficacia se socorra, prestando especial cuidado a los sectores que reclamen una atención prioritaria.

El reino de Dios no aleja de las realidades de este mundo, sino que lleva hacia ellas en la seguridad de que ayudando en el desarrollo de todo lo verdaderamente humano también se está construyendo el reinado de Dios. Por eso la Iglesia, con sus acciones, no trata simplemente de responder a situaciones, sino a la interpelación del Evangelio y a la responsabilidad que como cristianos corresponde. En todo habrá que buscar la conversión del corazón y motivar para la responsabilidad de promover el compromiso de la justicia. En la práctica de la caridad hay que curar las heridas, pero no detenerse, sino buscar al que las causara y hablarle de Dios, de su justicia y de su misericordia. El amor es siempre el mejor misionero. Solamente con el lenguaje práctico de la justicia y de la caridad es como se percibe la presencia del Dios de nuestro Señor Jesucristo.

Una caridad familiar, tan importante y tan necesaria. Que es estar pendiente de lo que los otros puedan necesitar. Renunciar a los propios gustos para atender a los demás. Dar a cada uno su puesto dentro de la familia, sin hacer dejación de la autoridad que les corresponde a los padres, ni olvidar que ellos tienen que ser los mejores maestros con el que pueden contar sus hijos. Es la caridad educativa, que pone conocimientos y pedagogía al servicio de la madurez humana e intelectual de los alumnos, para que un día estos discípulos puedan ser auténticos maestros de la caridad, en todos los aspectos.

En cualquier ámbito de la vida individual y social se encontrará siempre un terreno que solamente puede ser fecundo si en él se pone la justicia, el amor, la caridad. Se habla de la justicia porque es principio y sustentamiento de todo. Sin el reconocimiento del derecho es imposible construir en un amor auténtico y duradero.

La nobleza de la misericordia

La espiritualidad de la caridad está revestida del saber donarse y salir de sí mismo, del estar al servicio continuo de las personas que viven en situación de periferia. Espiritualidad de la ternura. Cuando la Iglesia olvidó la categoría de la ternura entró en las desviaciones, en las sectas, en las herejías *(Papa Francisco, encuentro con Cáritas Internacional, 13-5-2013).*

De la caridad y la ayuda al desvalido no se presume. Se ayuda y sirve al necesitado por el amor a Cristo, sin caer en la presunción y en un altruismo buscador del halago vanidoso. Una caridad llena de misericordia, que es tanto como buscar en el corazón lo mejor de lo bueno que uno pueda tener y ofrecérselo al que tantos vacíos y necesidades tiene en su vida. No es cuestión de economía, sino de una actitud de reconocimiento de la verdad sobre la dignidad de la persona y de las responsabilidades que incumbe al hombre de fe, que ha de ser coherente entre su creencia y su vida.

Uno de los temas preferidos por el Papa Francisco es el de la misericordia: ¡Dios es pura misericordia! «Sin la misericordia, poco se puede hacer hoy para insertarse en un mundo de "heridos", que necesitan comprensión, perdón y amor» *(Encuentro con el episcopado brasileño. Río de Janeiro 27-7-2013)*. Hablando con los periodistas al regreso de Brasil, y a propósito de una pregunta sobre los divorciados vueltos a casar, el Papa Francisco dijo que la misericordia es más grande que estos casos. La Iglesia debe ir a los heridos con misericordia. Debe ir por el camino de la misericordia, encontrar una misericordia para todos. La misericordia es la necesidad de este tiempo. Pues con ella vienen la esperanza y la alegría.

Más que análisis de situaciones y origen de los problemas, la esperanza propone respuestas, compromisos de justicia, conductas morales y proyectos concretos por realizar, que no pueden prescindir ni de las personas que se ocupen de gestionar el bien común ni de un pueblo al que se debe escuchar y al que es imprescindible servir. La rebelión de la esperanza no tiene nada que ver con aquellas propuestas posmodernas que abominaban del pasado. La esperanza tiene buenas raíces, profundos cimientos, sólidas garantías de eficacia. Sería una ofensa a Dios confiar en sus promesas y cruzarse de brazos, dejando que Dios realizara los milagros. Dios pondrá en manos de la humanidad aquello que necesita para lograr que se realice la esperanza, pero de ninguna de las maneras puede hacer los deberes que les corresponde llevar a cabo a los hombres y mujeres de este mundo.

La esperanza cristiana va por caminos diferentes. Lejos de cualquier retórica vacía y manteniendo el convencimiento de que solamente se puede, con el esfuerzo de cada día y el empeño de todos por conseguirlo, llegar a ese reinado de la justicia y de la paz. La esperanza no se queda en un pensamiento, sino que pone en marcha todo el dinamismo de una fe que confía en las promesas de Dios y en las posibilidades del hombre para alcanzar aquello que está en lo más profundo de sus deseos humanos y espirituales.

La esperanza no es optimismo, ni simplemente mirar las cosas con buen ánimo y una actitud positiva. La esperanza es un riesgo, el de vivir la plena manifestación de Dios en Jesucristo.

El peligro del desconcierto y de andar por el mundo como tanteando y sin encontrar principios de apoyo y normas morales de comportamiento es una especie de epidemia que se lleva por delante costumbres y convencimientos, dejando a la persona en la más peligrosa de las intemperies: la indiferencia, que es la muerte de la esperanza, pues origina una complicada anorexia en la que se pierde el deseo de contar con la luz de la palabra de Dios.

Los últimos papas han advertido, con insistencia, de la gran tentación que acecha a los hombres de nuestra época: desplazar a Dios de las realidades humanas, creyendo poco menos que Él es un impedimento para la felicidad del hombre. No sólo es una gran equivocación de pensamiento, sino un riesgo de perder la dirección de una adecuada conducta ética. El ancla no sólo implica seguridad en momentos difíciles, sino que permite fijar bien la situación, sin dejarse llevar por el vaivén de opiniones acomodaticias. La esperanza necesita de buenos criterios de fe y firmes propósitos de perseverancia.

Fruto de la esperanza es la alegría cristiana, que va mucho más allá de la superación de esas limitaciones que pueden llegar por unas y otras causas. Tiene unos fundamentos y enfoques muy propios de la fe cristiana. En ellos se apoya el cristiano. Y si está alegre y feliz, hay que sopesar bien las razones. Lo primero, naturalmente, es un Dios bondadoso y activo que cuida de sus hijos, mucho más de lo que ellos mismos pueden pensar. La razón fundamental de la alegría no es que las cosas le vayan a uno bien, que sería una motivación un tanto egoísta, sino que Dios ha estado grande con nosotros. Por eso estamos contentos, como dice el salmo. Ésta y no otra es la razón.

Alegres en el Señor y agradecidos por la esperanza que se ha recibido. Es decir, a esa luz que ayuda a ver el tiempo, las circunstancias y las cosas con los ojos con los que Dios las mira y las juzga. La esperanza no es evasión y huida a tiempos mejores, sino vivir conscientemente el presente, que es lo más adecuado para preparar el futuro. Servid al Señor con alegría, pues tristezas y malhumores dañan la generosidad de la dedicación y la hacen poco menos que despreciable. Amad a Dios con toda el alma y con buena cara. Así se agrada al Señor. Y también al vecino. Es que los dos mandatos van siempre de la mano. Si hay que glorificar a Dios con la vida y con el comportamiento propio de un hijo que desea ser honor para el padre, pues habrá que estar muy atentos para que nada, en pensamientos, conductas, palabra y semblante, deje de servir a la honra de Aquél del que nos llamamos y queremos ser discípulos y seguidores.

Dice la Escritura que la alegría alarga la vida *(Eclesiástico, 30, 21)*. En muchos sentidos. Primero, porque vivir sin ella no merece la pena. «¡Esto no es vida!», se suele decir ante agobios y calamidades. La alegría, que es confianza en las posibilidades del encuentro con el bien, siempre abre caminos hacia adelante. Alarga la vida, no sólo en años, sino en calidad, en vivencias de paz.

El lamento es como un bumerán que se vuelve contra uno mismo y termina por aumentar la infelicidad, decía el Papa Francisco a los obispos brasileños. Es necesario vivir con alegría y caminar en la esperanza: «El cristiano no puede ser pesimista. No tiene el aspecto de quien parece estar de luto perpetuo. Si estamos verdaderamente enamorados de Cristo y sentimos cuánto nos ama, nuestro corazón se inflamará de tanta alegría que contagiará a cuantos viven a nuestro alrededor» *(Homilía Aparecida 24-7-2013)*.

La palabra «optimismo» no le gusta mucho al Papa Francisco, porque expresa solamente una actitud psicológica. Prefiere hablar de la esperanza que no defrauda. «Es una virtud teologal y, en definitiva, un regalo de Dios que no se puede reducir a un optimismo meramente humano. Dios no defrauda la esperanza ni puede traicionarse a sí mismo. Dios es todo promesa» *(Al director de La Civiltà Cattolica, agosto de 2013)*.

El Papa Francisco está insistiendo mucho en la necesidad de vivir en la esperanza que se nos ha dado. Es virtud que lleva a ver y comprender el bien. A saber otear el horizonte y a asumir las responsabilidades del presente de una manera consciente. La esperanza no defrauda, pero es necesario hacer un prudente discernimiento para no dejarse engañar por falsos señuelos de promesas utópicas y fuera del espacio en el que se encuentra la verdadera esperanza.

La esperanza no es una expectativa, sino el convencimiento de que aquello que se promete en la palabra de Dios se cumplirá plenamente. El campo donde está sembrada la esperanza es el del reinado de Dios, así que no hay que pretender que nazca y se desarrolle en ámbitos y declaraciones de intención que nada tienen que ver con lo que se ofrece en el Evangelio de nuestro Señor Jesucristo.

Ante los gestos y las palabras del Papa Francisco, para situar su ministerio universal en el lugar donde la Iglesia necesita su acción y presencia, algunos están a la expectativa de lo que pueda hacer y de aquello de lo que se deba prescindir. Pero no son razones de esperanza evangélica en las que se apoyan, sino la realización de unos proyectos acomodados a determinadas opiniones, ideologías, grupos de presión o simplemente para alimentar la curiosidad de lo que puede ser novedoso. El Papa es el custodio y maestro de la fe, no un visionario ni una especie de mago que va sacando de la chistera objetos sorprendentes. Por todo ello, no se le puede pedir que haga excepciones y cambios en lo que es inmutable. Otra cosa distinta es la actualización, el «aggiornamento» y la atención a los signos de los tiempos, pues en ellos también habla Dios. La esperanza tiene su propio lugar para poder ver lo que de verdad pertenece a ese gran espacio de la luz de la revelación. El horizonte que se divisa es grande y luminoso, produce seguridad, pues la palabra de Dios está comprometida en ello. El resultado no puede ser otro que el de navegar con tranquilidad y saber sortear los posibles obstáculos que las sinrazones humanas pueden presentar. Tampoco hay que exagerar, como les dice San Pablo a los corintios: «Atribulados en todo, mas no aplastados; perplejos, mas no desesperados; perseguidos, mas no abandonados; derribados, mas no aniquilados» *(2Cor. 4, 8-9)*. Después ofrecerá las razones de lo que significa estar identificados con Cristo.

En el entorno de la renuncia al ministerio petrino de Benedicto XVI se revolvieron, con motivos injustificados, muchas aguas de recelos y desconfianzas. Al llegar el nuevo Papa se hablaba reiteradamente, y con más que sobradas razones, de la esperanza. Sin querer adentrarse en las intenciones íntimas y personales que para ello se pudiera tener, en ese anuncio de un tiempo nuevo de esperanza se apreciaba cierto sabor crítico sobre etapas eclesiales anteriores. La esperanza viene de lejos. Nada menos que de la voluntad salvadora de Dios para la humanidad. Nuestra esperanza radica fundamentalmente en la promesa de que el Verbo de Dios se hará hombre. Y lo que Dios ha dicho se cumplirá. La revelación, la tradición de la Iglesia, el magisterio de los papas y de los obispos reafirman y animan a la esperanza.

La Iglesia no ha perdido nunca la esperanza, otra cosa distinta es que el hombre se halle distanciado de Dios y no acepte el Evangelio de Jesucristo. Puede haber momentos, y tantos ejemplos de ello hay a lo largo de la Sagrada Escritura, en los que la apariencia intenta robar la realidad del misterio. Los apóstoles quedaron entristecidos por la ausencia de Cristo después de su ascensión al cielo. Pero se cumplirá la promesa y llegará el Espíritu, y se recobrará el entusiasmo evangelizador.

No conviene jugar con la esperanza, como si se tratara de un estado de ánimo subjetivo que va y viene según las circunstancias lo exijan. Esperamos una tierra nueva y un cielo nuevo. Pero el reino de Dios ha comenzado y en él vivimos, nos movemos y existimos. Una esperanza, por tanto, muy activa. Pues ese aguardar la definitiva llegada de Jesucristo al final de los tiempos no sólo no es motivo de estancamiento e inoperancia, sino encendido estímulo para hacer el bien y buscar, por los caminos del Evangelio, la salvación anunciada.

Dios es el único que garantiza y ofrece la esperanza. Apóstoles y pastores serán testigos y maestros de la esperanza. Y la Iglesia vivirá constantemente con esta luz encendida. Habrá momentos de vendaval, donde parezca que se apaga la llama, pero las manos de Dios son como una tulipa protectora que sabe resguardar muy bien el fuego que por el bautismo se ha encendido en el corazón del cristiano.

En ningún momento la Iglesia ha perdido la esperanza. Ha tenido que pasar por momentos de tribulación y por «sombras de muerte», pero no eran más que oscuridades de una noche en la que no había la menor duda de que llegaría el amanecer y resplandecería la luz.

«La alegría y la conciencia de la centralidad de Cristo son dos actitudes que los cristianos deben cultivar en la cotidianidad» *(Santa Marta, 6-9-2013)*.

«Cuando los cristianos se olvidan de la esperanza y de la ternura se vuelven una Iglesia fría, que no sabe dónde ir y se enreda en las ideologías, en las actitudes mundanas» *(Entrevista de Andrea Tornielli al Papa, 10-12-2013)*.

Epílogo

Dejando a un lado todo lo que puede tener de convencional y de sospechosa actitud de vigilancia, para ver la cuenta de resultados y dónde ha quedado el nivel de expectativas respecto al futuro, ese periodo de los cien días no tiene mucha importancia en el calendario de Dios, pues la forma de medir no llega por las semanas y meses transcurridos, sino por la intemporalidad de una providencia siempre actual y con unos horizontes insospechados, pero siempre colmados de justicia y de paz, que así son las cosas en el reino de Dios.

A un año de la elección del Papa Francisco, sus días han sido escasos en el devenir del tiempo, pero de bonanza y abundante cosecha, pues ha crecido la esperanza, el aprecio a los gestos de bondad, de ternura y de misericordia. Ha puesto en marcha algunas acciones de las que se esperan los mejores y más eficaces resultados. Las gentes se sienten más cerca de Dios cuando escuchan al maestro de la fe, porque aprecian en él la presencia del testigo de Jesucristo.

La valoración más objetiva y generalizada contempla al Papa Francisco como un verdadero enviado de Dios, servidor de la Iglesia, amigo de los pobres y de los sencillos, comunicador de esperanza, pregonero del perdón y de la misericordia, atento a unos y otros y con voluntad de acercamiento a todos.

No podemos interpretar el futuro, pero sabemos con certeza que la mano de Dios acompañará al Papa Francisco en todo momento, que no le faltará la oración de la Iglesia y de la gente de buena voluntad.

Se pusieron claves para interpretar los primeros meses del pontificado del Papa Francisco. Se destacan la sencillez en el comportamiento, el afecto a las gentes, la humildad como actitud, la fortaleza unida a la ternura, la libertad en la decisión responsable, la colegialidad del saber escuchar y decidir, la oración para dejarse guiar por el Señor, la profundidad intelectual, la misión que impulsa a salir a las periferias, la coherencia entre la palabra y el ejemplo.